Informatik-Fachberichte 128

Herausgegeben von W. Brauer
im Auftrag der Gesellschaft für Informatik (GI)

Wolfgang Benn

Dynamische nicht-normalisierte Relationen und symbolische Bildbeschreibung

Springer-Verlag

Berlin Heidelberg New York
London Paris Tokyo

Autor

Dr. Wolfgang Benn
SCS Organisationsberatung und Informationstechnik GmbH
Oehleckerring 40, 2000 Hamburg 62

CR Subject Classifications (1985): H.2, H.2.1, H.2.7, I.4.8, I.4.0,
H.3.2, I.2.1

ISBN-13: 978-3-540-16823-2   e-ISBN-13: 978-3-642-71390-3
DOI: 10.1007/978-3-642-71390-3

CIP-Kurztitelaufnahme der Deutschen Bibliothek. Benn, Wolfgang: Dynamische nicht-
normalisierte Relationen und symbolische Bildbeschreibung / Wolfgang Benn. - Berlin;
New York; Tokyo: Springer, 1986.
(Informatik-Fachberichte; 128)
ISBN 3-540-16823-0 (Berlin ...)
ISBN 0-387-16823-0 (New York ...)
NE: GT

This work is subject to copyright. All rights are reserved, whether the whole or part of the
material is concerned, specifically those of translation, reprinting, re-use of illustrations,
broadcasting, reproduction by photocopying machine or similar means, and storage in data
banks. Further, storage or utilization of the described programms on data processing
installations is forbidden without the written permission of the author. Under § 54 of the
German Copyright Law where copies are made for other than private use, a fee is payable to
"Verwertungsgesellschaft Wort", Munich.

© Springer-Verlag Berlin Heidelberg 1986

Druck und Bindearbeiten: Weihert-Druck GmbH, Darmstadt
2145/3140–543210

Geleitwort

Die wissenschaftliche Entwicklung erhält ihre Impulse von Anforderungen, die aus neuen Fragestellungen erwachsen. Dabei können Anforderungen aus einem Gebiet Fragen in einem anderen Gebiet aufwerfen, die dort zu fortschrittlichen Lösungen führen. Es war aufregend zu beobachten, wie das Problem, bildbeschreibende Strukturen systematisch zu verwalten, seine Lösungsansätze mehr und mehr aus der Theorie der Datenbanken bezog.

Der Autor dieses Buches, Wolfgang Benn, nahm die Mühe auf sich, in zwei Gebieten der Informatik, Bildverarbeitung und Datenbanksysteme, zu Hause sein zu müssen. Es ist ihm gelungen, in beiden Bereichen den Stand der Kenntnisse zu mehren. Daß dabei ganz fremd erscheinende Ideen zusammengeführt wurden, hat uns beide außerordentlich gefreut.

Die Verwendung relationaler Strukturen zur Beschreibung von Bildern legte den Gedanken nahe, zu ihrer Verwaltung relationale Datenbanken einzusetzen. Dem Anspruch, komplexe, erst zur Zeit der Auswertung der zu beschreibenden Bilder bekannte Strukturen zu manipulieren, wuchs die Entwicklung der Theorie des „Non-First-Normal-Form"-Relationenmodells entgegen. Dies war ein Ansporn, der Wolfgang Benn zu einer Weiterentwicklung in Richtung dynamischer Modelle führte. Gleichzeitig bettete er damit den Umgang mit Relationengebilden zur Beschreibung in den Formalismus der relationalen Algebra ein.

Als ich (B.R.) noch in Hamburg zusammen mit dem Mitinitiator des Projektes, Hans-Hellmut Nagel, den ersten Antrag zur Unterstützung an die Deutsche Forschungsgemeinschaft formulierte, war mir nur die Notwendigkeit der Arbeit an dem Problem der Verwaltung von bildbeschreibenden Strukturen deutlich klar. Daß eine ganz allgemeine Lösung dieses Problems gefunden wurde, hat uns dazu geführt, Wolfgang Benn zu diesem Buch zu ermutigen.

Seiteneffekte entstehen in der Informatik nicht nur bei der Ausführung von Anweisungen in Programmen. In diesem Falle sehen wir den (nicht unwichtigen) Seiteneffekt des wissenschaftlichen Fortschritts in der Zusammenarbeit zwischen Disziplinen und nicht zuletzt Personen. Auch in diesem Sinne war das Projekt ein Erfolg.

Im Juli 1986

B. Radig, München
H.-J. Schek, Darmstadt

Vorwort

Die maschinell erfaßbare Darstellung und Verwaltung von Daten und deren Bedeutungsgehalt ist die Domäne der semantischen Datenmodellierung. Arbeitsbereiche, die traditionell an intellektuelle Fähigkeiten eines Menschen gebunden waren, werden durch die geordnete Darstellung von Informationen und deren rasche Zugreifbarkeit in speziell hierfür erstellten Programmsystemen unterstützt und rationalisiert. Deutlich sichtbar wird diese Tendenz an dem wachsenden Interesse an Expertensystemen für den Einsatz im technisch-wissenschaftlichen und -industriellen Bereich. Faktenwissen und Sachverstand von Experten eines Aufgabengebietes sind in solchen Systemen als Wissensbasen und Regelwerke gespeichert. Automatisch erzeugte Entscheidungen auf dieser Grundlage dienen zur Verifikation des vorhandenen Wissens und zur Erprobung neuer Verfahren der Wissenserweiterung.

Wissensbasen enthalten im allgemeinen eine Vielzahl von Fakten, die nach den vorgegebenen Verwendungskriterien zu modellieren und zu ordnen sind, und die während der Systemanwendung rasch zugreifbar sein sollen. Traditionell bieten Datenbanken mit den ihnen unterliegenden Datenmodellen derartige Darstellungs-, Ordnungs- und Zugriffstechniken – hier liegt auch der Ursprung semantischer Datenmodellierung.

Das relationale Datenmodell nimmt eine besondere Stellung ein, weil es eine einfache Benutzeroberfläche anbietet und der Datenmodellierung nur wenige Einschränkungen auferlegt. Weitgehend parallel wurden daher in verschiedenen Arbeitsbereichen Methoden untersucht, relationale Datenbanken als unterstützendes Werkzeug einzusetzen. Bereits Ende der siebziger Jahre erkannte man jedoch, daß sich die Flexibilität des traditionellen relationalen Modells noch verbessern läßt. So entstanden im wesentlichen zwei Untersuchungsrichtungen mit ähnlichen Zielsetzungen:

1. Die Entwicklung eigener semantischer Datenmodelle, die weitgehend auf traditionellen relationalen Datenbanken aufbauen und besonderen Wert auf mächtige und komfortable Anwendungsoberflächen legen.

2. Erweiterungen des relationalen Modells um geeignete Datenstrukturen zur Modellierung von Applikationsdaten auf der Grundlage eines erweiterten mathematischen Modells.

Im vorliegenden Buch wird ein neuartiges erweitertes Datenmodell vorgestellt und seine Eignung zur Modellierung sogenannter *non-standard*-Applikationen gezeigt. Als Beispiel hierzu dient der Problemkreis Bild- und Bildfolgendeutung mit seinen Forderungen nach der Erzeugung einer objektorientierten Datensicht und der Anpassung von Datenstrukturbeschreibungen an wechselnde Objektbeschreibungen in Realweltszenen. Durch die Integration strukturvarianter Attribute in das nicht-normalisierte relationale Datenmodell lassen sich problemorientierte Schema-Adaptionen darstellen, wie sie beispielsweise auch bei der Modellierung von Datenversionen in traditionellen relationalen Datenbanken auftreten, wenn sich eine Datenstruktur über die Zeit verändert hat, aber noch den gleichen Sachverhalt repräsentiert.

Die Anwendbarkeit dieses Modells für verschiedene Problemstellungen und die Möglichkeiten einer geeigneten Realisierung werden in den nächsten Jahren meine wesentlichen Arbeitsziele darstellen.

Wolfgang Benn

Verzeichnis der Abbildungen

Einleitung

Definiert man Wissen als Inbegriff von Kenntnissen und Erkenntnissen und erwartet aus der Wissensanwendung neue Erkenntnisse, ist eine Beschreibung von Erfahrungen, Lerninhalten und Gelerntem notwendig. Mangelt es an geeigneten Beschreibungen, kann Wissen nicht oder nur unvollständig weitergegeben werden, neues nur langsam hinzukommen. Zweck und Fachbezogenheit der Information entsprechend bedarf es unterschiedlicher Ausprägungen von Kommunikation, um Wissen mitzuteilen.

Sprache als beschreibendes und benennendes Medium hat hierbei eine wesentliche Funktion im Sinne kulturabhängiger Normierung der Ausdrucksweise. Optische Darstellungen können die individuelle Ausprägung des persönlichen Empfindens - Malerei, darstellende Kunst -, dem physiologischen Wahrnehmen angepaßte Abbildungen physikalischer Gegebenheiten – Photographie – oder die symbolisch verstärkende Darstellung durch Karikatur und Comic sein. International genormte Wissensbeschreibung durch mathematische Formeln vereinigt Elemente aus beiden Gruppen in einer Form.

Die Faktenfülle heutiger Wissenschaften durch Systematisierung und Automation sinnvoll anwenden und erweitern zu können, führt zu Bemühungen, humanes Wissen in eine maschineninterpretierbare Form zu bringen. Ein exakt formuliertes Problem ist seiner Lösung bereits nahe. Die Darstellung von Wissen kann deshalb auch zu neuen Erkenntnissen über Denkmechanismen und physiologische Strukturen führen. Aber es gilt generell, zwei Abstraktionsebenen miteinander zu verknüpfen: Zum einen die mathematisch formale Ebene des maschineninterpretierbaren Faktenwissens, zum anderen die individuell ausgeprägte menschliche Anschauung.

Verfahrensautomation durch Computerprogrammierung ist ein anschauliches Beispiel für die Anpassung der beiden Abstraktionsebenen. Maschinennahe Assemblerprogrammierung der früheren Jahre wich den heutigen modernen Programmierwerkzeugen. Durch eine fortschreitende Problemorientierung und Adaption von Programmiersprachen an ein höheres Abstraktionsniveau entstanden Werkzeuge mit weitreichenden Kontroll- und Darstellungshilfen zur Formulierung fachspezifischen menschlichen Wissens.

Interessante Ansätze zu diesem Problemkreis liefert die Büroautomation. Hier wird beispielsweise eine maschinelle Klassifizierung von Geschäftsbriefen durch Hervorhebung relevanter Information und die Einordnung von Schreiben in Dringlichkeitsstufen untersucht [WÖHL 84]. Formale Methoden zur Gruppierung von artgleichen Informationsdarstellungen, wie Texten oder Bildern, in Dokumenten werden ebenfalls erarbeitet [SCHERL 85]. Die so angestrebte Standardisierung intellektueller Selektionsfähigkeit kann mit Unterstützung speziell adaptierter Datenbanken zur Informationsreduktion durchgeführt werden.

Ein weiteres Beispiel im Themenkreis der Wissensrepräsentation ist die Analyse und Interpretation von Bildfolgen. H.-H. Nagel beschreibt in einem Übersichtsartikel verschiedene Arten von Bildfolgen zeitlicher und räumlicher Ausprägung und zeigt unterschiedliche Ansätze und Verfahren zur Bildinhaltsauswertung auf [NAGEL 85]. Unter anderem wird darauf hingewiesen, daß in Bildern erkannte Objekte für Interpretationszwecke symbolisch beschrieben werden können. Derartige Bildsymbole können zum Beispiel bei der automatischen Analyse von Fernseh-Bildfolgen natürlicher Szenen aus Grauwert oder Farbbildern erzeugt werden.

Im einzelnen werden solchen Bildsymbolen zur Beschreibung von Bildobjekten qualitative und quantitative Eigenschaften zugeordnet. So werden Beziehungen zwischen Bildsymbolen dargestellt und Bildinterpretationen – bzw. nach Herstellung von Korrespondenzen mehrerer Beschreibungen verschiedener Szenenbilder Bildfolgeninterpretationen – ermöglicht. Vergleiche von Bildobjekten mit Objektprototypen oder Vergleiche von Teilen ähnlicher Objektbeschreibungen aus verschiedenen Bildfolgen sind eine Grundlage dieser Interpretationen. Eine weitere Basis ist die Zuordnung von Schlußfolgerungen aus der Veränderung von Objektbeziehungen während der Bildfolge. Hierauf aufbauend kann das Geschehen einer Szene *maschinell verstanden* und später in geeigneter Form, etwa durch Erzeugung natürlichsprachlicher Sätze, dem Menschen zugänglich gemacht werden.

Art und Umfang symbolischer Bildinhaltsbeschreibungen erfordern Standardmechanismen zu ihrer Verwaltung. Unterschiedliche Untersuchungsansätze zur Bildinterpretation können mit gleichen, möglichst effizienten Methoden für den Informationszugriff realisiert werden. Datenbanken stellen ein breites Spektrum an Verwaltungs- und Zugriffsstandards für verschiedenste Verarbeitungsprobleme zur Verfügung, doch erfordern sie eine Datenorganisation nach Regeln vorgeschriebener Modelle, sogenannter Datenmodelle. Derartige Dienstleistungen als Unterstützung einer automatischen Bildfolgenanalyse nutzbar zu machen, ist ein Denkansatz, der durch verschiedene Erfahrungen im Bereich der Einzelbildauswertung mit *Bilddatenbanken* begründet ist.

Die Übertragung automatisch erzeugter Beschreibungsdaten in Objekte eines geeigneten Datenbankmodells ist das vorliegende Thema. Es erfordert eine Analyse

- der Datensicht vom Standpunkt der Anwendung bei anschließender Sichtung zur Verfügung stehender Datenbankmodelle,

- der aus dem Anwendungsspektrum resultierenden Anforderungen an ein ausgewähltes Datenmodell,

- eventuell zur Anpassung notwendig werdender Modellerweiterungen sowie

- der Möglichkeiten, eine Datenbank so zu realisieren, daß sie ein für die Bildfolgenanalyse akzeptables Werkzeug darstellt.

Eine Gliederung in vier Kapitel bietet sich daher an:

Kapitel 1 stellt ausgewählte Repräsentationsformen für Bildfolgen- und Bildobjektbeschreibungen vor. Es gibt eine Einführung in die Darstellung von Bildinhalten und untersucht im einzelnen die Eignung der Darstellungsformen, durch sie repräsentierte Interpretationsergebnisse aus Bildanalysevorgängen einer Datenstandardisierung zu unterziehen.

Ergänzend folgt die kurze Vorstellung bereits bestehender Datenmodelle mit ihren wesentlichen Charakteristika, die als Grundlage traditioneller, meist kommerziell eingesetzter Datenbanksysteme dienen. Der besondere Schwerpunkt dieser Vorstellung liegt in der Beurteilung, Bildobjektbeschreibungen als Objekte des Datenmodells repräsentieren zu können. Semantik, die ohne Zweifel in den Beschreibungen enthalten ist, darf bei der Umformung nicht verlorengehen. Weiterhin wird untersucht, wie die einzelnen Datenmodelle geeignet sind, sich der speziellen, an Objekte als Einheit orientierten Datensicht der zu schaffenden Datenbankanwendung anzupassen und ob sich eine Belastung der Anwendung mit Modellformalismen ergibt.

Abschließend werden zwei Mechanismen zur semantischen Datenmodellierung, Aggregation und Generalisierung, vorgestellt, die häufig zur Anpassung von Datenmodellen an neue, meist aus dem wissenschaftlichen Arbeitsbereich stammende Anforderungen verwendet werden.

Kapitel 2 beschreibt verschiedene Ansätze, das relationale Datenmodell an sogenannte *non-standard-Anwendungen* für Datenbanken anzupassen. Es erläutert den Übergang von der Objektdarstellung mit Methoden der Wissensrepräsentation zur Objektdarstellung mit Mitteln der Datenbanktechnologie.

Nach einer kurzen historischen Übersicht werden exemplarisch zwei wesentliche Ansätze zur Modellerweiterung vorgestellt, durch die auch Bildsymbole als Datenbankobjekte dargestellt werden können, und untersucht, welche Forderungen hierzu im einzelnen erfüllt sein müssen. Es wird vorgeschlagen, für verschiedene Ebenen der Bildinhaltsrepräsentation unterschiedliche, der jeweiligen Verarbeitungsstufe angepaßte Datenbankobjektrepräsentationen zu verwenden und so die Vorzüge mehrerer Modellerweiterungen auszunutzen. Um Bildobjekte als Datenbankobjekte darzustellen, wird das nicht-normalisierte Datenmodell bevorzugt.

Zur Erkennung und Klassifizierung von Bildobjekten in der Bildfolgenanalyse tragen im wesentlichen Objektvergleiche bei. Sind Objekte symbolisch beschrieben, werden Objektvergleiche zu Vergleichen der symbolischen Beschreibungsstruktur. Morphismen sind die Ergebnisse von Strukturvergleichen, aus denen auf die Beschreibungs- und daraus wiederum auf Objekteigenschaften geschlossen werden kann. Programme, welche derartige Vergleiche durchführen, als Anwendungsprogramme einer Datenbank zu formulieren, liegt nahe.

Morphismen und ihre Bedeutung in der Bildfolgenanalyse werden vorgestellt und spezielle Datenbankanfragen eingeführt, deren Resultate denen der Strukturvergleiche nahekommen. Es zeigt sich, daß die Anwendung der im ersten Kapitel vorgestellten Mechanismen zur semantischen Datenmodellierung notwendig ist,

- um Anfragen nach unvollständigen Beschreibungen zu erlauben oder

- die Zusammenfassung unterschiedlich exakter, jedoch logisch gleicher Bildobjektbeschreibungen zu ermöglichen.

Hieraus ergibt sich die Forderung, über diese Techniken im verwendeten Datenmodell verfügen zu können und es notwendigerweise zu erweitern.

Kapitel 3 beschäftigt sich mit dieser Forderung nach Modellerweiterung. Es beginnt mit der exemplarischen Betrachtung von zwei Erweiterungen des relationalen Modells um Mechanismen semantischer Datenmodellierung. Beide Beispiele umreißen einen Bereich, in dem Modellanpassungen vorgenommen werden können und finden als Referenzmodelle für eigene Erweiterungsvorschläge Verwendung.

Typindikatoren, die programmiertechnisch bereits in bestehenden Systemen mit Möglichkeiten zur Gruppenbildung differierender Objekte Verwendung finden, werden mathematisch exakt in einem erweiterten relationalen Modell formuliert. Definitionen zeigen die Gültigkeit der erweiterten Formalismen für eins- und nicht-normalisierte Relationen und integrieren Mechanismen semantischer Datenmodellierung in ein allgemeines relationales Modell. Wegen der so entstehenden weitreichenden Anpassungsmöglichkeit von Datenbankobjekten an Objektbeschreibungen, verbunden mit der allgemeinen Gültigkeit des nicht-normalisierten relationalen Datenmodells, wird es als dynamisches, nicht-normalisiertes Modell (NF^{2D}-Modell) bezeichnet.

Beispiele zur Anwendbarkeit des NF^{2D}-Modells belegen, daß die Forderungen aus dem vorigen Kapitel nun zu erfüllen sind. Aggregation und Generalisierung schaffen eine logische Verdeckung betrachteter Beschreibungsstrukturen, die es erlaubt, Anwendungen komplexer Datenbankobjekte anzubieten, deren Inhalt die Beschreibung eines Bildobjektes oder eines Teiles davon ist. Unterschiedliche, jedoch nach Sinn und Bedeutung als gleich oder zusammengehörig zu bezeichnende Bildobjekte können durch die Varianz von Attributen in Klassenrelationen zusammengefaßt werden. Datenbankanwendungen werden hierdurch nicht mit Modellwissen, etwa *Referenzüberbauten* belastet.

Die neu gewonnene Flexibilität in der Datenmodellierung beweist sich in der Wiedergabe höherer Bilddarstellungsebenen in der Form von Datenbankobjekten. Einzelbilder können als Tupel einer Bildrelation dargestellt sein, in der die Beziehungen von Bildobjekten zueinander in Attributform instantiiert sind. Prototypen werden Bestandteil von Klassenrelationen und vermögen in Schematupeln stereotype Beziehungen zwischen Objekten darzustellen. Es wird gezeigt, daß eine Umformung der in Kapitel 1 vorgestellten Repräsentationsformen in Datenbankobjekte bis in die Abstraktionsebene schematisierter Situationsbeschreibungen möglich ist.

Modellvorstellungen, wie eine Anfragemethodik für NF^{2D}-Relationen gestaltet sein kann und welche Besonderheiten im intermaschinellen Datenverkehr nicht oder wenig interaktiver Bildanalysevorgänge zu beachten sind, runden das Kapitel ab.

Kapitel 4 beschreibt das Umfeld, welches eine Datenbank für NF^{2D}-Relationen zur Verwaltung symbolischer Bild- und Schemabeschreibungen benötigt, um als geeignetes Werkzeug in der Bildfolgenverarbeitung akzeptiert zu werden. Es wird aufgezeigt, wie Anwendungsprogramme und Datenbank als integrierte Bestandteile eines komfortablen Bildverarbeitungssystems in einer Ada-Programmierumgebung bestehen können und welche Vorteile sich daraus ergeben. Stichwortartig sollen hier genannt sein:

- Einheitliche Datendefinitionssprache und Datenmanipulationssprache

- Automatische Führung des konzeptuellen Datenschemas und

- Rekompilation des konzeptuellen Schemas zum Import von Relationen in weiteren Programmen der Programmierumgebung

- Die Beschreibung von Programmelementen, Prozeduren und Funktionen, durch Metadaten in NF^{2D}-Form und deren Zugriff über das konzeptuelle Datenschema.

Als Ergänzung zu den Mechanismen der Programmunterstützung durch eine Datenbank in einer Ada-Programmierumgebung ist eine kurze Diskussion notwendiger Schutz- und Kontrollmechanismen angefügt. Die Durchführung der Bildinterpretation im Labormaßstab ermöglicht jedoch, diesen Bereich der Datenverwaltung möglichst wenig ausgeprägt zu halten.

Abschließend wird der Stand einer Prototypimplementation vorgestellt. Die Einzelteile eines minimalen Datenbanksystems und deren Wirkungsweise werden beschrieben und ihre gegenseitige Wirkungsweise erläutert.

Kapitel 1

Formen der Wissensrepräsentation

Die automatische Interpretation von Bildfolgen unserer natürlichen Umgebung setzt voraus, daß aus dem Rohmaterial Fernsehbild, als einer in unterschiedliche Feinheit gerasterten Matrix aus Grau- oder Farbwerten, Bildobjekte extrahiert werden können. Methoden der bildnahen Verarbeitung, wie Rasterung, Filterung und Segmentation, vermögen Teile der Bildmatrix zu gruppieren. So entstehen Bereiche, die einer zweidimensionalen Projektion von Objekten des menschlichen Erfahrungs- und Wissensschatzes hinreichend entsprechen. Abstrakte Beschreibungen dieser Einheiten und ihrer Charakteristika leisten Bildsymbole, deren Ausprägung und Nomenklatur der assoziativen Denkstruktur des Menschen angepaßt ist.

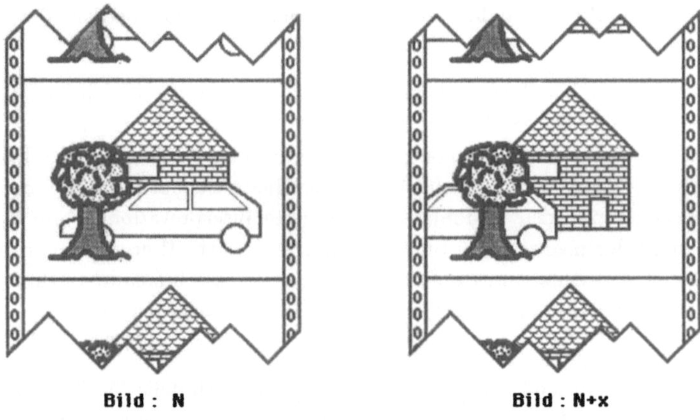

Abbildung 1.1 — Ausschnitt aus einer typischen Bildfolge, schematisiert

Abbildung 1.1 steht stellvertretend für eine typische Bildfolge, die einen zeitlichen Raum unserer Welt beschreibt. Die Bilder $Bild_N$ und $Bild_{N+x}$ zeigen, daß während des Zeitraumes eine Handlung, die Fortbewegung des Fahrzeuges, zu beobachten ist. Diese Bildfolge, und insbesondere die zwei charakteristischen Einzelbilder dienen in diesem und den folgenden Kapiteln zur Verdeutlichung von Sachverhalten und Methoden zur Bildbeschreibung.

Bildsymbole sind Einheiten, die Merkmale besitzen und mit anderen Bildsymbolen in Beziehung treten können. Sie repräsentieren ein Bild in der Weise, daß Werte ihrer Merkmale und aktuell vorliegende Symbolbeziehungen aus der Bildfunktion - etwa der Verteilung der Lichtintensität auf einer Projektionsfläche - abgeleitet sind. Zu Bildsymbolen, die mehrere Bilder einer Folge repräsentieren, tragen dementsprechend mehrere Bildfunktionen bei. Mit ihren Merkmalen und Beziehungen können sie die zeitliche Entwicklung in aufeinanderfolgenden Momentaufnahmen, Volumenelemente in einer räumlichen Folge von Schnittbildern oder sogar die Veränderung dieser Volumenelemente mit der Zeit beschreiben.

Automatisches Berechnen numerischer Attribute für Merkmale und Beziehungen auf einer Datenverarbeitungsanlage setzt eine digitisierte Bildfunktion voraus. Semantische Bilddeutung oder Bildverstehen sind Aufgaben, zu deren Bewältigung eine symbolische Bildbeschreibung unerläßlich ist. Aus den Bildern errechnete Symbole, ihre Merkmale und Beziehungen lassen sich auf unterschiedliche Art formal beschreiben. So ist es möglich, Bildsymbole hierarchisch zu gruppieren oder prototypische Objekte und deren Inkarnation zu repräsentieren.

Erhebliche Datenmengen zur Beschreibung einer einzelnen Bildfolge zwingen zur Systematisierung der Datenhaltung. Gleichzeitig entfällt hierdurch die Notwendigkeit, für verschiedene, parallel untersuchte Ansätze einer Bildinterpretation gleiche Daten in leicht differierenden Formaten vorzuhalten. Nach ersten Überlegungen zu diesem Thema in [MÜHLE+RADIG 81] zeigt [BENN+RADIG 83A] ein Konzept, nach dem symbolische Bildbeschreibungen in einer relationalen Datenbank verwaltet werden können.

Abschnitt 1.1 stellt drei wichtige Repräsentationsformen vor, mit denen allgemein Objekte und Objektbeziehungen beschrieben werden können. Ihre Anwendung zur Beschreibung von Bildinhalten macht deutlich, daß eine Orientierung der Objektdarstellung an assoziativem Denken nicht auch mathematisch exakte Formalismen hervorbringen muß. Normierungen, die zur systematischen Datenhaltung jedoch notwendig sind, begründen sich generell auf exakten Formaldarstellungen betrachteter Probleme. Gleiches gilt daher für die Umsetzung von symbolischen Bildbeschreibungen in Datenbankobjekte.

Artverwandte Formalismen, wie Relationengebilde und das relationale Modell für Datenbanken lassen sich gut ineinander überführen. Dennoch besteht die Gefahr, daß bei einer Bildinterpretation Formalia der reinen Datenverarbeitung stark im Vordergrund stehen. Die menschliche Assoziativität bei der Bildbetrachtung würde demnach untergeordnete Bedeutung bekommen. Gerade die im Wortsinne *anschaulich* an den Bildobjekten orientierte Interpretation ist aber unverzichtbar. Ein Beispiel hierfür ist der medizinische Bildverarbeitungsbereich. Hier sind Repräsentationsform und rechnerinterne Verarbeitung von Daten vollständig dem logisch fachlichen Interpretationsvorgang der Bildinhalte und deren fachsprachlicher Benennung untergeordnet.

Abschnitt 1.2 stellt ergänzend die sogenannten *klassischen* Modelle für Datenbanken im kommerziellen Anwendungsbereich vor. Wesentliche Eigenschaften eines jeden Modells werden auf ihre Eignung untersucht, Beschreibungen von Bildinhalten in einer für Datenbanken zugänglichen Form darzustellen. Besondere Beachtung findet auch hierbei die Erzeugung oder Erhaltung einer Datensicht, die den Objektbegriff höher bewertet, als den Formalismus. *Semantische Datenmodellierung* erscheint zu diesem Zweck als besonders geeignet. Obgleich kein eigenständiges Datenmodell und begrifflich keineswegs normiert, sind Techniken aus diesem Bereich zur Darstellung von Beziehungen zwischen Objekten gleich welcher Art einsetzbar. Ihre Vorstellung durch zwei Definitionen zur Erklärung der Begriffe *Aggregation* und *Generalisierung* schließen das Kapitel ab.

1.1 Repräsentationsformen

Manuelles Interpretieren von Bildern und insbesondere von Handlungsabläufen unserer natürlichen Umwelt schafft Wissen in vielfältiger Form. Der visuelle Lernprozeß eines im *Sehen* Ungeübten, etwa eines kleinen Kindes, schafft Erfahrungswerte, die im späteren Leben das rasche Auswerten optischer Wahrnehmungen erleichtern und als eine Art *biologischer Automatismus* selbstverständlich sind.

Automatisches Verarbeiten optischer Informationen im Sinne einer durch Maschinen, insbesondere digitaler Rechner, durchgeführten Bild- oder Bildfolgenauswertung schafft Wissen, welches dem Menschen eher abstrakt erscheint — obgleich es vielleicht wesentlich konkreter ist, als das Wissen aus eigener Wahrnehmung. Repräsentationsformen sollen den subjektiven optischen Eindruck an mathematisch exakte und durch Maschinen zu verarbeitende formale Ausdrücke heranführen. Indem sie eine Beschreibung dessen liefern, was der Mensch sieht und in seiner kulturabhängigen Ausdrucksweise benennt sind Repräsentationsformen eine Hilfe bei der Strukturierung dieses Wissens in Formalia.

Betrachten wir deshalb an dieser Stelle kurz die Entstehung und Aufgabe von Bildsymbolen. Sie haben die grundlegende Aufgabe der eben beschriebenen Formalisierung, d.h. Bildsymbole sind standardisierter Ausdruck dessen, was der Mensch zu repräsentieren sucht — sind also Modellierungsmedium seiner Wahrnehmung. Betrachtet man ein gewöhnliches, gerastertes Fernsehbild, stellt sich die Frage, wie hieraus eine Beschreibung durch standardisierte Eigenschaftsträger, eben Bildsymbole, gewonnen werden soll.

Erster Arbeitsschritt hierzu ist im allgemeinen die sogenannte Bildverbesserung. Häufig sind Bilder mit Störfunktionen überlagert — z.B.: Rauschen — oder müssen der Verarbeitungsumgebung angepaßt werden. Auch Aufnahmeparameter, wie etwa optische Verzerrungen durch das Bildaufnahmegerät können auf diesem Weg ausgeräumt werden. Eine wesentliche Arbeit bei der Eliminierung von Störungen ist die Anwendung von Filtertechniken. Ausgehend von einer bestimmten, gerade betrachteten Bildstelle wird deren Nachbarschaft untersucht, um Rückschlüsse daraus auf den Ausgangspunkt zu ziehen. Grundannahme dabei ist, daß in der Regel kein Bildpunkt isoliert sondern stets in Bezug zu seiner Umgebung steht.

Nächster Schritt auf dem Weg zu einer symbolischen Bildbeschreibung ist die Segmentation, die Isolierung bestimmter Merkmale aus dem Bild und deren Assoziation zu abgebildeten Objekten. Hierbei sind zwei verschiedene Ansätze der Segmentation zu unterscheiden:

1. Die kantenorientierte Segmentation, deren Ergebnisse sich häufig als lokale Extrema der Intensitätsfunktion, zum Beispiel der Grauwertverteilung in Schwarz-weiß-Bildern ergeben und die sich durch eindimensionale Bildsymbole, wie *LINIE*, beschreiben lassen. Ausgangspunkt dieser Segmentationsart ist die Annahme, daß die den Bildanalysator interessierenden Objekte sich von ihrem Hintergrund in der Intensität unterscheiden. Intensitätssprünge werden als Objektkanten interpretiert, können innerhalb des einem Bild unterlegten Koordinatensystems vermessen werden und besitzen gemeinhin einen Anfang und ein Ende in der Form von Koordinatenwerten. Ordnet man einem Symbol *ORT* nichts weiter als einen Ortsbezeichner und seine Koordinaten im Bild als Eigenschaften zu, erhält man das einfachste Bildsymbol zur Beschreibung einer Bildlokalität. Ordnet man einem Symbol *LINIE* ebenfalls einen Bezeichner zu, und definiert Anfang, Ende und vermessene Länge einer Bildobjektkante als Eigenschaften dieses Symbols, entsteht ein allgemeines Beschreibungsmittel für Bildobjektkanten.

2. Die flächenorientierte Segmentation, deren Ansatz auf der Annahme beruht, daß Gruppen
   benachbarter Bildpunkte bezüglich eines bestimmten Kriteriums homogen sind und solche
   Regionen gleichartiger Bildpunkte typischerweise einem Objekt oder einem Objektteil entsprechen. Die Ergebnisse dieser Segmentationsart lassen sich durch zweidimensionale Bildsymbole beschreiben, indem zum Beispiel eine segmentierte Fläche mit ihrer Ausdehnung
   im Bildkoordinatensystem durch ein Symbol $REGION$ modelliert wird, dessen Eigenschaften
   Flächengröße und deren Schwerpunkt sind.

Beide Segmentationsverfahren stehen nicht isoliert und können miteinander kombiniert werden.
Sie dienen hier nur zur beispielhaften Darstellung, wie der Weg von einem Grauwertbild zur symbolischen Bilddarstellung erfolgen kann. Ein ausführlicher Überblick zur Thematik der Bildverbesserung und Segmentation – auch in Hinblick auf Störungen oder den Einfluß von Texturen auf
einzelne Verfahren – ist im ersten Teil von [BUNKE 85] zu finden.

Bestrebungen früherer Jahre gingen in die Richtung, möglichst optimal angepaßte – und das hieß
der Maschine, dem Rechner angepaßte – Arbeitsmethoden zu erfinden. Häufig führte das zu
einer Verlagerung der eigentlich zu lösenden Probleme in den programmiertechnischen Bereich.
Heute sucht man eine weitgehende Anpassung der Maschinen an den Menschen, seine Arbeits-
und Betrachtungsgewohnheiten zu erreichen.

Genau diese Bewertung des Rechners unterliegt dem Bestreben, durch maschinelle Bildinterpretation gewonnenes Faktenwissen dem subjektiv geprägten Interpretationsvorgang des Menschen
anzupassen. Bildobjekte werden Bildobjekte durch die Vorstellungswelt des Betrachters und unter
diesem Aspekt sollen die nachfolgenden Ausführungen beurteilt werden. Deshalb sei bereits hier
definiert, was im folgenden unter einer *objektbezogenen Datensicht* verstanden werden soll.

> **Definition 1.1 : Objektbezogene Datensicht**
> *Objektbezogene Datensicht ist die Unterordnung einer maschinennahen Datensicht un-
> ter die von einem Menschen vorgenommene Begriffszuordnung zu Objekten seiner Vor-
> stellungswelt.*

1.1.1 Semantische Netze

Gegen Ende der sechziger Jahre wurden semantische Netze zur Modellierung des assoziativen
menschlichen Denkens vorgeschlagen. Seitdem sind sie zu einem Standard in der Darstellung
logischer Zusammenhänge, d.h. statischer Beschreibungen von Ist-Zuständen und prozeduralen
Schlußfolgerungen, geworden. Verschiedene Lehrbücher, wie [BALLARD+BROWN 82] oder [WIN-
STON 84] lehren den Umgang mit diesem Repräsentationsmedium in ausführlicher Form, sodaß hier
eine Betrachtung ausreicht, für welche Art der Beschreibung semantische Netze besonders geeignet
sind, und unter welchen Umständen sich eine Überführung semantischer Netze in Datenbankkonstrukte anbietet. Betrachten wir hierzu Bildobjekte und statische Kompositionen miteinander in
Beziehung stehender Einzelobjekte: Situationen.

Offensichtlich genügt im Bereich der Bildauswertung eine Betrachtung sogenannter *analoger* Reprä-
sentationsmöglichkeiten, bei denen Objekte oder Situationen nach Prinzipien beschrieben werden,
welche durch die Bildinterpretation vorgegeben sind. Dabei ist es unerheblich, ob die Objekte
künstlich erzeugt wurden oder der realen Welt entstammen. Handlungsabläufe und Verarbeitungs-
wege analog beschriebener Bildobjekte darzustellen, fordert jedoch die Frage nach standardisierter
Verwaltung von Handlungsfragmenten, Programmen und Prozeduren, heraus. Dieses regelhafte,

propositional genannte Wissen kann ebenfalls mit semantischen Netzen beschrieben werden und ist beispielsweise Bestandteil von Expertensystemen oder Simulationsvorhaben.

Moderne Programmiersprachen und -umgebungen, deren Umfang den heute üblichen Rahmen von Übersetzer und eventuell verfügbarer dynamischer Testhilfe erheblich erweitern [HAARSLEV 86], [FAASCH 86], geben weitere Denkanstöße zur integrierten Darstellung von Bildinterpretation, Datenbank und Datenobjekten. Metasprachlich formulierte Verarbeitungsregeln für festdefinierte Objektgruppen nach der Art eines Klassenkonzeptes bilden hierfür eine gute Basis. Ansätze im Bereich der Einzelbildverarbeitung finden sich zum Beispiel in den *processing sets* des von N.S. Chang und K.S. Fu implementierten Systems zur Bildverarbeitung und zum Bildverstehen IMAID, dessen Verarbeitungsgruppen LANDSAT-Satellitenbilder auswerten und in Straßen-, Wald- und bebaute Flächen einteilen [CHANG 81].

Anforderungen an Datenbanken, die von Expertensystemen ausgehen sollen in dieser Arbeit nicht weiter untersucht werden. Dennoch ist zu beachten, daß aus der Manifestation von Verarbeitungsregeln in benutzergesteuerten Spezialsystemen eine Verwaltung der Regelinkarnationen, also in prozeduraler Form vorliegender Verarbeitungsfragmente, bislang wenig berücksichtigte Anforderungen an Repräsentationsformen, wie auch an Datenmodelle resultieren. Betrachten wir dazu zwei wichtige Formen semantischer Netze.

Analoge Repräsentationsform

Grundprinzip dieser Ausprägung semantischer Netze ist die Ähnlichkeit des Modells mit der zu beschreibenden Realität. Konkret bedeutet dieses den Aufbau einer Beschreibungshierarchie, deren Detailliertheit – für nachfolgende Betrachtungen ausreichend – grob als vierstufig angenommen wird. Unterste Ebene sei die Darstellung in einem Szenenbild enthaltener Bildobjekte durch Bildsymbole und mit *Ebene 1* bezeichnet. Generalisierung und Repräsentation von Symbolbeziehungen ergeben eine Einzelbildbeschreibung, *Ebene 2*, die Betrachtung aller Einzelbildbeschreibungen einer Bildfolge letztlich eine Szenen- und möglicherweise Ablaufbeschreibung, *Ebene 3* und *Ebene 4*, die einen zeitlichen Raum unserer Welt beschreibt.

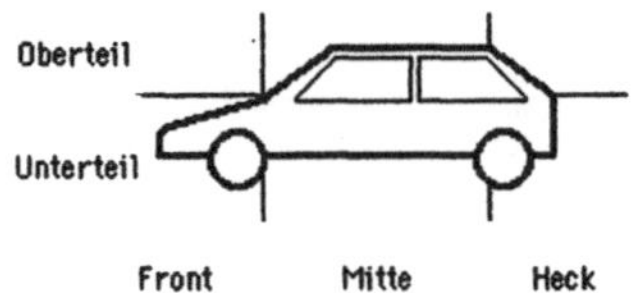

Abbildung 1.2 — Exemplarisch eingeteilte Seitenansicht des Bildobjektes

Während der als Beispiel gewählten Szene aus Abbildung 1.1 ist ein sich fortbewegendes Bildobjekt, ein *Auto*, beobachtet worden. Abbildung 1.2 stellt die schematisierte Seitenansicht des Objektes mit einer Benennung in umgangssprachlicher Form dar. In der untersten Hierarchiestufe würde dieses Auto durch einfache Bildsymbole, wie *ORTE*, *LINIEN* und *FLAECHEN* dargestellt. Derartige einfache Symbole, auch *Bildprimitive* genannt, sowie deren Zuordnung zu sicht- und benennbaren Fahrzeugteilen zeigt Abbildung 1.3. (In Text und Formeln werden Bildsymbole durch *KALLIGRAPHISCHE* Schrift besonders hervorgehoben.)

Beschreibungen für Räder, Fenster, Wagenkasten etc., also für komplexe, eigenständige Untereinheiten des Bildobjektes entstehen durch Zusammenfassung ihrer Einzelbeschreibungen, durch

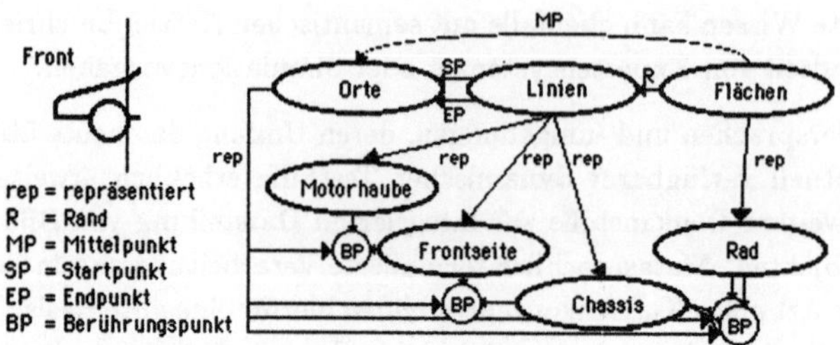

Abbildung 1.3 — Beschreibung eines Objektteiles durch primitive Bildsymbole

Generalisierung. Auch hier werden Beziehungen dieser Objektteile zueinander in anschaulicher Weise ergänzt. So entsteht eine Bildobjektdarstellung, die prinzipiell der in Abbildung 1.4 für unser Beispiel gezeigten nahekommen wird.

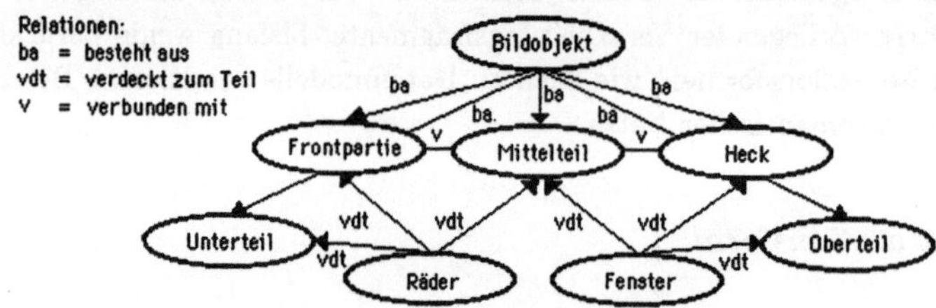

Abbildung 1.4 — Objektbeschreibung nach erfolgter Generalisierung

Weitergehende Generalisierung führt dann zur Stufe der Einzelbildbeschreibung. Abbildung 1.5 zeigt, wie Beziehungen zwischen dem bewegten Bildobjekt und weiteren Bildinhalten erkannt, benannt und dargestellt werden.

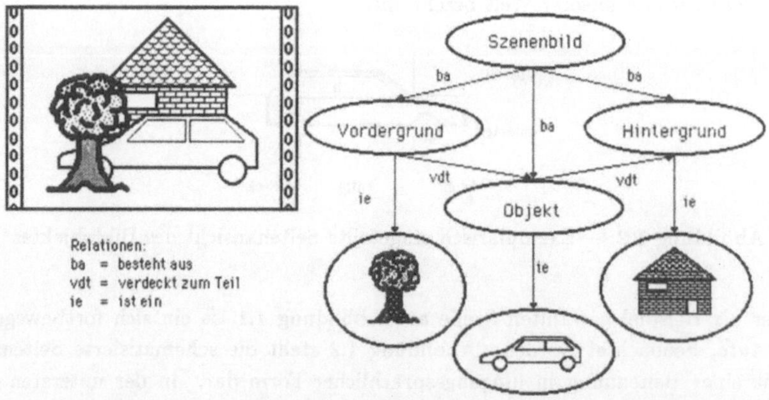

Abbildung 1.5 — Beschreibung eines Szenenbildes, vereinfacht

Diese Bildbeschreibungsstufe wurde bereits mitte der siebziger Jahre von T.L. Kunii et al. durch eine Datenbank unterstützt [KUNII+ 74]. Die räumliche Anordnung von Objekten innerhalb einer Photographie wurde durch Speicherung von Verweisen auf ikonische Darstellungen der Bildobjekte erreicht. Mit einem solchen System konnten Anfragen beantwortet werden, die auf Bildobjektbeziehungen abgestimmt waren: *Was befindet sich vor dem Haus?* Antwort: *Ein Auto.* Jedoch stützte sich das System auf eine interaktive Erzeugung von Objektnamen und -beziehungen.

Minimiert man Interaktion hingegen derart, daß lediglich eine Auswahl optischer Darstellungsund Kontrollverfahren bleibt, befindet man sich im Bereich *automatischer* Bildfolgeninterpretation. Dies impliziert, daß die symbolische, maschinell zu verarbeitende Objektrepräsentation der ikonischen vorzuziehen ist. Wird beispielsweise eine dreidimensionale Rekonstruktion, 3D-Rekonstruktion, eines Bildobjektes durch Triangulation als Ergebnis eines Bildanalysevorganges angestrebt, sind *ORTE*, *LINIEN* und *DREIECK* die geeigneten einfachen Bildsymbole zur Objektdarstellung. Diese maschinell interpretierbar zu gestalten bedarf es einer weiteren Beschreibungsebene, die unterhalb der bislang betrachteten liegt.

Auch diese maschinengerechte Darstellung symbolischer Objektrepräsentation ist durch semantische Netze möglich, erfordert jedoch die zur Implementation notwendigen exakten Spezifikationen der Symboleigenschaften und -beziehungen. Weitere Beschreibungsebenen wären notwendig, die wegen der rasch zunehmenden Anzahl von Netzknoten und -kanten rasch unübersichtlich würden. Der in höheren Ebenen so prägnante Vorteil intuitiver Einprägsamkeit ginge verloren.

Dennoch ist eine direkte Übernahme semantischer Netze in maschinengerechte Form durch Einzellösungen möglich; im Regelwerk semantischer Netze fehlen konkrete Angaben über die Formalisierung von Netzknoten und -kanten. Symbolinstantiierungen unterlägen daher der Intention einer Anwendung. Durch die Implementationsabhängigkeit der Symbolgenerierungsfunktionen erscheint eine regelhafte Transformation derart erzeugter Bild- und Bildobjektbeschreibungen in allgemeingültiger Form nicht möglich.

Propositionale Repräsentationsform

Abbildung 1.5 zeigt die vereinfachte Beschreibung von Zusammenhängen eines Einzelbildes. Geht man einen Schritt weiter und vergleicht mehrere Einzelbildbeschreibungen, ergeben sich Differenzen in den Objektbeziehungen. Hieraus kann auf Handlungsabläufe, beispielsweise Bewegung auffälliger Bildobjekte geschlossen werden, was zu vorgangshaftem Szenenwissen führt. Analoge Repräsentationen versagen an dieser Stelle, da die Handlungszuordnung zu einem analog beschriebenen, statischen Bildsymbol zu logischer Inkonsistenz führt. Eine erkannte Objektbewegung ist weder den einzelnen Bildsymbolen zuzuordnen – da das Objekt in jedem Bild stationär ist – noch ist die Zuordnung zur Szene an sich korrekt. Die Abstraktion, diverse Beschreibungen von Bildobjekten wegen logischer Gemeinsamkeiten bei gleichzeitigem Erkennen geringer Differenzen, in einem durch die Szene beschriebenen Zeitraum für die Abbildung eines einzigen, sich bewegenden Realweltobjektes zu halten, muß in ihrer empirischen Regelhaftigkeit als propositionales Wissen aufgefaßt werden. Solches Wissen wird zumeist in prozeduraler Form dargestellt, was sich durch die Analogie des aktiven Zeitabschnittes bei realer Handlung und Programmfragment anbietet.

Abbildung 1.6 gibt einen Eindruck, wie die Erzeugung propositionalen Wissens durch semantische Netze beschrieben werden kann. Aus der Beobachtung, das Bildsymbol zur Beschreibung des Fahrzeuges verändert seine Position im Bild kann auf eine Objektbewegung geschlossen werden. Verändern sich die Bildkoordinaten korrespondierender Punkte wie in unserer Beispielfolge, bei angenommenem Koordinatenursprung links unten im Bild, zu kleineren X-Werten, bei gleichbleibenden Y-Werten, bewegt sich das Auto offensichtlich auf einer geraden Bahn von rechts nach links durch die Szene.

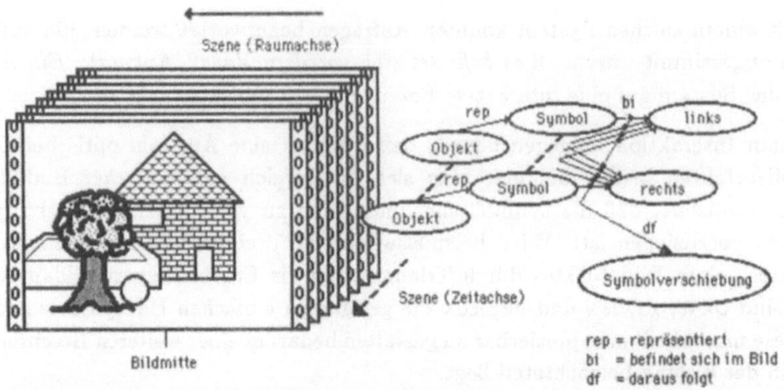

Abbildung 1.6 — Erzeugung von Schlußfolgerungen aus der Bildfolge

Regeln und Produktionselemente mit analogen Darstellungen zu verbinden, ist das Ziel von Expertensystemen, wie es etwa in [KIM,PAYTON+ 84] beschrieben ist. Semantische Netze als Orientierungshilfe des Systembedieners, gleichsam als fachliche Dokumentation der Systeminterna, wie auch im Einsatz bei der Konzeption von Verarbeitungswegen und -schnittstellen tragen zum allgemeinen Verständnis derartiger Systeme bei. Vereinheitlichung in der Wissensdarstellung, nach der eine Standardisierung von analogem und propositionalem Wissen in einer Datenbank vorgenommen werden könnte, liefern semantische Netze auch hier nicht.

Ein derartiges Anwendungsbeispiel ist das in Schweden eingesetzte PIXLIB-System zur Auswertung von Falschfarbenbildern und Spektralauszügen aus Bildern im Rahmen des amerikanischen LANDSAT-Programmes. Bilder überflogener Landgebiete werden zur Erkundung von Bodenschätzen und zur Bewertung der Flächennutzung [AKERSTEN 80] ausgewertet. In diesem Auswertesystem werden interaktiv oder durch Kommandoprozeduren fixiert, für die verschiedenen Spektralauszüge und die damit verbundenen Verarbeitungen Regeln festgelegt, nach deren Vorgabe die Programmschritte später ablaufen.

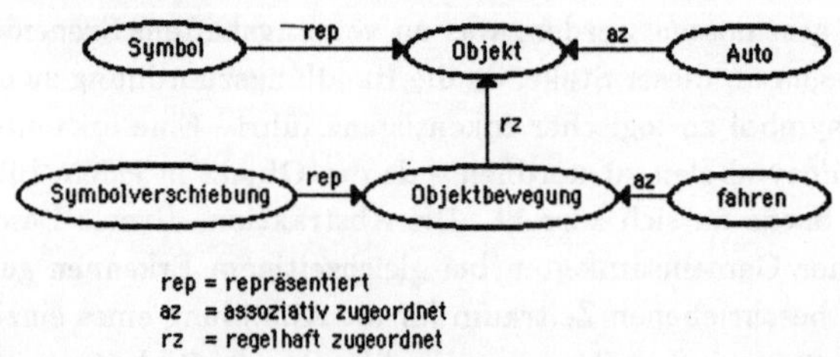

Abbildung 1.7 — Zuordnung regelhafter Interpretationsergebnisse

Beurteilung semantischer Netze

Unter dem Aspekt, Repräsentationsformen und ihre Voraussetzungen zu beurteilen, durch sie dargestellte Beschreibungen von Bildinhalten in Datenbankkonstrukte überführen zu können, muß über semantische Netze gesagt werden, daß sie geeignet sind,

- eine objektbezogene Darstellung von Bildinhalten zu realisieren,

- intuitiv anschauliche Beschreibungshierarchien aufzubauen, deren Notwendigkeit sich im Umfang der Bildbeschreibung ebenso wie in der Darstellung logischer Bildobjektbeziehungen begründet, und

- regelhafte und ablaufartige Wissensinhalte in logisch konsistenter Form kombiniert mit analog repräsentiertem Wissen darzustellen (Abbildung 1.7).

Ihre Grenze findet diese Repräsentationsmethode bei der Forderung nach direkter Umsetzbarkeit der Beschreibungen in maschineninterpretierbare Form. Stets sind Instantiierungen von Objekten und Symbolen notwendig, die programmiertechnische Künste in den Vordergrund der Verarbeitung rücken und durch ihre Vielfalt wenig Hilfe für standardisierte Verfahren der Wissensrepräsentation in Datenbanken liefern.

1.1.2 Generische Schemata – frames

Generische Schemata, im englischen kurz *frames* genannt, stellen eine Fortentwicklung der symbolischen Wissensrepräsentation dar, indem semantische Netze als Schemateil integriert sein können. M. Minsky stellte diese Repräsentationsform in der ersten Hälfte der siebziger Jahre vor, als eine Datenstruktur zur Beschreibung normierter Situationen. Hierbei handelt es sich um prototypische Umfeldbeschreibungen, wie zum Beispiel das *sich befinden in einem Raum* [MINSKY 75]. Ebenso wie semantische Netze fanden generische Schemata Eingang in Lehrbücher, wie [BALLARD+BROWN 82] oder [WINSTON 84]. Deshalb genügt auch hier eine knappe, zielgerichtete Betrachtung der wesentlichen Merkmale.

Allgemeine Handlungen oder Objektbeziehungen im allgemeinen Verständnis von Situationen werden von generischen Schemata durch eine Zusammenfassung von Einzelinformationen beschrieben. Solche Informationen können Strukturbeschreibungen von Objekten sein, zum Beispiel gebildet durch semantische Netze. Es können Prognosen über Handlungsverläufe, zum Beispiel Aussagen über Objektbewegungen, oder Produktionsregeln für derartige Aussagen sein. Auch sind Regeln zur Verwendung des gerade betrachteten Schemas oder darin enthaltener Subschemata möglich. Abbildung 1.8 zeigt eine schematisierte Darstellung für unsere Beispielbildfolge aus der Abbildung 1.1. Die beschriebene Situation ist als Vorder-/Hintergrund Situation bezeichnet. Bildfolgeninformation wird durch Vorgabe von

- Objektprototypen,

- einer Standardforderung für die räumliche Beziehung *vor/hinter* und

- einer Handlungsprognose die kontinuierliche Bewegung betreffend

repräsentiert. Auch Voraussetzungen zur Erzeugung der Situation oder Verarbeitungsanweisungen können enthalten sein, siehe *Aufnahme* in der Abbildung.

Sogenannte *slots* stellen Öffnungen des Schemarahmens dar, durch die weitergehende Einzelheiten der allgemeinen Beschreibung und spezielle terminale Forderungen an eine Instantiierung des Schemas erreichbar sind. Bei näherer Betrachtung der Öffnungen können sich wiederum allgemeine Schemata zeigen, aber auch einfache Wertforderungen bestimmter Objektinstantiierungen – also Merkmalswerte.

Marker ermöglichen durch Werte oder Referenzen eine Vererbung von Forderungen an nachfolgende Subschemata. *Schemasysteme* sind makroskopische Zusammenfassungen generischer Schemata zur

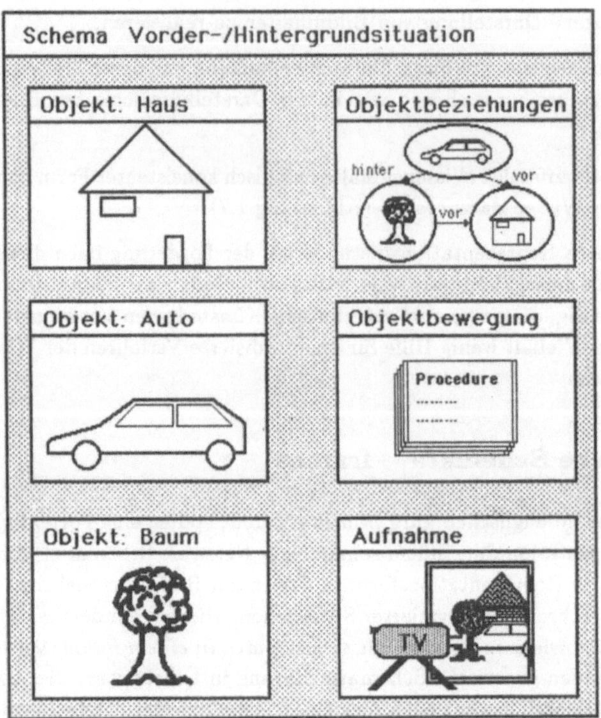

Abbildung 1.8 — Standardisierte Situationsbeschreibung mit generischem Schema

Beschreibung komplexer Zusammenhänge. Anwendungsbezogene Objekt und Situationssichten, wie auch deren Wechsel in der Zeit, werden durch *Transformationen* beschrieben.

Entsprechen die Ergebnisse einer Bildfolgenanalyse den geforderten Vorgaben, und greifen die gestellten Bedingungen, dann handelt es sich bei der Bildfolge (reduziert auf die drei abgebildeten Bildobjekte und die Bewegungsaktion des Autos) um eine individuelle Ausprägung des gesamten Schemas. Jedes einzelne Bild der Folge wäre als eine Ausprägung des Unterschemas *Objektbeziehungen* anzusehen.

Beurteilung generischer Schemata

Generische Schemata – frames – sind eine konsequente Fortentwicklung in dem Bemühen, Wissen über einzelne Objekte, deren Ausprägung und über die Beziehungen zwischen Objekten in möglichst allgemeiner Form zusammenzufassen. Ziel von Schemainstantiierungen ist die Erkennung beschriebener Zusammenhänge in anderem Kontext. Positiv zu vermerken ist die

- flexible, weil nicht vorgeschriebene Schemadarstellung, welche eine weitgehende Anpassung an die gewünschte Verarbeitung ermöglicht, und

- die Anpassung an menschliche Selektivität, in einem verfeinernden Erkennungsprozeß vom Allgemeinen zum Speziellen zu schließen.

Andererseits birgt das Konzept die gleiche Gefahr wie semantische Netze, programmiertechnisch aufwendige, dennoch glanzvolle Einzellösungen hervorzubringen.

Dennoch bleibt es erstrebenswert, die prägnante Darstellungskraft beider Repräsentationsformen zu erhalten und gleichzeitig Standards in der Datenverwaltung anzustreben. Da in beiden Konzepten keine direkten Vorschriften zur Instantiierung der Repräsentationsobjekte enthalten sind, auch wenn spezielle Schemarepräsentationssprachen existieren, wird es möglich sein, diese Lücke durch eine mathematisch exakte und ebenso mächtige dritte Repräsentationsform zu schließen. Betrachten wir hierzu Relationengebilde.

1.1.3 Relationengebilde

Ausgangspunkt dieses Konzeptes ist weniger die logisch intuitive Darstellung von Objekten des assoziativen Denkens, wie bei den beschriebenen Vorgängern, als vielmehr die Betrachtung der Gesamtheit etwa vorhandener Bild- bzw. allgemeiner Beschreibungssymbole mit der ganzen Fülle ihnen zuzuordnender Charakteristika. Relationengebilde vermögen die angestrebte einheitliche Darstellung von Bildsymbolen und ihrer maschineninterpretierbaren Form zu liefern. (Definitionen zu Relationengebilden folgen, soweit nicht explizit angegeben, den Ausführungen in [RADIG 82].)

Eine Grundmenge C, in der sämtliche Eigenschaftsträger betrachteter Bildsymbole vereinigt sind, bildet eine Basis über welcher sich durch das Kreuzprodukt der Eigenschaftsträgerklassen Relationen bilden lassen. Eigenschaftsträger sind beispielsweise Symbolbezeichner, Koordinatenwerte, Liniensteigung oder Flächeninhalte. Hierüber gebildete Relationen lassen sich nach ihrem Typ ordnen und bilden gemeinsam mit C ein Relationengebilde.

Nach [RADIG 84] ist q die Anzahl der über C zu bildenden Relationen $R_1, \ldots R_q$ von denen angenommen wird, daß jedes Tupel einer Relation R_i ein t_i-stelliges Tupel sei. So ist $R_i \subseteq C^{t_i}$ und

$$RS = [C, < R_1, \ R_2, \ \ldots, R_q >]$$

ein Relationengebilde, dessen Typ durch das Tupel $< t_1, t_2, \ldots, t_q >$ angegeben ist.

Die kompakte mathematische Definition zeigt bereits, daß Relationengebilde besonders zur algorithmischen Verarbeitung von Bildsymbolen geeignet sind. Zum Zwecke einer intuitiv eingängigen Objektrepräsentation sollte eventuell auf andere Hilfsmittel zurückgegriffen werden.

Betrachten wir noch einmal die in Abbildung 1.3 gezeigte, als anschaulich eingestufte *Ebene 1* der Bildbeschreibungshierarchie mit semantischen Netzen. Bildsymbole erzeugen hier eine symbolische Darstellung zweidimensional projizierter Bildobjekte, ohne einzelne Symboleigenschaften aufzuzeigen. Symbolinstantiierungen werden durch Generierungsfunktionen vorgeschlagen.

Vollzieht man an dieser Stelle den Übergang zur Symboldarstellung mit Relationengebilden, vereinigen sich die individuell ausgeprägte und die faktisch formale Repräsentation. Jedes Symbol der *Ebene 1* ist ein Tupel, ein Teil typgleiche Bildsymbole vereinigender Relationen. Es enthält somit sämtliche Symboleigenschaften als Attributwerte. Zusammengesetzte Bildsymbole höherer Beschreibungsebenen werden auf diese Weise zu stark strukturierten Gebilden, deren Struktur den Symbolaufbau, die mikroskopische Beziehung von Bildprimitiven wiedergibt. Gleichfalls enthält diese Struktur aber auch einen Teil der Symbolsemantik, den makroskopischen Zusammenhang von Objektteilen der *Ebenen 2* und folgenden. Solche Objektteile entstehen durch Gruppierung von Tupeln und bedingen ein rasches Anwachsen der Symbolkomplexität, so daß auch für Relationengebilde die Verwendung von Beschreibungshierarchien vorteilhaft ist.

Nehmen wir als Beispiel eine Triangulation. *DREIECK*-Nachbarschaften bilden die mikroskopische Struktur des triangulierten Bildsymbols – das kann etwa die Ausfüllung der Fahrzeugkonturen aus

Abbildung 1.2 mit kleinen Dreiecken sein. Makroskopisch enthalten aber genau diese Nachbarschaften an bestimmten Stellen auch Informationen über den Bedeutungsinhalt, durch sie dargestellter Objektteile. Um im Beispiel zu bleiben, wäre das etwa an den Trennlinien zwischen Karosserie und Fenstern des Autos der Fall. Hier bedeutet eine gemeinsame Seite zweier Dreiecke nicht nur deren Nachbarschaft sondern das Ende bzw. den Anfang eines Objektteiles. Die Karosse endet, das Fenster beginnt. Ein Gruppierungsvorgang unterteilt zwar die Gesamtstruktur zu sinnfälligen Einheiten, hebt jedoch keine mikroskopischen Nachbarschaften strukturbildender Bildprimitive auf. Noch deutlicher wird der Sinngehalt, wenn im Verdeckungsfalle die benachbarten Dreiecke zu verschiedenen Objekten gehören – wie es in den beiden Beispielbildern aus der Abbildung 1.1 gezeigt ist.

Strukturvergleich durch R-Morphismen

Symbolvergleich, besser der Vergleich von Symbolstrukturen, ist ein wichtiger Bestandteil der Mustererkennung. Hierzu einige Beispiele:

- In der automatischen Sprachanalyse werden akustische Informationen mit Modellworten verglichen und mit Bewertungsfunktionen die besten Worthypothesen gesucht [NIEMANN 81], [MUDLER 84].

- Der Vergleich des aktuellen Bildes eines Gegenstandes mit einem Modell desselben ergibt die Möglichkeit, Objekt- oder Materialfehler zu erkennen [PÖLZLEITNER + KROPATSCH 84].

- Ebenso gestatten Symbolvergleiche Aussagen über Objekteigenschaften, wie etwa Symmetrien [RADIG + SCHLIEDER 84] zu machen.

Automatisches Bildinterpretieren ist daher hauptsächlich ein Vergleichen von Bildsymbolen und deren Struktur. Generelle Strukturvergleiche leisten R-Morphismen. Sie formalisieren Abbildungen von Bildsymbolen, die als homologe Relationengebilde dargestellt sind derart, daß

$$F : RS \mapsto RS' \quad mit \quad F = \{f_0, f_1, \dots, f_q\}$$

in die Einzelabbildungen

$$f_0 : C \mapsto C' \quad und \quad f_i : R_i \mapsto R_i' \quad mit \quad i = 1, \dots q$$

aufteilbar ist. Zugleich wird für f_i eine Ähnlichkeitsfunktion

$$\Theta_i : (A \cup A') \mapsto \theta_i \ (A \subseteq C \ \wedge A' \subseteq C')$$

mit A und A' als Mengen der Eigenschaftsträger definiert, die Abbildungstoleranzen paarweise abgebildeter Attributwerte zuläßt.

Gemeinhin üblich ist die prozedurale Realisierung von Morphismen nach lehrbuchgerechten Methoden [BALLARD + BROWN 82]. Das führt zu einer bezüglich des Strukturvergleiches problemnahen, bezogen auf die Objektverarbeitung allerdings problemfernen Arbeits- und Denkweise. Hierin ist also ein Nachteil formaler, relationaler Darstellungen zu erkennen: Die Fortentwicklung von der intuitiv anschaulichen Denkweise objektbezogener Verarbeitungsschritte zur kompakten, stark technisierten Datensicht mit ihrem ausgeprägten Individualismus pragmatischer Lösungsversuche. Zu fordern ist daher die Beibehaltung des gut handhabbaren Formalismus' bei gleichzeitiger Rückgewinnung der objektbezogenen Datensicht, die in den voran gezeigten Repräsentationsformen vorteilhaft enthalten war.

Abstraktion in der Datensicht erscheint ebenfalls notwendig, wenn regelhaftes, prozedurales Wissen standardisiert werden soll. Ähnlichkeiten zwischen den im Übersetzerbau verwendeten attributierten Bäumen, Übergangsnetzen, wie sie auch im Bildverstehen eingesetzt werden [TROPF+ 84] und Relationengebilden lassen sich nutzbringend verwenden. Übersetzer moderner Hochsprachen erzeugen metasprachliche Programmbeschreibungen, deren Aussagekraft ausreicht, das Originalprogramm zu reproduzieren oder aus diesen Beschreibungen wieder ablauffähige Segmente zu erzeugen [GOOS+WULF 81]. Formale Beschreibungen durch Prozeduren instantiierter Schlußfolgerungen ähneln semantischen Netzen und können somit in geeignete relationale Form gebracht werden.

Die Überführung derartiger Beschreibungsdaten in Relationengebilde und deren Speicherung in einer Datenbank gewährleisten eine gleichartige Verwaltung statischen und propositionalen Wissens.

Beurteilung von Relationengebilden

Zusammenfassend ist zu sagen, daß Relationengebilde durch ihren kompakten mathematischen Formalismus geeignet sind,

- Ergebnisse der für semantische Netze zur Symbolinstantiierung vorgeschlagenen Prozeduren darzustellen und damit

- Grundlage zur Vereinheitlichung assoziativ analog ausgerichteter Beschreibungsdaten zu sein.

Durch Generalisierung und den Aufbau von Beschreibungshierarchien lassen sich breite Übergänge zwischen den zum Teil gegensätzlich orientierten Repräsentationsformen finden, so daß sie sich gegenseitig ergänzen können.

Abgeleitet ist festzustellen, daß Begriffe wie *objekt-* oder *anwendungsorientiert* bezüglich der Darstellungsform von Bildinterpretationsdaten mehr aus dem anschaulichen Modellbereich semantischer Netze oder generischer Schemata stammen. Eine Übersetzung von Beschreibungsdaten in Konstrukte der Datenbanktechnologie gründet jedoch auf dem exakten Formalismus. Die Erhaltung objektbezogener Datensicht in einem Datenmodell bedeutet also eine Verbindung modellimmanenter Formalia mit der durch allgemeine menschliche und insbesondere fachliche Interpretationskompetenz geprägten Anschauung (vgl. Definition 1.1). Unter diesem Aspekt wenden wir uns nun den Vorstellungen der bekannten Modelle für Datenbanken zu.

1.2 Datenmodelle

Das Hauptanliegen bei der Auswahl eines Datenmodells ergibt sich aus den vorangegangenen Betrachtungen. Es gilt, die größtmögliche Flexibilität in der Datenrepräsentation zu finden, um bei exakter Darstellung von Bild- und Bildobjektbeschreibungen durch Datenbankobjekte Arbeitstechniken mit diesen Datenbankobjekten nicht in den Vordergrund einer Verarbeitung zu stellen.

Kommerzielle Anwendungen haben für die weite Verbreitung des hierarchischen und des Netzwerkmodells, zumeist in der Ausprägung des CODASYL/DBTG-Vorschlages gesorgt. Ursache hierfür ist, daß Umfang und Komplexität der Anwendungen oftmals erheblich sind, die verarbeiteten Daten jedoch selten inhaltlichen Interpretationsvorgängen unterliegen. In einem solchen Fall liegen die Anforderungen, die an ein Datenmodell gestellt werden eher im Bereich der Integration von Datenzugriffsmethoden in häufig verwendete Programmiersprachen, wie COBOL oder FORTRAN. Auch garantierte Antwortzeiten für Datenanfragen im Echtzeitbetrieb stellen ein häufig diskutiertes Problem dar.

Semantisch geprägte Anwendungen stellen dagegen zusätzliche Anforderungen:

- Verdeckung von Navigationspfaden im Datenbestand!

- Flexible Schema-Anpassungen beim Auftreten neuer Verarbeitungsaspekte in einer Daten interpretierenden Anwendung!

- Anpassung der Speicherstrukturen auf interner, der Datendarstellung auf konzeptueller und der Zugriffsstrukturen auf logischer Ebene an die Erfordernisse einer Anwendung!

Anpassung der Speicherstrukturen bedeutet beispielsweise gemeinsame Ablage logisch zusammengehöriger Daten. Diese Anforderung wird sich nicht auf die Auswahl eines Datenmodells auswirken, da Speicherungstechniken jedem Datenmodell weitgehend als selbständige Einheiten unterliegen. Betrachten wir jedoch die konzeptuelle Modellebene, werden charakteristische Unterschiede zwischen den Datenmodellen deutlich; hier entscheidet sich, ob eine logische Benutzerebene erzeugt werden kann, welche die objektbezogene Datensicht unterstützt.

Betrachten wir also die drei klassischen Datenmodelle, indem wir beachten, daß Ansätze deutlich erkennbar sein sollten, die oben genannten Ansprüche zu erfüllen. Verschwiegen werden soll nicht, daß durch Veröffentlichungen wie [ENCARNACAO+NEUMANN 80], [CHANG 81] (siehe auch Abschnitt 2.1) sowie die formale Identität zwischen den darzustellenden Relationengebilden und dem relationalen Datenmodell ein leichtes Ungleichgewicht zu Gunsten dieses Modells besteht.

1.2.1 Das hierarchische Modell

Ältestes und weitverbreitetstes der drei klassischen Datenmodelle ist das hierarchisch geordnete, was vermutlich durch das IBM-System IMS [DATE 82] im kommerziellen Anwendungsbereich erreicht wurde. Interne Speicherungstechniken bleiben vor externen Datensichten verborgen, dennoch erfordert der Umgang mit diesem Modell den streng hierarchischen Aufbau aller Daten in Deklaration und Zugriff. Dateneinheiten sind entweder sogenannte *Wurzel-* oder *Vaterelemente*, von denen Zugehörigkeitspfade zu anderen Daten ausgehen oder hierarchisch niedriger stehende *Kinddaten*, die nur über diese Pfade zu erreichen [DATE 81] sind.

Logische und physikalische Datenbank dürfen in ihrer Zusammensetzung derart differieren, daß Anwendungsdatensichten existieren; nicht möglich ist allerdings die logische Verbindung von Daten, zwischen denen keine physikalischen Beziehungen, also Datenpfade bestehen. *Schlüssel* zu Daten sind stets die logischen, hierarchischen Zugriffswege: Nach dem Löschen eines Wurzelelementes sind davon abhängende Elemente also nicht mehr erreichbar.

Auf den ersten Blick betrachtet, bietet sich das hierarchisch organisierte Datenmodell zur Abbildung von Beschreibungshierarchien aus Analogiegründen an. Zu beachten ist jedoch, daß stets Kenntnisse über Datenpfade notwendig sind, um auf logischen hierarchischen Datenbanken einer Anwendung zu arbeiten. Weiterhin ist die beschriebene Abhängigkeit hierarchisch untergeordneter Daten nicht akzeptabel.

Erinnern wir uns an die makroskopischen Beziehungen von Bildobjektteilen, so wird deutlich, daß durch Generalisierung entstandene Teilbeschreibungen als separate Einheiten existieren dürfen. Objektteile wären in diesem Modell abhängige Kindeinheiten der Vatereinheit Bildobjekt. Bildobjekte wiederum wären Kindobjekte übergeordneter Bildbeschreibungen und so fort. Hier ein Geflecht *sicherer* Datenpfade aufzubauen, welches keine Teilbeschreibungen unbeabsichtigt zu unerreichbaren Einheiten werden läßt, ist keine triviale Aufgabe. Hoher Redundanzaufwand für ein zuverlässiges Schlüsselsystem wäre die Folge.

Entsinnen wir uns weiterhin der mikroskopischen Beschreibungsstruktur aus kleinen Dreiecken zur Repräsentation eines Bildobjektes, erkennen wir die dort herrschenden Nachbarschaftsverhältnisse als Struktur aus gleichen Elementen, denen ein Unterelement gemeinsam ist. Diese Vernetzung läßt sich im hierarchischen Modell kaum anwendungsgerecht darstellen. Sind alle Dreiecke auf einer Ebene der Hierarchie angeordnet und die Dreiecksseiten in einer darunter liegenden Ebene, lassen sich wohl Dreiecke bestimmen, die eine Seite gemeinsam haben, nicht aber erkennen, welche Seite als Trennlinie zwischen zwei Objektteilen agiert. Hierzu müßten die Seiten Vaterelemente der Dreiecke sein, was zu einem Widerspruch führt.

Beurteilung des hierarchischen Modells

Zusammenfassend ist zu sagen, daß

- Hierarchien, auch in einem Datenmodell für Datenbanken prinzipiell geeignete Strukturen sind, Bildzusammenhänge zu beschreiben,

- Logische Abhängigkeiten hierarchisch untergeordneter Beschreibungen nicht auch zu Abhängigkeiten innerhalb der Datenbank führen dürfen,

- Schlüssel und Zugriffspfade zu Daten nicht bis an die Oberfläche der Anwendung, also bis in die logische Datenebene vordringen sollten,

- Vernetzte Strukturen nur eingeschränkt und nicht anwendungsgerecht darstellbar sind.

Aus der Argumentation wird deutlich, daß dieses Datenmodell weniger geeignet ist, Relationengebilde als Beschreibung von Bildinhalten darzustellen und gleichzeitig eine objektorientierte Anwendungsdatensicht zu unterstützen.

1.2.2 Das Netzwerkmodell

Bereits der Name *Netzwerk*modell besagt, daß diesem Datenmodell eine graphartige Datenorganisation zugrunde liegt. Bildbeschreibungen entsprechen ebenfalls der graphartigen Organisation, was anschaulich wird, wenn man sich mikroskopische Nachbarschaftsverhältnisse und makroskopische Beziehungen von Objektteilen vorstellt. Bildprimitive sind Programmobjekte und mit *Graphknoten* vergleichbar, Symbolbeziehungen sind Programmreferenzen und mit *Graphkanten* gleichzusetzen. Betrachten wir also unter diesen Voraussetzungen das Netzwerkmodell.

Knoten und gerichtete Kanten in einem Beziehungsgraphen werden durch *Entity-* oder *Einheitenmengen* dargestellt, die verschiedenen Restriktionen unterliegen. *Set-Typen* realisieren 1:N-Beziehungen, indem Einheiten verbunden sind, zwischen denen eine eindeutige Beziehung durch inhaltliche Zugehörigkeit besteht. Solche Beziehungen entsprechen genau einer gerichteten Kante im Graphen, für die gilt: *Sind zwei Einheiten einer Einheitenmenge mit derselben Einheit einer anderen Einheitenmenge verbunden, so sind sie identisch.* Hieraus ergibt sich die bekannte *Owner/Member*-Struktur. Einschränkend gilt, daß einer Owner-Einheit stets eine Menge von Member-Einheiten zugeordnet sein kann, einer Menge von Member-Einheiten aber genau eine Owner-Einheit. Member-Einheiten können dennoch Owner-Einheiten anderer Member-Mengen sein. Bereits an diesen Sätzen zeigt sich, daß Netzwerkdatenbanken rasch unübersichtlich werden können.

Kett-Entities stellen N:M-Beziehungen zwischen Daten dar und sind als Verbindungseinheiten zwischen Mengen anzusehen. Häufiges Auftreten dieser Beziehungsart führt zu einem erheblichen

Überbau an Datenmengen, die mit dem Anwendungsziel nur sekundär verbunden, in der Anwendungsebene gleichrangig neben primären Daten stehen.

Datenzugriffe werden realisiert, indem der zu dem jeweiligen Datum führende Teilgraph angegeben wird. Im Prinzip ähnelt dieser Mechanismus dem des hierarchischen Modells. Durch die vielfältigen Rückbezüge innerhalb der Owner/Member-Mengen führt die Anfrageart jedoch zu einer erheblichen Belastung der Anwendung mit Navigationskenntnissen durch den Datenbestand. Daher liegt in diesem Modell auch der Ursprung des Begriffes *Datennavigation* – vgl. [SCHLAGETER+STUCKY 83].

Das Modell der CODASYL-Database-Task-Group (CODASYL/DBTG) bringt an einigen Stellen Erleichterungen der restriktiven Regeln [CODASYL 71]. So kann

- ein Set-Typ mehrere Member-Typen haben und

- das Prinzip systemvergebener Identifikationsschlüssel wird eingeführt.

Implementationsgründe zwangen jedoch zu der weiteren Einschränkung, ein Member-Element könne nicht sein eigener Owner sein. Vergegenwärtigen wir uns, daß ein Dreieck als Repräsentant einer Bildobjektbeschreibung ihm zugehörige Seiten *besitzen* kann, indem die Symbolklasse *DREIECK* als Owner der Symbole *LINIE* deklariert wird. Verhältnisse der Nachbarschaft können nicht ausgedrückt werden, da ein Symbol *DREIECK* nach der Einschränkung nicht gleichzeitig Bestandteil und Besitzer der Symbolklasse *DREIECK* sein kann.

Beurteilung des Netzwerkmodells

Fassen wir zusammen. Das Netzwerkmodell ist geeignet,

- in der logischen Datensicht vorhandene Objekt- und Symbolbeziehungen durch modelleigene Datenbeziehungen wiederzugeben,

- Hierarchien durch spezielle Graphformen nachzubilden,

- in der CODASYL-Form umständliche Teilgraphenangaben für Zugriffe auf Daten durch Systemschlüssel zu ersetzen und somit ebenfalls die Vorzüge des hierarchischen Datenmodells anzubieten.

Nachteilig sind

- die Einschränkung, daß Klassenelemente nicht Besitzer ihrer eigenen Elementklasse sein dürfen und

- daß die logische Datensicht mit Datenzusammenhängen in der Form von Navigationswegen erheblich belastet würde.

Insgesamt ist zu sagen, daß dieses Modell zur Übertragung als R-Morphismen formalisierter Strukturvergleiche mit Einschränkungen einsetzbar wäre, hier aber ebenso wie im hierarchischen Modell keine Überordnung eines objektbezogenen Ansatzes über modellimmanente Ordnungs- und Zugriffsprinzipien ersichtlich ist.

1.2.3 Das relationale Modell

Das relationale Datenmodell als das *einfachste* darzustellen, ist sicher falsch. Trotzdem ist gerade die Einfachheit einer tabellarischen Datensicht, der Hauptentscheidungsgrund für intensive Untersuchungen über die Verwendung dieses Modells im technischen und wissenschaftlichen Anwendungsbereich. Stets wird die Verdeckung systembedingter Ordnungskriterien auf anwendungsbezogener, externer und modellbezogener, konzeptueller Datenebene gewährleistet. Damit ermöglicht das relationale Modell eine höhere Anpassung von Datenbanken an Problemstellungen als die bislang besprochenen Modelle.

Übersichten zu Definitionsfragen des relationalen Modells oder dessen Notation geben [DATE 81], [ZEHNDER 81], [DATE 82], [PIROTTE 82], [SCHLAGETER+STUCKY 83]. Ausführliche Auskunft, welche Standards ein relationales Datenbanksystem erfüllen sollte, gibt der abschließende Bericht der *ANSI/X3/SPARC DBS-SG Relational Database Task Group*, in dem auch eine umfangreichen Auswertung bereits existierender Systeme enthalten ist. Der Bericht wurde unter anderem als [BRODIE+SCHMIDT 82] veröffentlicht. An dieser Stelle genügt daher wieder eine knappe Modellvorstellung.

Ohne die Urheberschaft von E.F. Codd [CODD 70] in Frage stellen zu wollen, folgt die Definition von Tupeln und Relationen sinngemäß den in Abschnitt 1.1.3 gezeigten Formalismen. Eine Wiederholung erscheint daher nicht notwendig. Gleichzeitig unterstreicht die formale Identität eine Homogenität in der Darstellungsform von Relationen und Relationengebilden. In Kürze: *Relationen* sind ungeordnete, als Tabelle dargestellte Mengen *Tupel* genannter Dateneinheiten. Tupel stellen eine genau bestimmte Teileinheit des Kreuzproduktes aus *Attributen* dar, die zu einer Relation definiert sind. Tupel sind nach Art, Namen und Reihenfolge der durch sie zusammengefaßten Attribute bestimmt.

Relationen besitzen *Schlüsselattribute*, welche die eindeutige Identifikation eines Tupels gewährleisten müssen. Schlüsselwerte realisieren Beziehungen zwischen Tupeln in der Art von Verweisen zwischen Programmobjekten. Hierarchische und netzartige Objekt- oder Symbolbeziehungen können durch sinngemäße Verwendung von Schlüsselwerten nachgebildet werden, woraus deutlich wird, daß dieses Modell geeignet ist, die bereits vorgestellten Organisationsformen der anderen Datenmodelle nachzubilden.

Zugriffe auf Tupel und Relationen werden durch die Mengenoperationen der fünfstelligen *relationalen Algebra* realisiert. Der Reihenfolge nach stehen folgende Operatoren zur Relationenmanipulation zur Verfügung:

+ Vereinigung von Relationen,

− Schnittmengenbildung,

σ horizontale Auswahl von Tupeln aus Relationen, Selektion,

π vertikale Auswahl, Projektion und

$\bowtie$ Relationenkonkatenation über typgleiche Attribute.

Normalisierungen erzeugen funktionale Abhängigkeiten zwischen Schlüsseln und weiteren Attributen einer Relation. Normalisieren bedeutet Aufspalten der Ursprungsrelation in mehrere Relationen bei erhöhtem Redundanzaufwand für Schlüsselwerte. Erwähnt sei an dieser Stelle lediglich die erste Normalform, 1.NF, da Codd sie als einzige im ursprünglichen Modell explizit forderte. Erste Normalform besagt, daß Attribute einer Relation keine Struktur aufweisen dürfen, d.h. als Attributwerte lediglich *atomare* Werte zulässig sind.

Betrachten wir wiederum die Eignung des Modells, symbolische Bild- bzw. Bildobjektbeschreibungen in die Form von Datenbankobjekten zu bringen und nehmen zuerst das Beispiel der mikroskopischen Nachbarschaftsbeziehungen einer triangulierten Fahrzeugkontur dazu. Es existiere eine Relation *Dreiecke*, die alle Symbole des Typs *DREIECK* enthielte und eine Relation *Linien*, für *LINIE*-Symbole. Ebenso, wie im hierarchischen und im Netzwerkmodell kann die Bedeutung von Linien als Seiten eines Dreiecks durch Verweise in Form von Schlüsseln dargestellt werden. Zusätzlich ist aber ein Attribut denkbar, welches Dreiecksnachbarschaften ebenfalls durch Schlüsselwerte darstellt. *Das* war in den anderen Datenmodellen ohne Erzeugung von Sekundärdaten nicht möglich. Ohne weitere Ausführungen ist nun vorstellbar, daß auch makroskopische Abhängigkeiten und Hierarchien im relationalen Datenmodell darstellbar sind.

Beurteilung des relationalen Modells

Fassen wir also zusammen, was für dieses Datenmodell spricht, Standards in der Datenverwaltung im Bereich der Bildinterpretation mit symbolischen Bildbeschreibungen einzuführen.

1. ist die Identität der Formalismen als Relationengebilde vorliegender Daten und dieses Datenmodells ein positives Argument.

2. liegen Untersuchungen vor, die von guten Erfahrungen mit diesem Modell aus der Bildverarbeitung nahen Arbeitsgebieten, etwa CAD, berichten und die bereits erwähnt wurden.

3. können positiv empfundene Eigenschaften der anderen Datenmodelle im relationalen Modell ebenfalls realisiert werden.

4. bietet das relationale Modell einen höheren Grad der Anpassung an die Anwendungsproblematik als die voran besprochenen Modelle, was durch das Beispiel mikroskopische Struktureigenschaften darzustellen exemplarisch belegt ist.

5. fordert die tabellarische Datensicht von einer Datenbankanwendung keine Kenntnisse über den internen Datenbankaufbau und die zwischen den Daten existierenden Verbindungswege.

Dennoch sind nicht alle Anforderungen mit dem ursprünglichen relationalen Modell zu erfüllen. Eine objektbezogene Datensicht, wie gefordert, ist auch hier nicht direkt erkennbar; nur ist die Modellanpassung an spezielle Anwendungsprobleme mit dem Anwachsen unkommerzieller Datenbankanwendungen als zunehmend notwendig erkannt und im relationalen Modell durchgeführt worden. Initiale waren hier vornehmlich Anwendungen aus Bereichen der Wissenschaft. Eine Übersicht hierüber verbunden mit Vorschlägen zur Anforderungsrealisierung und Anpassung der Datenbankkonstruktion ist in [HÄRDER+REUTER 85] nachzulesen.

1.2.4 Semantische Datenmodellierung

"The term semantic data model, sometimes used to refer to one or other of the extended models, is thus not particularly apt. On the other hand 'semantic data modelling' is an appropriate label for the overall activity of attempting to represent meaning", lautet C.J. Dates Einleitung zur Vorstellung semantischer Datenmodellierungstechniken in [DATE 83]. Eine Äußerung, die beschreibt, daß keine generellen Regeln zur semantischen Datenmodellierung vorliegen können, da weder standardisierte Begriffe verwendet werden, noch genau definierbar ist, was eine spezielle Anwendung unter der ihr innewohnenden Semantik im Bezug zu anderen Anwendungen versteht. Dennoch läßt sich semantische Datenmodellierung als Methode bezeichnen, fachspezifische Datenbankanwendungen in einer benutzernahen Weise darstellen zu können.

In [ORTNER 85] findet sich mit der Einführung des *Begriffskalkül* eine kurze Übersicht elementarer Ansätze zur semantischen Datenmodellierung. Unter Begriffskalkül wird eine Abbildung verstanden, die aus einem Begriffswort und einem Argumentbereich besteht. Für die Beschreibung des Fahrzeuges in der Beispielbildfolge ergäbe sich die Aussage,

das Bildobjekt ist ein Auto,

wobei *Bildobjekt* das Begriffswort und *Auto* ein Wert des Argumentbereiches ist. In einer anderen fachspezifischen Modellierungsumgebung wäre die Aussage,

das Auto gehört mir,

ebenfalls ein korrekter Ausdruck bei dem nun *Auto* das Begriffswort ist.

Es wird der Begriff *Abstraktion* eingeführt, nach dem zwei Gegenstände bei gleichzeitiger Verschiedenheit der Begriffe vollständig identisch sind, oder unterschiedlich sind, sich jedoch in einem Oberbegriff entsprechen. Ein Beispiel für die vollständige Identität ist der Baum in den Bildern $Bild_N$ und $Bild_{N+x}$, die physikalisch auf den Bildern zwei Begriffe darstellen, aber ein Objekt repräsentieren. Die Hausfragmente der beiden Bilder sind ein Beispiel für die Entsprechung zweier tatsächlich verschiedener Gegenstände. Der Begriff *Komposition* basiert auf der Instantiierung von Abhängigkeiten und Objektbezügen. Die Aussage,

das Auto verdeckt das Haus,

ist dafür ein typisches Beispiel aus unserer Bildfolge.

Aggregation und Generalisierung: Schlagworte, die, bereits 1977 in [SMITH+SMITH 77] eingeführt, stets wieder bemüht werden, wenn es gilt *inhaltliche Bezüge* auszudrücken, die sich nicht direkt in Dateneinheiten finden sondern sich in deren spezieller Konstellation zueinander zeigen. Beide Begriffe sollen auch in dieser Arbeit verwendet werden, da sie den zuvor beschriebenen Bezeichnungen weitgehend ähnlich sind, jedoch nicht so eingebunden sind, wie die zum Begriffskalkül gehörenden Begriffe Abstraktion und Komposition.

Molekulare Aggregation wird der Vorgang genannt, der aus heterogenen Tupelgebilden Einheiten formt, die Anwendungen als komplexe Objekte verfügbar sind [LORIE 81], [SCHEK+PISTOR 82], [BATORY+BUCHMANN 84], [BUCHMANN+DE CELIS 85]. Hierauf wird an späterer Stelle noch ausführlicher eingegangen; ebenso auf die Bildung von Oberbegriffen, Generalisierung, und ihre Darstellung durch Datenbankobjekte sowie in Anfragen [CODD 79], [ZANIOLO 83], [MAC GREGOR 85], [HEILER+ROSENTHAL 85].

In Anlehnung an [DATE 83] sei hier für den nachfolgenden Wortgebrauch definiert, was unter Aggregation verstanden werden soll:

Definition 1.2 : Aggregation
Aggregation ist die Instantiierung von Beziehungen zwischen Datenbankobjekten. Ein Unterschied zwischen gleichen oder gleichartigen bzw. grundsätzlich verschiedenen Objekten wird nicht gemacht.

Diese Formulierung orientiert sich zwar nicht an Datenbankobjekttypen, kann jedoch direkt auf Bildbeschreibungen übertragen werden, wenn aus Bildobjekten Datenbankobjekte geworden sind. Sie stellt damit einen Kompromiß dar, zwischen der typorientierten klassischen Aggregation und der logischen Bezugszuordnung als Datenbankobjekt modellierter Bildbeschreibungen, wie wir sie im folgenden genauer betrachten werden.

Ferner sei definiert:

Definition 1.3 : Generalisierung
Generalisierung ist die Zusammenfassung von Datenbankobjekten, deren Typen sich als Ausprägungen eines übergeordneten Objekttyps darstellen, also Untertypen repräsentieren.

Hierin liegt der Schlüssel zur Zusammenfassung und Zuordnung von Prototypen und einzelnen, in Bildern enthaltenen Ausprägungen des prototypischen Objektes, wie sie etwa in der Verarbeitung von generischen Schemata vorkommen.

Abschließend soll noch einmal bemerkt sein, daß

- Integration von Semantik in das relationale Datenmodell oder in eine bestehende Erweiterung dieses Modells notwendig ist, um die gewünschte objektorientierte Datensicht zu erzeugen,

- der Begriff *Semantik* jedoch weder in seinem abstrakten Ursprung noch in der konkreten Ausprägung *semantischer* Datenmodellierung derart festgelegt ist, daß es nicht gestattet wäre, ihn auch für den begrenzten Arbeitsbereich symbolischer Bildbeschreibung zu verwenden.

1.3 Zusammenfassung

Ziel dieses Kapitels war die Einführung in das Problem, symbolische Beschreibungen von Bildinhalten durch Datenbankobjekte darzustellen und der Bildinterpretation als Datenbankanwendung eine objektorientierte Datensicht anzubieten.

Zur Verdeutlichung der Problematik, aus Bildern extrahiertes Wissen korrekt darzustellen, wurden drei typische Wissensrepräsentationsformen vorgestellt. Jedes Darstellungsmodell wurde unter dem Aspekt betrachtet, das dargestellte Wissen in eine Form bringen zu können, die den Einsatz eines Datenbanksystems zur Verwaltung und Verarbeitung symbolischer Bildbeschreibungen gestattet. Im einzelnen wurden betrachtet:

- *Semantische Netze* als Repräsentant assoziativ anschaulicher Darstellungsform statischen und propositionalen Wissens nahezu ohne Möglichkeit zur Umsetzung in Datenbankstandards.

- *Generische Schemata* – frames – als Weiterentwicklung einer abstahierenden Darstellungsform durch Anlehnung an das Arbeiten mit Prototypen und verallgemeinerten Situationsbeschreibungen. Insgesamt sind jedoch auch hier wenig bis keine Formalismen zu finden, die eine Standardisierung generischer Schemata in Datenbanken unterstützen.

- *Relationengebilde* als mathematischer Formalismus zur Bild- und Bildinhaltsbeschreibung. Die Einsetzbarkeit zur Instantiierung von Objekten der vorgenannten Methoden lassen diese weniger anschauliche Repräsentationsform dennoch bestens geeignet erscheinen, hierdurch erzeugte Beschreibungen in Datenbankkonstrukte umzusetzen.

Dem gegenübergestellt wurden die bekannten Datenmodelle für Datenbanken, die in der kommerziellen Praxis seit Jahren eingesetzt werden. Hauptaspekt war auch hier die Beurteilung von Modelleigenschaften in ihrer Eignung, symbolische Bild- und Bildinhaltsbeschreibungen darzustellen. Betrachtet wurden:

- Das *hierarchische Modell*, dessen namesgebende Eigenschaft, hierarchische Strukturen gut darzustellen, den komplexen Bildbeschreibungsstrukturen nicht gerecht werden konnte.

- Das *Netzwerkmodell*, welches erhebliches Wissen um die konzeptuelle Datenorganisation fordert, mithin die Kenntnis allzu komplexer Navigationspfade auf aktuell bearbeiteten Daten voraussetzt und so als wenig geeignet erschien.

- Das *relationale Modell*, dessen

    - formale Nähe zu den bereits als geeignet empfundenen Relationengebilden,

    - das Fehlen jeglicher Navigationsbelastungen für spätere Datenbankanwendungen und

    - die Möglichkeit, positive Eigenschaften der weniger geeigneten Datenmodelle nachbilden zu können

  wesentliche Entscheidungspunkte zur Verwendung darstellten.

Ergänzend wurde der Begriff *semantische Datenmodellierung* vorgestellt, der hier nicht als Bezeichnung eines eigenständigen Datenmodells aufzufassen ist. Vielmehr faßt er schlagwortartig Methoden zusammen, die geeignet erscheinen, sinngemäße Zusammenhänge zwischen Daten besser als bisher darzustellen.

Kapitel 2

Datenmodellanforderungen

Relationengebilde sind geeignet, Bild- und Bildobjektbeschreibungen so zu formalisieren, daß sie in einer relationalen Datenbank standardisiert verwaltet werden können. Das klassische relationale Datenmodell enthält jedoch Forderungen, die einer Integration von Techniken semantischer Datenmodellierung hinderlich sind. Insbesondere ist hier die Forderung nach Normalisierung von Relationen zu nennen. Zahlreiche Anwendungsgebiete aus Technik und Wissenschaft erfordern eine Erweiterung des Codd'schen relationalen Modells bzw. eine Anpassung der Anfrageumgebung relationaler Datenbanken.

Derartige Untersuchungen weisen einen Weg, auch symbolische Bildbeschreibungen kompakt und anwendungsbezogen darstellen zu können. Unter Ausnutzung bestimmter Erweiterungen des relationalen Modells kann der mathematische Formalismus von Relationengebilden vor Anwendungen verborgen werden. Eine objektorientierte Datensicht entstünde, die in Kombination mit der tabellarischen Sicht von Relationen und Tupeln die *Einfachheit* des Modells für allgemeine Anwendungen auf die Verarbeitung symbolischer Bildbeschreibungen zu übertragen hilft.

Ziel dieses Kapitels ist es, die Anforderungen der symbolischen Beschreibung von Bildinhalten zu sammeln, und zwei, als besonders prägnant angesehenen Erweiterungen des relationalen Modells gegenüberzustellen. Um zu einer Vereinfachung der Arbeitsabläufe bei Bildanalysevorgängen und einem besseren Verständnis der auftretenden Detailprobleme zu gelangen, wird die Verwendung beider Modelle für verschiedene Betrachtungsebenen von Daten vorgeschlagen.

Abschnitt 2.1 gibt eine kurze Übersicht über die Entwicklung datenbankunterstützter Systeme zur Bildverarbeitung und beschreibt ausgewählte Detailuntersuchungen. Zum einen ist dies

- durch Verwendung systeminterner Referenzen, *komplexe Objekte* zu erzeugen und zum anderen

- die Zulassung strukturierter, d.h. unter anderem relationenwertiger Attribute im sogenannten NF^2*-Modell* ($NF^2 =$ non-first-normal-form).

Abschnitt 2.2 zeigt den Übergang vom mathematischen Formalismus der Relationengebilde zur Repräsentation desselben im relationalen Modell. Es wird untersucht, welche Probleme die Repräsentation, nicht der Einheitlichkeit des traditionellen Begriffes eines Datenbankobjektes unterliegender Gebilde aufwirft. Unter traditionellen Datenbankobjekten sind hierbei Tupel einer Relation oder als einer Relation per se zu verstehen. Weiterhin wird untersucht, in welcher Weise die in Abschnitt 2.1 betrachteten Modellerweiterungen zur Erzeugung einer anwendungsbezogenen Datensicht geeignet sind. Der Begriff *Objekttupel* wird eingeführt.

Abschnitt 2.3 behandelt die Umsetzung von Strukturvergleichen in Datenbankanfragen. Während kommerzielle Systeme meist reines Faktenwissen bereitstellen, was relativ einfache Fragestellungen – auch bei großen Datenmengen – impliziert, stellen symbolische Bildbeschreibungen syntaktische und semantische Fakten analysierter, d.h. Interpretationsvorgängen unterliegender Objekte dar. Dieser qualitative Unterschied spiegelt sich in den Anfragen an Systeme wieder, die derartige Daten verwalten. Insbesondere werden diskutiert:

- Eine Anfrageformulierung durch Angabe von Objekteigenschaften, die nicht – wie üblich – auf Attribute der angefragten Relation zurückgreift, sondern sich an den Eigenschaften des symbolisch beschriebenen Bildobjektes orientiert und damit die gewohnte Anfragestruktur verläßt.

- Die Umsetzung von R-Morphismen in Datenbankanfragen, damit Vergleiche zwischen Relationengebilden für Datenbankanwendungen komfortabel durch eine Anfrageform verdeckt sind und

- die Notwendigkeit, tolerante Vergleiche zur Feststellung von Symbolähnlichkeiten – Objektähnlichkeiten repräsentierend – durchführen zu können.

Letzteres ist sinnvoll zum Vergleich aus Bildfolgen extrahierter Objekte mit im Datenbestand enthaltenen Prototypen. Ebenso kann die Eigenschaft zweier Symbole festgestellt werden, ein einziges Bildobjekt zu beschreiben, wenn diese aus sequentiell aufeinanderfolgenden Einzelbildern einer Bildfolge stammen. Hierzu müssen die Vergleichsmechanismen Toleranzen akzeptieren, die

- im Bereich der Attributwerte, *Attributtoleranz*, wie auch

- im Struktur- und Substrukturbereich, *Strukturtoleranz*, liegen.

2.1 Überblick und Historie

Bilddatenbanken, Rechnerunterstütztes Konstruieren, CAD, etwa zur Herstellung hochintegrierter Schaltungen, Informationssysteme oder der Bereich der Büroautomatisierung sind Hauptanwendungsgebiete technisch wissenschaftlicher Sonderanwendungen von Datenbanken. Die folgende Auflistung stellt einen notwendigerweise unvollständigen Versuch dar,

- interessante Einzelentwicklungen,

- Vorschläge, Fehlentwicklungen in der Datenhaltung zu vermeiden und

- neuere Anpassungen des relationalen Datenmodells

vorzustellen. Verbunden mit den beiden ausführlicheren Betrachtungen in diesem Abschnitt erbibt sich dennoch ein Hintergrund für die Untersuchung von Anforderungen, die an das relationale Datenmodell gestellt sind, wenn hierdurch symbolische Bildinhaltsbeschreibungen dargestellt werden sollen.

- Frühe Versuche mit relationalen Bilddatenbanken wurden breits 1974 von T.L. Kunii et al. zur Organisation von Bildern und Objektbeschreibungen dokumentiert [KUNII+ 74] (vgl. 1.1.1).

- Die schnelle Präsentation ikonischer Daten ist ein wesentliches, technisches Untersuchungsziel dieser Zeit – siehe etwa [CHANG+ 77]. Sie werden ergänzt durch Überlegungen,

- künstlich erzeugte, d.h. parametrisierte Bilddaten [FRIEDELL+ 80] auf Rastergraphikgeräten darzustellen. Aus diesen Untersuchungen werden gute Erfahrungen mit dem *Back-End-Prinzip* bekannt: Ein oder mehrere Rechner übernehmen die komplette Datenaufbereitung zwischen Anwendung und Sekundärspeicher, also auch Übergänge zwischen internem und externem Datenbankschema. So ergibt sich ein hohes Maß an nutzbarer Parallelität zwischen Datenbank und Anwendung, was die Performanz relationaler Systeme erhöhen könnte (siehe auch [HURSON 81], [BRIGGS+ 81]).

- Gleichzeitig existiert eine Diskussion um die sinnvolle Modellierung von Bilddaten für *Bilddatenbanken* genannte Systeme zur Aufnahme von Einzelbildern und deren Inhaltsbeschreibungen. Als Beispiel seien [BO 80], [SHOUXUAN 81] genannt, wo das 1976 von P.P. Cheng vorgestellte Entity-Relationship Modell zur Datenmodellierung vorgeschlagen wird. Parallel dazu werden

- Fehlentwicklungen in der Datenhaltung, etwa eine Diversifikation im Prinzip gleicher Daten durch ähnliche Anwendungen, und Vorschläge, dem abzuhelfen aufgezeigt [BILLINGSLEY 80] sowie

- Entscheidungshilfen zur Datenmodellwahl vorgelegt. In einer Datenbank zu speichernde Bilddaten wurden beispielsweise einer Bewertung unterzogen und den drei unterschiedlichen Datenmodellen gegenübergestellt. Fehlen von Navigationskenntnissen im Datenbestand war ein Hauptargument, das relationale Modell zur Datenstandardisierung vorzuschlagen [EN-CARNACAO+NEUMANN 80].

- Anwendungsbezogene Konzepte für 3D-Datenbanken in der Form automatischer Objektansichtgenerierung und -konstruktionsunterstützung durch Materialdaten [WOLFE 80] stammen ebenfalls aus diesen Jahren.

- Wichtige Untersuchungen von Detailproblemen bei der Organisation flächiger und bildbezogener Daten wurden häufig an zwischen Anwendung und Datenbank trennenden Systemen vorgenommen. Im Bereich der Datenverwaltung und -darstellung beschreibt zum Beispiel [FENG 81] ein System, das ohne Datenmodellbindung je nach Anwendungsauftrag und Datenart entscheidet, welches der parallel implementierten Datenmodelle zur Ausführung verwendet wird.

- T.L. Kuniis Arbeiten führten jetzt zu Untersuchungen über Analyse und Synthese von Texturen und Texturproduktionsregeln in einer Datenbank [CHANG+KUNII 81] sowie zu Systemkonfigurationen zur Verarbeitung *logischer* und physikalischer Bilder bei der Entwicklung von VLSI-Schaltungen [YAMAGUCHI+KUNII 81].

- Ein interessantes Beispiel zur vereinheitlichten Datendarstellung in Bildverarbeitungsprogramm und Datenbank ist das 1980/81 von N.S. Chang und K.S. Fu in mehreren Artikeln vorgestellte relationale Datenbanksystem IMAID (IMage Analysis and Image Database management system), welches in eine LANDSAT-Bildverarbeitung integriert ist. Die Bilddaten werden von Verarbeitungseinheiten (processing sets) erzeugt und verarbeitet. Verarbeitungs- und Speicherungsform in der Datenbank ist eine generalisierte, graphartige Form, GARG (Generalized Attributed Relational Graph) genannt [CHANG+FU 80A], [CHANG+FU 81A], [CHANG+FU 81B].

- Systembesonderheit ist die Integration zweidimensionaler Operationen in *Query-by-Example* (QBE), eine bereits 1974 von M.M. Zloof vorgestellte graphisch unterstützte, interaktive Anfragesprache [ZLOOF 74], die in früheren Arbeiten bereits als Anfragemedium eingesetzt und diskutiert wurde [YAMAMURA+ 81] oder [YAMAGUCHI+KUNII 81]. Anwendungsspezifische Standardaktionen − wie Flächenberechnungen, Anwahl ikonischer Darstellungen oder das Suchen nächster Nachbarpunkte zu einem gegebenen − realisiert als Anfragen und Aufträge an die Datenbank stellen interaktiven Anwendern in *Query-by-Pictorial-Example* (QPE) [CHANG+FU 80B], [CHANG+FU 80C] ein anwendungsgerechtes Werkzeug zur Verfügung. (Detailliertere Informationen über das System und seine Realisierung sind dem Buch *Image Analysis and Image Database Management*, [CHANG 81] zu entnehmen.)

- Eine Übersicht zur Thematik der *Bilddatenbanken* geben die Artikel der Zeitschrift *Computer* vom November 1981 [CHOCK+ 81], [CHANG+KUNII 81], [ZOBRIST+NAGY 81]; eine umfangreiche Beschreibung verschiedener Systeme ist bei nachzulesen in [CHOCK 82].

- Wesentliche Vorschläge, Hierarchien in das relationale Datenmodell einzuführen, um Beschreibungsebenen modellgerecht darstellen zu können stammen von R. Lorie [LORIE 81], obgleich auch T.L. Kunii bereits in seinen Modellvorschlägen hierauf Rücksicht nimmt.

- Komplexe Objekte werden unabhängig voneinander und in verschiedenen Datenmodellen vorgeschlagen. R. Lorie (vgl. 2.1.1) schlägt hierzu das relationale Modell vor, H.R. Johnson das Netzwerkmodell [JOHNSON+ 83]. Beide Vorschläge haben zum Ziel, Tupel unterschiedlicher Relationen für CAD-Anwendungen als Einheiten darzustellen und zur Verarbeitung anzubieten.

- Das Konzept nicht-normalisierter Relationen erweitert das relationale Datenmodell um Integrations- und Separationsfunktionen zur Darstellung komplexer Strukturen in Informationssystemen [SCHEK+PISTOR 82] und verfolgt damit gleichfalls die Vereinheitlichung heterogener Tupelgebilde (vgl. 2.1.2)

- Erste Vorschläge, diese Modellierungsweise für symbolische Bild- und Bildfolgenbeschreibungen zu verwenden sind in [BENN+RADIG 84A], eine Ausweitung der Gedanken in die Richtung, auch komplizierte Beschreibungsvergleiche durch Datenbankanfragen im einer NF^2-Datenbank zu unterstützen, in [BENN+RADIG 84B] sowie [BENN+RADIG 85] beschrieben.

- Probleme der realen Darstellung komplexer Einheiten, hier *molekulare Objekte* genannt, in Programmiersprachen und die Betrachtung unterschiedlicher Einheitstypen — wie *zerlegbar/nicht zerlegbar, rekursiv/nicht rekursiv* sowie auch Kombinationen daraus — finden sich in [BATORY+BUCHMANN 84] diskutiert und durch ausgewählte Beispiele existierender Anwendungen belegt. Hier zeigt sich, wie die Konzepte zur Erweiterung des relationalen Datenmodells in die Praxis semantischer Datenmodellierung Eingang finden und eine Diskussion sich mehr in den Bereich Anwendung und Realisierung verlagert. Datenbankarchitekturen für CAD-Anwendungen mit komplexen Objekten, auch Molekülen genannt, beschreibt zum Beispiel der Artikel [BUCHMANN+DE CELIS 85].

- Auch die Adaption von Anfragen an relationale Systeme soll erwähnt sein: Elektronische Bausteine und deren Signale können beispielsweise logisch im Entity-Relationship-Modell entworfen werden und sind dann als Netz von Knoten und Kanten mit Hilfe speziell an diese Applikationssemantik adaptierter Anfragesprachen auf ein traditionelles Datenbanksystem abzubilden [ADIBA+NGUYEN 84].

- Interessante Anfragemethoden für derart an Anwendungen angepaßte Modelle kommen häufig wieder auf die Methoden der bekannten Anfragesprache QBE [ZLOOF 74] zurück, beispielsweise [HEILER+ROSENTHAL 85].

- Erste Ansätze, symbolische Bildbeschreibungen und beschreibungsvergleichende Bildanalyseoperationen mit dynamisch erweiterten, nicht-normalisierten Relationen vorzunehmen sind in [BENN 85] dargelegt.

- Objektorientierte Verarbeitungsansätze für Büroinformationssysteme (OIS = Office Information Systems), bei denen Objekte, wie Dokumenten oder Nachrichten Operationen und Eigenschaften zugeordnet und diese verarbeitet werden können [NIESTRASZ+TSICHRITZIS 85] sowie

- spezielle Anfragesprachen aus dem Bereich interaktiver Informationssysteme, etwa in Menüform [ROWE 85], sind nur einige konkrete Beispiele für aktuelle Anpassungen im Datenbankbereich an die Anforderungen neuer Anwendungsgebiete.

International existieren verschiedene Ansätze, Bilddaten mit Hilfe relationaler Datenbanken organisiert zu erfassen und anwendungsbezogen zu verarbeiten. Expertensysteme stellen eine Gruppe, die weniger auf Standardisierung als auf Integration von Verarbeitungsweg und Daten ausgerichtet ist und sich als kompakte Einheit komplexer Anwendungen versteht. Auf diese Systeme soll hier nicht weiter eingegangen werden. Bei Interesse sei auf neuere Übersichtsartikel und kritische Auseinandersetzungen mit Expertensystemen für Bild- und Mustererkennungsaufgaben verwiesen – etwa [NEES 85], [KROPATSCH 85].

Zwei Ansätze, die sich unabhängig voneinander entwickelt haben sollen nun eingehender betrachtet werden. Beide Prinzipien haben sich national und international als Problemlösungen für Anwendungen etabliert, deren Verarbeitung auf inhaltlichen Bezügen von Datenbankobjekten basiert (siehe die 85er Literatur über Konferenzen, wie *Datenbanken in Büro, Technik und Wissenschaft*, BTW, oder *Conference on Very Large Data Bases*, VLDB).

2.1.1   Der Ansatz von Lorie et al.

Allgemeine Konstruktionsdaten in einer Datenbank zu verwalten, und damit Arbeitsvorgänge unterstützen zu können, die bislang ohne standardisierte Datenhaltung abliefen, führte zu dem Gedanken, Konstruktionsvorgänge durch eine objektbezogene, ganzheitliche Datensicht heterogener Tupelkomplexe, sogenannte *complex objects* zu unterstützen. Damit einher gingen Bestrebungen, bei CAD-Aufgaben häufig auftretende unformatierte Daten, zumeist Texte, ebenfalls in Datenbanken aufnehmen zu können. Um einen möglichst allgemeinen Ansatz zu bieten, sollten die Daten aus allen Bereichen automatisch unterstützter Konstruktionsarbeiten stammen – d.h. Daten zur Konstruktion von Maschinen, wie auch zur Konstruktion hochintegrierter Schaltbausteine (VLSI-Chips). Zwei Aufgaben erwiesen sich bei dem Vorhaben als besonders prägnant:

1. mußten Daten mit teilweise hierarchischer und ihrem Verwendungszweck entsprechend geformter Struktur in prinzipiell ungeordneten Relationen dargestellt werden,

2. mußten langandauernde Konstruktionstransaktionen auf relativ kleinen Teilmengen eines Datenbestandes durch anspruchsvolle Speichermethoden realisiert werden [LORIE 81].

Die erste Aufgabe konnte mit Hilfe systeminterner Referenzen, sogenannter Tupelidentifikatoren, kurz TID, gelöst werden, die einem interaktiven Anwender solch einer Konstruktionsdatenbank verborgen bleiben. Repräsentieren also Tupel verschiedener Relationen verschiedene Teile und Eigenschaften eines Konstruktionsobjektes, dokumentieren TID-Werte den Zusammenhang zwischen den Tupeln. In einer heterogenen Tupelmenge zur Objektrepräsentation wird so eine dem Objektaufbau entsprechende Ordnung geschaffen. Umfangreiche Operationen einer an den zumeist interaktiven Konstruktionsablauf angepaßten Anfragesprache zu ermöglichen konnten durch weitere interne Ordnungskriterien für Relationen und Tupel gelöst werden. [HASKIN+LORIE 81] beschreibt beide Konzepte, ebenso wie die Realisierung sogenannter *long fields* zur Aufnahme unformatierter Textdaten. Darüberhinaus wird ein Konzept zur Integration langfristiger Transaktionen in

SQL, der Anfragesprache des experimentellen System R vorgeschlagen, wobei auch die Probleme konkurrenter Zugriffe Beachtung finden.

Langfristige Transaktionen haben die Nichtverfügbarkeit von Datenteilmengen über Zeiträume von mehreren Wochen, den Transaktionszeiträumen, zur Folge, was zu langzeitlichen Sperrmechanismen für Datenzugriffe führt. *Private Datenbanken* sollen verhindern, daß durch Arbeiten einzelner allgemeine Behinderungen anderer entstehen und damit die Akzeptanz des Konzeptes gefährdet würde. Die Veränderung von Datenteilmengen wird also für einzelne Bereiche des Konstruktionsbetriebes bei gleichzeitiger Erhaltung älterer Datenversionen durch anwendungsbezogene Auszüge einer Basisdatenbank realisiert. Hierzu werden in [LORIE+PLOUFFE 82] *Conversational Transactions* oder C-Transaktionen vorgeschlagen. Als Erweiterung einer Anfragesprache sind Prozeduren wie *check-in* und *check-out* vorgesehen, die Datenkopien in bzw. aus privaten Datenbanken erzeugen und damit Abtrennung und Vereinigung komplexer Objekte mit der öffentlichen Datenbasis ermöglichen

Bei Testimplementationen zeigte sich ein starkes Anwachsen auszuführender Vereinigungsoperationen (join-techniques) zum Zugriff auf komplexe Objekte. Die damit verbundene Unübersichtlichkeit der Operationen für Anwender führte zur anwendungsverdeckten Integration *impliziter Joins* in SQL. Diese Technik erleichterte die Handhabung der ganzheitlichen Objekte [MEIER+LORIE 83]. Diese Erfahrungen zusammenfassend und weiterentwickelnd entstand ein Modell zu Transaktionenverwaltung in hierarchischer Form zur Handhabung privater, halböffentlicher und öffentlicher Daten durch Lang- und Kurzzeittransaktionen [KIM,LORIE+ 84].

Eine Zusammenfassung der Grundüberlegungen verbunden mit Erfahrungen, die während der Implementation des Konzeptes gewonnen werden konnten, führte nun zur zusammenfassenden Neuformulierung von Vorschlägen, bestehende relationale Datenbanksysteme um Mechanismen zu erweitern, mit denen Anforderungen aus CAD-Arbeitsbereichen erfüllt werden können [LORIE+PLOUFFE 83], [LORIE+ 85].

2.1.2 Das NF^2-Modell nach Schek et al.

Anwendungsbereiche, wie Büroautomation oder Krankenhausinformationssysteme unterstützen zu können, war der Grundgedanke zur dieser Erweiterung des relationalen Modells. Besonders Informationssysteme, die eine Kombination aus formatierten, d.h. mit herkömmlichen Datenbankmitteln organisierbaren, und unformatierten Daten darstellen, erfordern eine Datenmodellanpassung. Während R. Lorie aus dem Themenkreis der CAD-Anwendungen kommend eine indirekte Vernetzung allgemeinster Art durch Referenzen in die verschiedenen Datensichten integriert und so mit den Möglichkeiten des Codd'schen, normalisierten Modells ausreicht, wird im NF^2-Modell eine implizite Hierarchisierung und Integration bei Lorie referenzierter Einheiten zu strukturierten Tupeln, *Strupeln* eingeführt.

Relation				
T#	A	B	C	D
1	a1	b1	c1	d1
2	a2	b2	c2	d2
3	a3	b3	c3	d3

$$\nu[A,B : AB] \longrightarrow$$

Relation				
T#	A B		C	D
	A	B		
1	a1	b1	c1	d1
2	a2	b2	c2	d2
3	a3	b3	c3	d3

Abbildung 2.1 — Attributintegration durch *Nestung*

Charakteristische Eigenschaft des NF^2-Modells ist also die Aufgabe der ersten Normalform: Sind im einfachen relationalen Modell lediglich Attributwerte in skalarer, d.h. atomarer Form zulässig, können durch die Ausweitung auch Potenzmengen von Attributwerten als Attributwert zuzulassen, relationenwertige und mengenwertige Attribute erzeugt werden. Wenn

$$a_1, a_2, \ldots, a_n \subseteq D$$

atomare Attributwerte des Codd'schen Modells darstellen, ist durch

$$\{a_1 \times a_2 \times \ldots \times a_n\} \subseteq \wp(D) \subseteq \bar{D}$$

eine Relation

$$R \subseteq \left\{ \bar{D}_1 \times \bar{D}_2 \times \ldots \times \bar{D}_n \right\} \quad mit \quad \bar{D}_i \subseteq \bar{D}$$

zu einem in sich strukturierten Gebilde geworden.

Zur Erzeugung relationenwertiger aus normalisierten Attributen und umgekehrt existieren zwei Operatoren, die in die fünfelementige relationale Algebra integriert sind, sodaß eine nun siebenstellige erweiterte relationale Algebra

$$[+, \; -, \; \sigma, \; \pi, \; \bowtie, \; \nu, \; \mu]$$

gilt. Die hinzugekommene *Nestung* (ν), bzw. Integrationsfunktion, erlaubt strukturierte Tupel zu generieren, indem

$$\nu[A, B : AB](Relation)$$

die atomaren Attribute A und B zu einem neugebildenden Attribut AB vereinigt. Diese Funktion beschreibt eine Aggregation, indem Beziehungen einzelner Datenobjekte instantiiert werden. Logische Zusammengehörigkeiten, etwa Objektstrukturen bekommen nun die Form von Attributstrukturen, da stets mit der Nestung die Bildung eines kartesischen Produktes über die Attribute des zu integrierenden Tupels verbunden ist. Die Operation vollzieht also eine Änderung im Relationenschema durch Assoziation und Aggregation, das heißt durch die Verbindung von strukturierten Schemateilbäumen mit Attributen zugewiesenen Schemaplätzen. Graphisch kann dieser Vorgang wie folgt dargestellt werden.

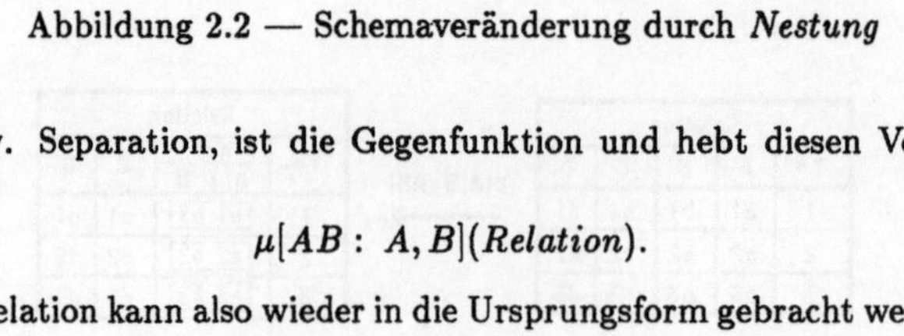

Abbildung 2.2 — Schemaveränderung durch *Nestung*

Entnestung (μ), bzw. Separation, ist die Gegenfunktion und hebt diesen Vorgang durch wieder auf:

$$\mu[AB : A, B](Relation).$$

Die zuvor erstellte Relation kann also wieder in die Ursprungsform gebracht werden. Im günstigsten Fall gilt daher

$$\mu[AB : A, B](\nu[A, B : AB](Relation)) = Relation.$$

	Relation			
T#	A B A | B	C	D
1	a1 b1	c1	d1
2	a2 b2	c2	d2
3	a3 b3	c3	d3

$\mu[AB:A,B] \longrightarrow$

	Relation			
T#	A	B	C	D
1	a1	b1	c1	d1
2	a2	b2	c2	d2
3	a3	b3	c3	d3

Abbildung 2.3 — Attributseparation durch *Entnestung*

Dieses Konzept, für den Einsatz im konzeptuellen Bereich relationaler Datenbanken zur Unterstützung eingangs genannter Aufgaben wurde in [SCHEK+PISTOR 82] erstmals vorgestellt.

Ausweitungen der Modellsicht auf externe und interne Datensichten, d.h. Datenbankschemata, enthält [SCHEK+SCHOLL 83]. Rekursive Ausprägungen bekannter relationaler Operatoren, wie Selektion und Projektion werden exemplarisch vorgestellt.

π-π -Projektionen ermöglichen, Subattribute aus relationenwertigen Attributen herauszufiltern,

σ-σ -Selektionen lassen die Spezifikation von Subattributeigenschaften in Selektionen zu. Kombinationen, wie

σ-π -Anfragen, welche die Projektion zuvor durch Selektion reduzierter Subtupelmengen ermöglicht, und

π-σ -Anfragen, die bei Mengenvergleichen vorteilhaft einzusetzen sind, fügen sich ergänzend ein.

Gezeigt werden weiterhin Schemaübergänge und Zugriffspfade zu nicht-normalisierten Relationen und deren formale Beschreibung durch Verwendung der erweiterten Relationsdefinitionen. In [SCHEK+SCHOLL 84] wird – sozusagen die Definitionsphase abschließend – die erweiterte relationale Algebra noch einmal detailliert definiert und ausführlich erläutert.

Neuere Arbeiten beschäftigen sich mit der Organisation nicht-normalisiert dargestellter Information auf physikalischer Ebene, d.h. im internen Datenschema durch Betrachtung sogenannter *Minidirectories* und einem *hierarchischen TID-Konzept* [DEPPISCH+ 85B]. Letzteres erinnert in seiner Ausprägung, Subtupel über Systemreferenzen (TID = tupleidentifier) zu erreichen an den Ansatz von R. Lorie, wobei es sich hier jedoch um die interne Datenbankebene handelt, die dem Anwender vollständig verborgen bleibt. Eng verbunden hiermit, und nicht nur auf die interne Ebene beschränkt ist die Speicherung versionenbehafteter Information, also Daten, die durch Aktualisierung nicht vernichtet sondern vervielfacht werden [DEPPISCH+ 85A].

2.1.3 Beurteilung der Ansätze

Beide vorgestellten Modellanpassungen haben nicht die Umsetzung symbolischer Bildbeschreibungsdaten und die Überführung von Strukturvergleichen in Datenbankanfragen zum Ziel. Daher werden beide nicht ohne Einschränkung für diese Aufgabe geeignet sein. Aus der Beurteilung der Repräsentationsformen folgt, daß Generalisierung und logische Abstraktion zum Aufbau einer anwendungsbezogenen Datensicht in dem zu verwendenden Datenmodell gut wiedergegeben werden sollen. Die Beurteilung, in wieweit einer der beiden Ansätze – oder in welchen Teilen sogar beide – für die geplante Umsetzung tauglich ist, ergibt sich durch die Beantwortung nachfolgender Fragen.

Eignen sich komplexe Objekte, deren Strukturen durch interne Referenzen gebildet sind und die, ohne zusätzliche Mechanismen einer eventuell zu implementierenden Anwen-

dungssnittstelle, für Anwendungen als Verbindungen zwischen Objektteilen offenbar sichtbar bleiben müssen zur Repräsentation von Relationengebilden?

Generell ist diese Frage mit *ja* zu beantworten. Relationengebilde werden von Analyseprogrammen automatisch durch Programmobjekte, meist durch Datenverbünde erzeugt und durch Referenzen verbunden. Nachteilig an einer direkten Übersetzung in komplexe Objekte ist die offensichtliche Erhaltung der komplizierten systemnahen Gebildestruktur im Anwendungsbereich der Analyseprogramme. Von einer objektbezogenen Datensicht kann hier nur gesprochen werden, wenn eine Objektverarbeitung derart an Manipulationsobjekten orientiert ist, daß diese als Einheit weiterverarbeitet werden sollen. Die Aggregation von Objekten oder Objektteilen während einer Bildinterpretation erzeugte demgegenüber mit Sicherheit sichtbare Referenzen.

Welche Bedeutung hat die implizite Hierarchisierung durch das NF^2-Datenmodell und wie läßt sich diese unter Umständen nutzen?

Objektstrukturen werden durch Aggregation zu Attributstrukturen. Objekte werden so zu Einheiten, die durch relationale Algebra zu bearbeiten sind. Die Objektstruktur ordnet sich bei Bedarf der Verarbeitung unter. Attribute können durch die Verarbeitung erzeugt werden. Auch hier kann also eine objektbezogene Datensicht im mikroskopischen Struktur und makroskopischen Bereich von Objektbeziehungen erzeugt werden. Offensichtlich treten Schwierigkeiten bei der Darstellung von listen- und netzartigen Relationengebilden auf, da diese nicht hierarchisch oder als Mengenattribut konfigurierbar sind.

Stellen unformatierte Daten in der automatischen Bildfolgenverarbeitung signifikante Datenmengen dar, die expliziter Behandlung bedürfen?

Hier steht ein eindeutiges *nein* als Antwort, da Bildsymbole formale Einheiten sind, die durchaus textuell beschrieben sein können, jedoch keine Texte größeren Umfanges enthalten. Die Verwaltung sprachlicher Beschreibungen von Bildfolgen stellt in dieser Frage andere Anforderungen, ist aber nicht Thema dieser Untersuchung.

Sollten für häufig wechselnde Anwendungsansprüche in Form divergierender Untersuchungsansätze standardisierte Anfragesprachen verwendet und eventuell erweitert oder angepaßt werden, um, damit einhergehend, die Anwendung kommerzieller Datenbanksysteme zu ermöglichen?

Eindeutig ist diese Frage für die Bildfolgenanalyse wohl nicht zu beantworten. Einerseits ist die Verwendung käuflicher Standards und deren Modifikation ein Weg, schnell und für einen großen Bereich von Applikationsproblemen Lösungen zu finden – Ansätze hierzu wurden bereits in der Einleitung dieses Kapitels erwähnt. Andererseits belasten kommerzielle Systeme Spezialanwendungen – zu denen die Bildfolgenanalyse eindeutig gehört – mit allgemeinen Eigenschaften, die weitgehend ungenutzt bleiben. Die Verwendung einiger Prinzipien aus solchen Systemen übt jedoch einen nicht zu unterschätzenden Reiz auf neue Entwicklungen aus (siehe dazu auch 3.7 und die nächste Frage).

Wie lassen sich strukturierte Tupel anfragen, bzw. wie lassen sich Anfragesprachen durch die Integration rekursiver Operationen modifizieren?

Spezialisiert auf die nicht-interaktiven Analyseprogramme und ihre an der verwendeten Programmiersprache orientierten Erzeugungsmechanismen für Relationengebilde ließe sich das Beispielprinzip modifizieren. Leergebilde, deren Vernetzung als Beispielstruktur eines angefragten Relationengebildes gälte, hätten die Funktion der von QBE vorgegebenen interaktiv benutzten Relationenschemata. Auch hier die Referenz- und Struktursicht der Gebilde vor Anwendungen zu verbergen, könnte mit Hilfe der Fenstertechnik auf einem graphischen Bildschirmgerät realisiert werden (auch hier der Verweis auf 3.7).

Sind Transaktionen automatischer, verarbeitungsgesteuerter Bildanalyseprogramme mit den von R. Lorie beschriebenen Langzeittransaktionen vergleichbar?

Eindeutig *nein*! Ein kreativer, interaktiv geführter Konstruktionsbetrieb als Datenbankanwendung ist mit der interpretativen Anwendung der Bild- und Bildfolgenanalyse nicht direkt zu vergleichen. Im ersten Fall werden Daten benötigt, um neue Objekte zu schaffen, die anschließend mit den eventuell veränderten Originaldaten wieder in den Basisdatenbestand zu integrieren sind. Im zweiten Fall entstehen neue Basisdaten zumeist durch neue Bildfolgenanalysen. Interpretationsvorgänge alter Basisdaten verändern diese gemeinhin nicht. Es kann also von einem Analysevorgang als nahezu reinem *Leseauftrag* an die Datenbank bezüglich des Datenbestandes gesprochen werden, der keine besonderen Sicherungsmechanismen erfordert. Die Erzeugung neuer, in der Beschreibungshierarchie zumeist höher stehender Daten tangiert zudem nur selten andere Programme, da unterschiedliche, fortschreitende Interpretationen entweder gleiche Ausgangsdaten nutzen oder voneinander in hierarchischer Weise abhängen und sich somit sequentialisieren.

Im Einzelnen sollen nun die speziell für die gestellte Aufgabe wichtigen Anforderungen an das relationale Datenmodell näher betrachtet werden.

2.2 Relationengebilde im relationalen Datenmodell

Die Analogie des Formalismus zur mathematischen Beschreibung von Relationengebilden und dem des relationalen Datenmodells von Codd erlauben eine direkte Übersetzung von Relationengebilden in Objekte relationaler Datenbanken.

Enthält die Grundmenge C eines Relationengebildes alle Eigenschaftsträger der über C zu bildenden Relationen, ist die Erweiterung zulässig, C' sei die Vereinigung aller Attributbasismengen (*D*omains) die aus den Eigenschaftsträgerklassen zu bilden sind. Es gilt dann:

$$C' = \bigcup_{i=1}^{n} D_i \quad und \quad C \subseteq C'.$$

Jedes Relationengebilde kann nun im Sinne des relationalen Datenmodells und der Definition aus Abschnitt 1.1.3 als

$$RS' = [C', < R_1, R_2, \ldots, R_q >]$$

geschrieben und erzeugt werden. Aus der Semantik eines Relationengebildes ergeben sich aber Unterschiede in der Behandlung gegenüber traditionell singulären Relationen. Relationen, die als geordnete Menge generiert sind, sollen nun in einzelnen Punkten näher untersucht werden.

2.2.1 Gruppierung primitiver Bildsymbole

Einfache Objektmerkmale sind durch primitive, dem zu beschreibenden Objekt im Namen angepaßte Bildsymbole repräsentierbar. Objektmerkmale können etwa Objektkanten oder -ecken sein, die in ihrer Projektion als lokale Helligkeitswertänderung erkennbar sind.

Beispielsweise lassen sich alle punktförmigen Erscheinungen in einem Bild durch eine Anzahl gemeinsamer Eigenschaften beschreiben, so daß Symbolklassen entstehen, deren Eigenschaftswerte etwa Helligkeits- und Koordinatenwerte sind – zum Beispiel ORT-Symbole. Solche Symbolklassen sind im Entity-Relationship-Modell (ER-Modell) zur Informationsmodellierung [CHEN 76] graphisch darstellbar (Abbildung 2.4: Klassennamen in Rechtecken, Eigenwertnamen in Kreisen).

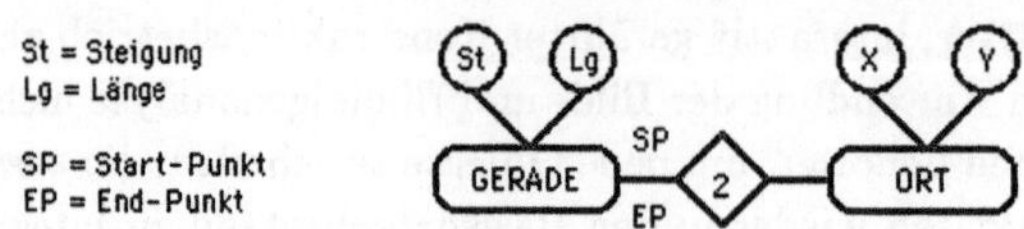

Abbildung 2.4 — Symbolklasse $GERADE$ im ER-Modell

Beziehungen zwischen Symbolklassen können durch Beziehungsrelationen zwischen Bildsymbolklassen, die nicht notwendigerweise disjunkt sein müssen, dargestellt werden. Objektkanten, beschrieben durch die Klasse $GERADE$, haben neben quantitativen Eigenwerten (Geradenlänge, räumliche Orientierung, etc.) Verbindungen zur Klasse ORT als Beschreibung des Geradenanfanges und -endes. Derartige Verknüpfungen primitiver Bildsymbole zu umfangreichen Beschreibungen vollständiger Bildobjekte oder -teile werden als *Gruppierung* bezeichnet. Schemata, aus denen alle Beziehungen der an Gruppierungen beteiligten Symbolklassen ablesbar sind, heißen *Beziehungsdiagramme* (Abbildung 2.5). Pfeile repräsentieren Beziehungen, Ziffern deren Anzahl (Ziffer im Kreis) und Typ (1:1, 1:N, ...).

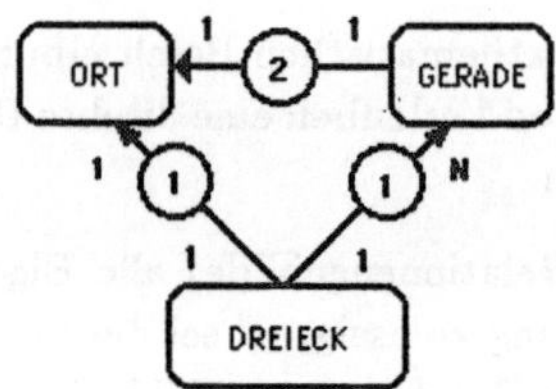

Abbildung 2.5 — Beziehungsdiagramm der Symbolklasse $DREIECK$

Solche Diagramme führen zu Aussagen über den Aufbau einer Beschreibung. Umfangreiche Bildsymbole haben zum Teil durchaus einfache Beziehungsdiagramme – etwa das in Abbildung 2.2 gezeigte. Erweitert man dieses Diagramm um eine weitere Beziehung des Typs N:M von der Klasse $DREIECK$ in eben diese Klasse, erhält man eine Beschreibung des mikroskopischen Aufbaus triangulierter Bildobjekte, der *Ebene 1* unserer Beschreibungshierarchie aus Kapitel 1.

Hieraus ist die Syntax eines Relationengebildes direkt ablesbar. Aus Art und Anzahl der eingetragenen Beziehungen zwischen den als Relation repräsentierten Symbolklassen wird deutlich, welche Zusammengehörigkeiten zwischen den einzelnen Tupeln eines Relationengebildes bestehen.

Es ergibt sich somit die Forderung:

Für die Gruppierung von primitiven Bildsymbolen (Bildprimitiven) müssen Mechanismen im Datenmodell existieren, die nicht nur eine Zusammenfassung homogener, also artgleicher Tupel ermöglichen, wie in Relationen, sondern auch heterogene Tupelgebilde zur ganzheitlichen Betrachtung von Objektrepräsentationen durch Beziehungsinstantiierung vereinigen lassen.

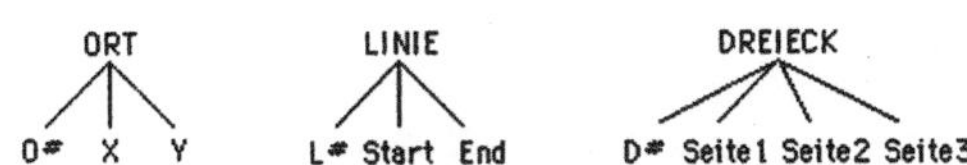

Abbildung 2.6 — Graphische Schemadarstellung eins-normalisierter Beispielrelationen

Wie in den Abschnitten 2.1.1 und 2.1.2 gezeigt, eignen sich beide Modellerweiterungen, diesen Mechanismus der Aggregation (vgl. Definition 1.2) darzustellen.

Geben wir Relationenschemata zusätzlich zu der in 2.1.2 eingeführten graphischen Methode – wie in Abbildung 2.6 – auch in der Form

$$\textit{Relationsname (Attributname, Attributname : Basismenge)};$$

an, folgt die Darstellung eines Bildsymbols $\mathcal{DREIECK}$ als komplexes Objekt der nachstehenden Formulierung:

$$\mathcal{DREIECK} \quad (D^{\#} : Key;\ Seite_1, Seite_2, Seite_3 : \mathcal{L}^{\#});$$

$$\mathcal{LINIE} \quad (\mathcal{L}^{\#} : Key;\ Start, End : O^{\#});$$

$$\mathcal{ORT} \quad (O^{\#} : Key;\ X, Y : Koordinaten);$$

Wobei aus Übersichtlichkeitsgründen die eigentlich für eine Verarbeitung interessanten Eigenwerte einzelner Symbole (z.B.: Grauwerte, Flächeninhalte, etc.) fortgelassen sind. Rein äußerlich ist dies die Form durch Referenzierung mit Fremdschlüsseln im Codd'schen Modell entstandener Relationen. Im Zugriff ist das Bildsymbol $\mathcal{DREIECK}$ allerdings als Einheit aufzufassen und erfüllt damit die geforderte Bedingung der Aggregation.

Weniger geeignet erscheinen komplexe Objekte jedoch, wenn man bedenkt, daß Unterschiede in der Verarbeitung von Objekten des Konstruktionsbereiches und Bildobjekten bestehen. CAD verlangt die Kenntnis um Art und Eigenschaften der zu verarbeitenden Objekte. Sind etwa Einzelteile eines Werkstücks als Einheiten anzusehen, können umfangreichere Funktionsteile einer Maschine daraus erzeugt werden. Beziehungen zwischen den Einzelteilen blieben so lange für die Anwendung sichtbar, wie der Konstruktionsvorgang noch nicht abgeschlossen ist. Nach diesem Vorgang ist auch hier wieder eine Zusammenfassung zum komplexen Objekt möglich – etwa für Arbeiten, die in der Konstruktionshierarchie einer aus vielen Teilen bestehenden Maschine höher angesiedelt sind. Diese Teilanalogie zwischen Repräsentation eines Werkstücks und seinem tatsächlichen Aufbau mag im Bereich der Bildverarbeitung auch noch bestehen, wenn Bildsymbole feste, sozusagen unteilbare Bestandteile einer Symbolbibliothek sind, wie dies in den durch [BARTENSTEIN + MADERLECHNER 84], [KUNER + 85] und [EGELI + 85] dokumentierten Arbeiten der Fall ist. Zeichnungen elektrischer Schaltungen werden analysiert, schematisiert und fehlerkorrigiert, indem in einer Bibliothek enthaltene Symbole schaltungstechnischer Einheiten, etwa Transistoren und Widerstände, aus der handschriftlichen Form wiedererkannt werden.

Automatisches Bildinterpretieren erfordert andere Voraussetzungen. Bildanalyseprogramme erzeugen primitive Bildsymbole und gruppieren diese zu umfangreichen stark strukturierten Bildobjektbeschreibungen, eben Bildsymbolen, die weder strukturell noch inhaltlich mit dem Bildobjekt identisch sein müssen. Symbolverarbeitung ist in diesem Kontext der Vergleich mikroskopischer Strukturen einer Bildfolge mit denen anderer Folgen oder mit Prototypen aus dem Datenbestand. Erst hierdurch wird die *Erkennung* von Objektteilen möglich. Andererseits stünde die Offenlegung der mikroskopischen Beschreibungsstruktur für Anwendungen der Objektbezogenheit im Wege. Objektbezogenes Arbeiten erfordert benutzerverdeckte Hierarchisierung und möglichst der

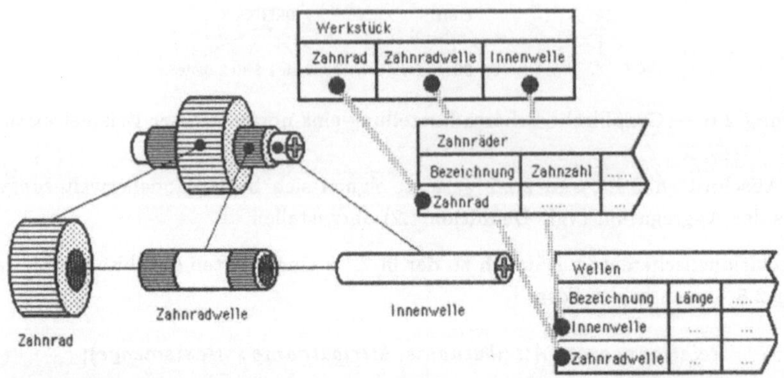

Abbildung 2.7 — Strukturanalogie zwischen Werkstück und Repräsentation

assoziativen Denkweise des Menschen angepaßte, gleichzeitig aber dem Standard relationaler Datenbanken genügende Datendarstellung. Je nach Bedarf, und das bedeutet hier: der Einordnung in die Interpretationshierarchie entsprechend, muß die mikroskopische oder die makroskopische Struktur einer Objektbeschreibung sichtbar sein.

Im NF^2-Modell ist diese Forderung direkt erfüllt, wenn die Attributstruktur mit der mikroskopischen Bildsymbolstruktur identisch ist. Zudem entspricht dann die Anordnung der Attribute dem makroskopischen Aufbau einer Bildobjektbeschreibung.

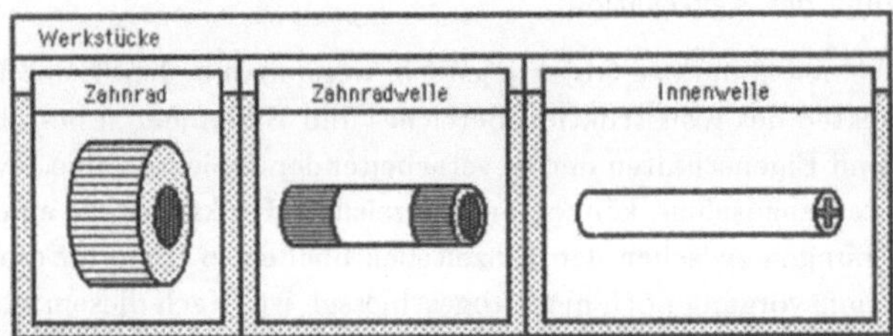

Abbildung 2.8 — Entkopplung der Repräsentation vom Objekt

Analog zu [SCHEK+PISTOR 82], [BENN+RADIG 84B], [BENN+RADIG 85], ließe sich ein Relationengebilde RS als NF^2-Relation

$$RS = [C,T] \subseteq \{R_1 \times R_2 \times \ldots \times R_q\}$$

schreiben, wobei T ein komplexes Tupel ist, welches aus der Menge aller über C zu bildenden Relationengebilde der Ursprungsform $< R_1, R_2, \ldots, R_q >$ entspricht (vgl. 2.2). T entsteht durch Integration (ν) aller an RS beteiligter Relationselemente in ein Tupel.

Das einfache Beispiel eines Symbols *DREIECK* soll dies verdeutlichen. C sei eine Menge aus Schlüssel- und Koordinatenwerten, so daß über C ein Relationengebilde *DREIECK* gebildet wird:

$$DREIECK = [C, < LINIE, ORT >].$$

DREIECK hat sinngemäß die Struktur des auf Seite 37 zur Erläuterung komplexer Objekte verwendeten Symbols. Generell ist die Überführung komplexer Objekte oder separater Tupel in

NF^2-Relationen durch

$$\nu[\textit{durch Fremdschlüssel referenzierte Objekte : Strukturattribut}](\textit{Relation})$$

möglich. Für unsere Beispielmodellierung eines Dreiecks bedeutet dies, daß

$$\nu[O^{\#} : Start](\mathcal{LINIE} \bowtie \mathcal{ORT}) \quad und \quad \nu[O^{\#} : End](\mathcal{LINIE} \bowtie \mathcal{ORT})$$

bei einelementigen Mengenattributen eine sogenannte flache Integration der $\mathcal{ORT}$-Tupel in die $\mathcal{LINIE}$-Tupel bewirken. Das Relationenschema verändert sich hierdurch wie in Abbildung 2.9 gezeigt.

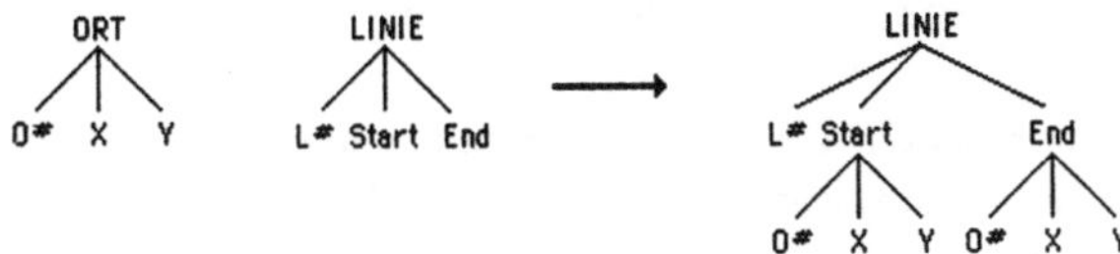

Abbildung 2.9 — Flaches Relationenschema mit einelementigen Mengen

Die Operation

$$\nu[O^{\#} : Punkte](\mathcal{LINIE} \bowtie \mathcal{ORT})$$

erzielt jedoch eine kompaktere Darstellung in der ein Mengenattribut *Punkte* Anfangs- und Endpunkt des jeweiligen Liniensymbols enthält. Aus der Schemadarstellungen ist auch hier ersichtlich, an welchen Stellen Erweiterungen durch Anwendung des kartesischen Produktes vorgenommen werden.

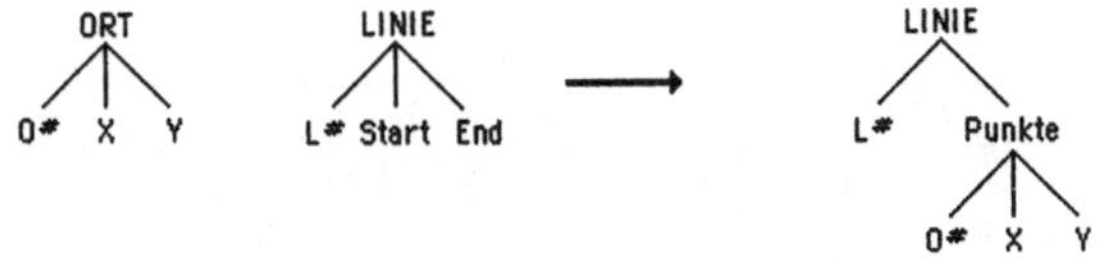

Abbildung 2.10 — Schema mit ein- und mehrelementigen Mengenattributen

Weitere Integrationen schaffen dann ein komplexes $\mathcal{DREIECK}$-Tupel, indem entweder wiederum mit einelementigen Mengen integriert wird und durch

$$\nu[\mathcal{L}^{\#} : Seite_1](\mathcal{DREIECK} \bowtie \mathcal{LINIE})$$
$$\nu[\mathcal{L}^{\#} : Seite_2](\mathcal{DREIECK} \bowtie \mathcal{LINIE})$$
$$\nu[\mathcal{L}^{\#} : Seite_3](\mathcal{DREIECK} \bowtie \mathcal{LINIE})$$

eine flache, d.h. mit einelementigen Mengenattributen versehene Relationenstruktur entsteht oder durch

$$\nu[\mathcal{L}^{\#} : Seiten](\mathcal{DREIECK} \bowtie \mathcal{LINIE})$$

ein $\mathcal{DREIECK}$-Tupel nachstehenden Schemas gebildet wird – siehe Abbildung 2.11.

Jedes Tupel dieser Relation, deren Schema das Relationengebilde und damit auch das Bildsymbol $\mathcal{DREIECK}$ als Einheit repräsentiert, stellt nun eine spezielle Symbolausprägung, ein individuelles $\mathcal{DREIECK}$ dar. Intuitiv pflanzt sich hier die als Aggregation aufzufassende hierarchische Integration im komplexen Objekt referenzierter Einheiten zu einem Symboltupel als ganzheitlich in die Verarbeitungsdatensicht fort. Nicht das der Darstellung unterliegende System sorgt für diese Sicht, sondern bereits die Form selbst entspricht der aufgestellten Forderung nach Repräsentation gruppierter Einheiten.

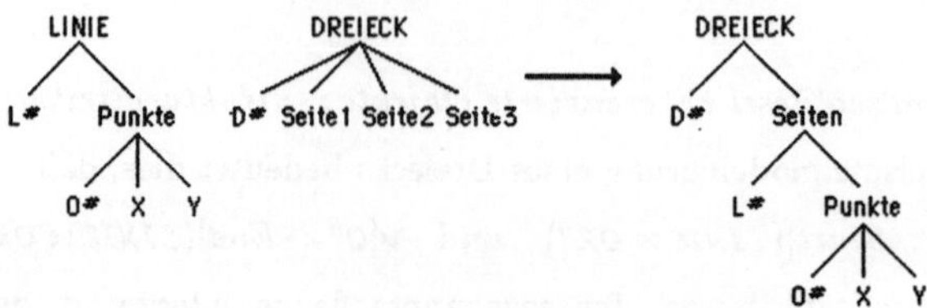

Abbildung 2.11 — Schema ohne einelementige Mengenattribute

2.2.2 Beziehungen zwischen Bildsymbolen

Beziehungen zwischen Bildobjekten sind durch Beziehungen zwischen Bildsymbolen darstellbar. Zusammengehörigkeit, wie im vorangegangenen Abschnitt behandelt, stellt eine Qualität von Beziehungen dar. Nachbarschafts- und ganz allgemein Anordnungsbeziehungen zwischen Bildobjekten sind von anderer Art und lassen sich nicht ohne Probleme durch die gezeigte Methode hierarchischer Integration darstellen.

Betrachten wir hierzu ein Beispiel. Ein Bildobjekt sei durch Triangulation dargestellt, was bedeutet, daß eine aus dem Bild extrahierte und als Abbildung des Objektes angenommene Fläche durch Dreiecke derart ausgefüllt wird, daß je zwei Dreiecke eine gemeinsame Seite haben. Ungeachtet anderer Methoden bzw. als Ergänzung dazu sei eine Anordnungsbeziehung der Bildsymbole *DREIECK* durch die Relation *benachbart* gegeben.

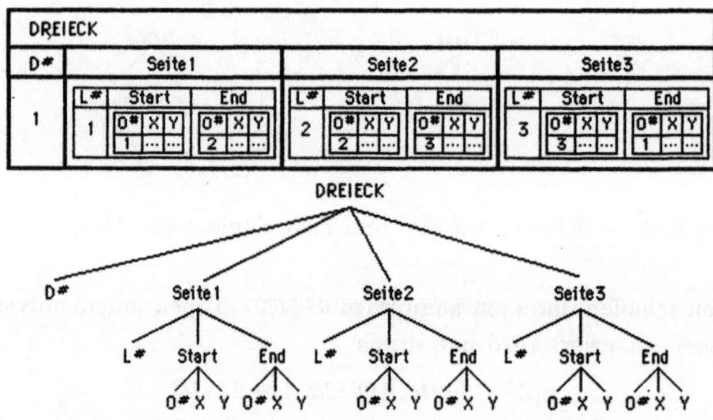

Abbildung 2.12 — Attributwertredundanz in der flachen Relation *DREIECK*

Schwierigkeiten treten auf, wenn diese Relation im NF^2-Modell beispielsweise in der Form

$$\text{benachbart } (Symbol_1, Symbol_2 : \text{ DREIECK}; \text{ Gemeinsame} - \text{Seite} : \text{ LINIE});$$

erzeugt wird:

- Jedes *DREIECK*-Attribut enthält die gemeinsame Seite wiederum als Attribut, weshalb dieses *LINIE*-Tupel insgesamt dreimal in einem Tupel der Relation vorkommt (siehe hierzu die komplexe Struktur der Relation *LINIE* im Abschnitt 2.2.1). Da innerhalb eines Tupels der Relation *DREIECK* bereits jedes *ORT*-Tupel doppelt enthalten ist (in jedem Seiten-Attribut einmal) betragen die *LINIE*-Redundanzen in einem *benachbart*-Tupel bereits etwa 30% und die *ORT*-Redundanzen sogar über 70%.

- Jedes Dreieck aus der Mitte der repräsentierten Fläche hat drei Nachbarn, womit sich die Redundanz der *DREIECK*-Attribute in je zwei *benachbart*-Tupeln zu 30% ergibt.

Ohne weiter ins Detail gehen zu müssen, wird deutlich, daß hier ein imenser Redundanzaufwand entsteht, der durch die Komplexität der Attribute rasch unerträglich anwächst.

Auch die nachstehende Form der Repräsentation ergibt noch keine Verbesserung im Redundanzbereich:

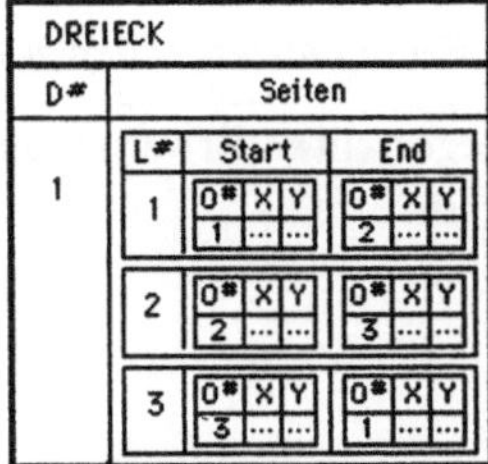
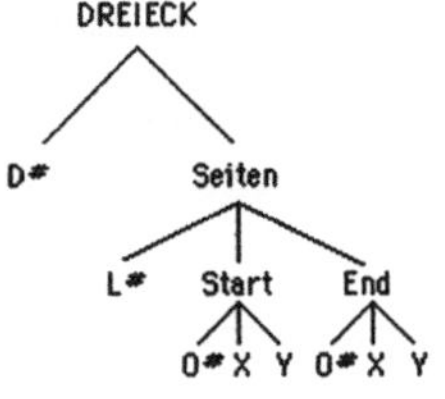

Abbildung 2.13 — Attributwertredundanz in der Relation *DREIECK* mit Mengen

Referenzen, wie in komplexen Objekten verwandt, bieten hier den Vorteil, auf jedes nur einmal vorhandene einfache Bildsymbol, also etwa *ORT*, beliebig oft und von verschiedenen Stellen aus hierarchisch höher oder gleichgestellten Relationen verweisen zu können.

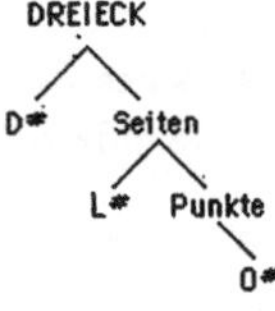

Abbildung 2.14 — Relation *DREIECK* ohne Attributwertredundanz

Die Forderung dieser Betrachtung muß daher folgerichtig lauten:

Anordnungsbeziehungen zwischen Bildobjekten sind weitgehend redundanzfrei mit hierarchisch über aggregierten Bildsymbolen erzeugten Beziehungsrelationen darzustellen.

Unterschiede bestehen wiederum zwischen den mikroskopischen Beziehungen einer homogenen Objektrepräsentation und den makroskopischen Anordnungsbeziehungen derart repräsentierter Bildobjekte. Während für erstere die aufgezeigten Redundanzprobleme tatsächlich existieren, ist bei der Darstellung einer räumlichen Anordnung zweier in sich abgeschlossen repräsentierter Objekte, etwa *eines befindet sich hinter einem anderen*, keine Redundanz zu erkennen. Die Unterschiede liegen also auch hier in der Hierarchiestufe der Bildbeschreibung.

2.2.3 Beschreibungshierarchie und Objekttupel

Zur Erinnerung: Ganz allgemein sollte unter dem Begriff objektbezogen verstanden werden, ein Bildobjekt oder Teile davon in ihrer symbolischen Repräsentation nach den Gegebenheiten des

Objektes und nicht nach den Vorschriften des darstellenden Systems erzeugen und verarbeiten zu können. NF^2-Relationen eignen sich besonders, zusammengehörige, einfache Bildsymbole derart zu gruppieren, daß ein komplexes NF^2-Tupel ein der individuellen Anschauung entstammendes Objekt als kompakte Einheit darstellt. Gleichzeitig ehöht sich der Redundanzanteil einer Objektrepräsentation möglicherweise erheblich. Die oben vorgestellte Forderung, muß also erweitert werden:

> *Ein Datenmodell muß in der Lage sein, Bildsymbole als Einheit in einer von der Verarbeitungsebene vorgegebenen Weise darzustellen,* wobei sich die Vorgaben möglichst nahe an den Objekteigenschaften orientieren sollen; *Redundanzen sollen nicht auftreten.*

Dies läßt sich durch eine Synthese aus den beiden vorgestellten Erweiterungen realisieren, die sich an den unterschiedlichen Betrachtungshierarchien ergibt.

Beschreibungen erzeugende Programmebene

Automatisches Bildinterpretieren bedeutet eine programm- und nicht unbedingt dialoggesteuerte Gruppierung von Programmobjekten zu Gebilden, die Programmreferenzen enthalten und komplexe Bildsymbole darstellen. Auf dieser Ebene der Symbolverarbeitung bewegen sich derzeit verwendete Programmsysteme.

Nachteil des jetzigen Zustandes: weiterführende Analyseaufgaben werden bereits während der Problemformulierung mit strukturellen Eigenschaften und daraus resultierenden Verarbeitungszwängen belastet. Vorteilhaft ist der in Absatz 2.2.2 vorgeführte geringe bzw. vollständig fehlende Redundanzaufwand der Darstellung für die interne Objektrepräsentation. Ein weiterer Vorteil ist, daß Mechanismen des Objektvergleiches durch Vergleich der Objektbeschreibungsstrukturen mit Algorithmen aus der Graphentheorie effizient implementierbar bleiben.

Datenbankunterstützung auf dieser maschineninternen Verarbeitungsebene erfordert also Anfragemechanismen, die dem strukturierten, vernetzten Aufbau der zu unterstützenden Elemente entgegenkommt. Hierzu wird eine Modifikation der bekannten Anfragesprache QBE (siehe 2.1) vorgeschlagen, die in Abschnitt 3.7 eingehender beschrieben wird.

Verläßt man jedoch diese Ebene der Automation und begibt sich auf das Niveau der höchsten in Kapitel 1 Seite 8 vorgestellten Betrachtungsebene der Szenenbeschreibung, kommt eine der interaktiven Anfragekomponente ähnliche, der menschlichen Anschauungswelt nahestehende Problembetrachtung in die Verarbeitung.

Ebene anfrageorientierter Objektverarbeitung

Mögen einzelne Objektbeschreibungen netzartige Struktur haben oder aus mehreren eigenständigen Strukturteilen bestehen – möglicherweise entstanden durch vollständige Verdeckung eines Objektteiles und dadurch entstandener kurzfristiger Aufteilung des Objektes in zwei separate Teile – besteht nahezu immer die Gelegenheit, ganzheitliche Symbol- und damit assoziiert Objektsichten durch Überordnung eines Objektrepräsentanten zu erzeugen. Weiterführend kann geschlossen werden, daß Bildobjektrepräsentanten wiederum durch ihre Beziehungen zueinander zusammengefaßt werden können, so daß letztlich ein Bild- bzw. Bildfolgenrepräsentant entsteht.

Nicht-normalisierte Relationen leisten diese Zusammenfassung, wenn sie während der interaktiven Anwendungsphase dynamisch erzeugt und den objektbezogenen Gruppierungen derart angepaßt werden können, daß der Anwendung die – z.B. zum Vergleich – benötigten Objektteile als (verdeckt) strukturierte Attribute eines einzigen Tupels dargestellt werden.

Hieraus leitet sich die Definition des Begriffes *Objekttupel* her, indem festgelegt wird:

Definition 2.1 : Objekttupel

Als Objekttupel wird ein relationales Datenbankobjekt bezeichnet, welches ein symbolisch beschriebenes Bildobjekt nach den Anforderungen externer, automatischer oder manueller Bildinterpretationsprozesse derart repräsentiert, daß Vollständigkeit und Benennung des Tupels sowie dessen Attribute der jeweils aktuellen menschlichen Assoziativität entsprechen.

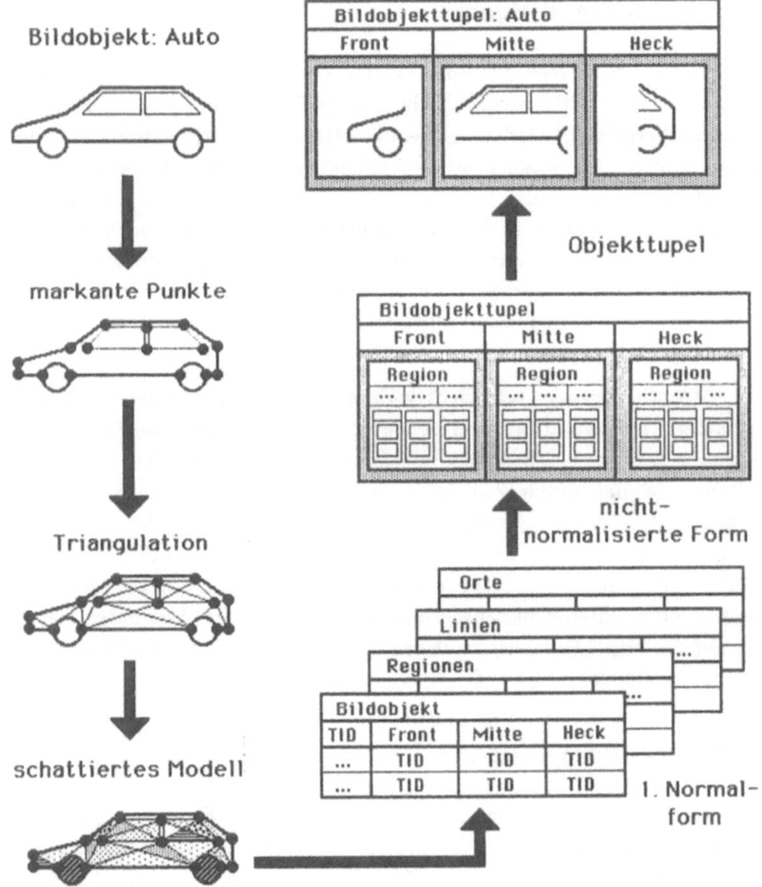

Abbildung 2.15 — Vom Bildobjekt zum Objekttupel

Bildobjekte können somit für Interpretationsprogramme ebenso wie für einen menschlichen Betrachter als Einheit in einem standardisierten Verarbeitungsumfeld angesehen werden. Untereinheiten des Objektes lassen sich als Untereinheiten des Objektrepräsentanten verarbeiten und durch die geforderte Vollständigkeit in subordinierten Interpretationen als eigenständige Objekttupel ansehen. So bietet sich eine Gruppierung von Darstellungsstrukturen an – beispielsweise nach der Anweisung:

Fasse alle Bildsymbole aus einem festgelegten Bildbereich des Bildes Bild$_N$ derart zusammen, daß ein objektbezogenes Attribut eines Tupels entsteht, welches wiederum das in dem genannten Bild erkannte Bildobjekt repräsentiert.

Realisiert man diese Anweisung durch eine Abfolge von Integrationsbefehlen mit Bildung von Mengenattributen bezogen auf *ORT*-, *LINIE*- und *FLAECHE*-Symbole, wie in dem Beispiel auf Seite 39 für Dreiecke gezeigt, entsteht eine der Verarbeitung und in diesem speziellen Falle auch der menschlichen Auffassung des Bildobjektes entsprechende Repräsentation, deren interner Aufbau jedoch verborgen werden kann. Siehe dazu die Frontmodellierung in Abbildung 1.3 und das Attribut *Front* im Objekttupel der Abbildung 2.15, welches auf diese Weise entstanden sein könnte.

2.2.4 Multirelationale Teilgebilde

Die Klassifikation von Bildsymbolen zur Spezifikation des Bildobjektes ist eine wesentliche Aufgabe bei der automatischen Bildanalyse. Nicht notwendigerweise müssen dabei komplette Beschreibungsstrukturen verglichen werden; es genügt oftmals, Substrukturen des Bildsymbols als Repräsentation gut und eindeutig separierbarer Objektteile miteinender oder mit vorhandenen Prototypen zu vergleichen. So können aus Luftbildern gewonnene Objekte durch Klassifizierung ihrer offensichtlichen Eigenschaften in einem geeigneten Eigenschaftsmodell Namen zugeordnet werden. In nachfolgenden Verarbeitungen unterliegen diese Zuordnungen dann einer Bewertung im Sinne des Bildanalysezwecks [GABLER+ 84]. Objektorientiertes Vorwissen, den Zuordnungsklassen beigegeben, läßt sich hierbei zur Verbesserung des Objekterkennungsvorganges einsetzen [GABLER 85].

Unabdingbar mit objektbezogener Datensicht verbunden ist daher die Betrachtung von Objektteilen. In relationaler Repräsentationsform bedeutet dieser Anspruch die Gleichbehandlung von Objektrepräsentanten und deren Objektteile repräsentierenden Attributen. Diese, prinzipiell bereits dem Codd'schen Modell durch Projektion und Selektion innewohnende Möglichkeit, wird durch die dort notwendige Referenzierung mit Fremdschlüsseln stark beeinträchtigt, da ein so gewonnenes Attribut lediglich einen Schlüsselwert enthält, der keine Information über das referenzierte Attribut als Teil eines Bildobjektes enthält. Ebenso verhält es sich bei der Verwendung von Adreßverweisen, obgleich eine Instantiierung des referenzierten Attributes hierbei wegen des direkten Zugriffs auf das Tupel einfacher erscheint und der Erstellung einer Benutzersicht nach Art der komplexen Objekte ähnelt.

Substrukturen und Objekttupelattribute

Bildteile sind Substrukturen in umfangreicheren Beschreibungen, die als gruppierte Gebilde (evtl. durch Hierarchisierung entstanden) im NF^2-Modell als Attribute von Objekttupeln anzusehen sind. Die erfolgte Hierarchisierung partiell aufzuheben und das so gewonnene Strukturattribut als selbständige Einheit betrachten zu können ist eine geradezu natürliche Forderung nach Attributseparation, die mit der Entnestung μ (vgl. 2.1.2) leicht zu erfüllen ist.

Komplexe Objekte erscheinen hier in der Bearbeitung komplizierter zu sein als NF^2-Relationen. Mechanismen, komplexe Objekte aufzuteilen und diesen Teilen den Status selbständiger Objekte zu verleihen, können sehr aufwendig werden, da fraglich ist, ob die Gruppierungsvorgänge gleichermaßen umkehrbar sind, wie die sich mathematisch entsprechenden Funktionen ν und μ. Erst in letzter Zeit sind Erweiterungen der relationalen Algebra vorgestellt worden, die ähnliche Funktionen für molekular aggregierte Objekte bereitstellen [ZANIOLO 85].

2.2.5 Zusammenfassung und Entscheidung

Fassen wir an dieser Stelle noch einmal zusammen, was die Betrachtung der Anforderungsdetails zur Darstellung symbolischer Bildbeschreibungen durch Datenbankobjekte erbracht hat und stellen die Ergebnisse den betrachteten Repräsentationsmethoden gegenüber, um eine Entscheidung für das weitere Vorgehen zu erreichen.

Die wesentlichen Forderungen der vorangegangenen Betrachtungen waren:

- Eine möglichst einfache und universelle Darstellung als Relationengebilde repräsentierter Bildbeschreibungen zu finden.

- Die Darstellungsform sollte sich dynamisch den Anforderungen der Verarbeitung anpassen lassen und keine Verarbeitungsvorgaben erzwingen.

- Beschreibungsstrukturen, wie sie von den Analyseprogrammen erzeugt werden, sollen weitergehenden Interpretationsvorgängen verborgen werden können.

- Teilen von Relationengebilden darf ihre Eigenständigkeit, selbst Objekt einer Verarbeitung zu sein nicht genommen werden,

- Redundanzen sollten in der Darstellungsform möglichst nicht auftreten und

- die Darstellungsform sollte sich dem intermaschinellen Datenaustausch als auch der menschlichen Assoziativität unterordnen können.

Hierzu wurden zwei als besonders prägnant angesehene Erweiterungen des relationalen Datenmodells betrachtet, die in unterschiedlicher Weise der Forderung nach Modellanpassung an Darstellungsanforderungen nachkommen. Eine Nutzung der Vor- und Vermeidung der Nachteile eines jeden Vertreters zeigen, daß eine Repräsentation als Relationengebilde dargestellter symbolischer Bild- und Bildobjektbeschreibungen durch Datenbankobjekte möglich und praktikabel ist.

Insbesondere sind dies für komplexe Objekte die Eigenschaften:

- Durch Systemschlüssel (TID) in der Verwendung von Fremdschlüsseln Verbindungen zwischen heterogenen Tupeln einer Objektrepräsentation herzustellen, die analog zu den von Bildanalyseprogrammen erzeugten Verkettungen symbolischer Beschreibungen stehen und

- heterogene Multirelationalgebilde als unitäre Datenbankobjekte verarbeiten zu können.

Eigenschaften von Relationen des nicht-normalisierten Modells sind:

- Vollständige Abdeckung des mathematischen Hintergrundes eines allgemeinen relationalen Datenmodells durch die Modellerweiterung (allgemeines Modell als Spezialfall des erweiterten Modells) und

- die mathematisch formale Erweiterung der relationalen Algebra um zwei Funktionen zur Integration und Separation von Tupeln und Attributen. Das erlaubt:

  - durch geschickte, der jeweiligen Anwendung angepaßte Integration von Tupeln zu strukturierten Attributen hierarchisch übergeordneter Tupel eine ganzheitliche Datensicht (Objekttupel) zu erzeugen, und eine darunterliegende Beschreibungsstruktur auf oberster Betrachtungsebene zu verdecken sowie

  - Strukturattribute als Repräsentanten von Beschreibungs- bzw. Objektteilen durch die Gegenfunktion zum Separieren von Attributen zu verselbständigen.

Die durchaus bei beiden Methoden auftretenden Nachteile sind bereits in den vorangegangenen Abschnitten im Zusammenhang betrachtet und beurteilt worden.

An dieser Stelle bleibt zusammenzufassen, daß beide Konzepte für jeweils verschiedene Stufen der Verarbeitungshierarchie verwendet werden können (vgl. 1.1.1 und 2.2.3).

Auf oberster Betrachtungsebene, wie im folgenden als Normalfall vorausgesetzt, sollen Relationengebilde durch NF^2-Relationen repräsentiert werden und die erweiterte relationale Algebra dieses Modells zur Formulierung von Anfragen und Beispielen verwendet werden.

2.3 Objektvergleiche als Datenbankanfragen

2.3.1 Allgemeine Anfragemethoden

Traditionelle Anfragemethode in relationalen Datenbanken ist die Spezifikation der Antwortmenge durch Angabe relevanter Attributinformation verbunden mit Bedingungs- und Verarbeitungsangaben. Hierfür konstruierte Anfragesprachen decken ein weites Anwendungsspektrum ab.

Graphikorientierte Anfragesprachen, wie das bereits erwähnte QPE oder der Ansatz des "Living in a Database" [FOGG 84], aber auch vektorielle Programmiersprachen sind des öfteren Untersuchungsobjekt im Bereich Bilddatenbanken, was insbesondere APL eine Art Renaissance beschert hat. Ein geographisches und kartographisches Datenbanksystem der mexikanischen Regierung [BURGUENO 80] arbeitet mit APL. Bei IBM-Deutschland existiert ein auf APL/VMS basierendes Prototypsystem, IDAMS (Integrated Data Analysis and Management System), welches Spracheigenschaften von APL und QBE zu vereinigen sucht und hierzu ein in verschiedene Programmiersprachen integriertes EQBE (Embedded QBE) anbietet [BLASER+ 81].

Gerade jedoch der Einfluß neuer Sprachkonzepte auf Datenbanken, Anfragesprachen und speziell Bilddatenbanken bringt interessante Lösungen bekannter Probleme – ebenso wie zukunftweisende Ausblicke. Ada [ADA 83] steht dabei zur Zeit im Blickpunkt von Programmentwicklern [DRUFFEL 82A] und Datenbankkonstrukteuren [HALL 83], da es eine Reihe von Konzepten im Bereich der Datensicherheit (*strong-data-typing*) und Programmmodularität (*tasking*) enthält, die dem Problemkreis von Datenintegrität oder Parallelverarbeitung Impulse geben können.

Verschiedene Ansätze existieren, diese Konzepte nutzbar zu machen. Ada um die Anfragesprache DAPLEX, zu ADAPLEX zu erweitern [CHAN+ 83], ist ein Beispiel hierfür. Ein Preprozessor sorgt für die Umsetzung der ADAPLEX-Befehle in Ada-übersetzbare Konstrukte bei gleichzeitiger Optimierung. Direkte Spracherweiterung, vom Initiator nicht erwünscht, kann so trotz gleichzeitiger Funktionsausweitung umgangen werden. Ein weiteres Beispiel ist, den Anschluß bestehender Datenbanksysteme an Ada durch Emulation von Systemfunktionen zu ermöglichen [BEVER+ 82]. Zu jeder Operation einer Datenmanipulationssprache existiert ein Sprachpaket, welches die erwartete Funktion nachbildet. P. Hall gibt eine Übersicht über die Nutzbarkeit der verschiedenen Konzepte für unterschiedliche Datenbankprobleme, die zu einer permanenten Datenbank ohne Sekundärspeicher führen [HALL 83].

Verlassen wir jedoch die Sicht singulärer Relationen und orientieren Anfragen nicht wie beschrieben am Inhalt der eventuell durch das konzeptuelle Datenbankschema erhältlichen Information über den Relationsaufbau, sondern versuchen anwendungsbezogene Operationen – wie etwa Strukturvergleiche – mit Hilfe von Datenbankanfragen zu lösen, muß die Ausführung komplexer Algorithmen durch Datenbankanfragen ausgelöst werden. Hierzu ist es notwendig zu untersuchen, was unter Strukturvergleichen als anwendungsbezogenen Datenmanipulationen zu verstehen ist und wie diesbezüglich Anfragen an eine Datenbank gestaltet werden müssen.

2.3.2   Anfragen nach Objekteigenschaften

Das Vergleichsziel aus Bildern oder Bildfolgen erarbeiteter Beschreibungen realer, abgebildeter Objekte kann zum Beispiel eine Objektklassifizierung sein. Zu beachten ist, daß zum Zeitpunkt des Vergleiches noch nicht bekannt sein muß, um was für ein Objekt es sich handelt. In Realweltbildern wären etwa *Häuser, Fahrzeuge, Fußgänger*, in Bildern von Block- oder Kästchenwelten *Kegel, Zylinder* und *Quader* zu unterscheiden und durch Vergleichen zu bestimmen. Zwei wesentliche Arbeitsvorgänge sind hierbei beachtenswert:

- Der Vergleich von Beschreibungsstrukturen, die grundlegende Formeigenschaften des zu analysierenden Objektes oder Zusammenhänge des Objektes mit anderen Objekten beschreiben und

- der Vergleich von Objekteigenschaften, die sich in Eigenwerten der Objektbeschreibung manifestieren – etwa Linienlängen, Volumeneinheiten etc. – um beispielsweise bei nach der Beschreibungsstruktur gleichklassifizierten Objekten Ähnlichkeiten in der räumlichen Ausdehnung festzustellen.

Betrachten wir der Einfachheit halber zuerst die Problematik der Eigenwertvergleiche, da diese herkömmlichen Anfragen an Datenbanken relativ verwandt sind.

Die problemorientierte Sicht, Datenbankanfragen an Objekteigenschaften auszurichten, bedient sich der *einfachen* Spezifikation von Werten. Obwohl diese Eigenwerte dem Objekt als Einheit zugeordnet sind, müssen sie nicht zwangsläufig in einem dem Bildsymbol zugeordneten Datenbankobjekt zu finden sein. Fragt man nach der Seitenlänge eines beliebigen Dreiecks, so ist   bei der auf Seite 37 gezeigten, sinngemäß um ein Längenattribut erweiterten Beispielmodellierung eines Dreiecks – diese Länge in der Form eines Attributes der Relation $\mathcal{LINIE}$ zu finden, nicht jedoch in der Relation $\mathcal{DREIECK}$, auf die sich unsere Anfrage beziehen sollte.

Die Repräsentation eines Bildobjektes durch Datenbankobjekte – Tupel und Relationen – ist also von großem Einfluß auf den Anfragekomfort in der Anwendungsebene. Auch hier bewährt sich die nicht-normalisierte Darstellung von Objekten und soll an einem weiteren Beispiel belegt werden.

Anfragen in eins-normalisierten Systemen

Repräsentiert man in Bildern gefundene Strecken oder Geraden als Relationengebilde im eins-normalisierten relationalen Modell, tritt die Seitenlänge wie beschrieben als Attribut der die Seiten darstellenden $\mathcal{LINIE}$-Tupel auf. Objektverdeckungen, wie sie in Realweltszenen häufig vorkommen und die – stark vereinfacht - in ihren symbolischen Beschreibungen auf Anfragen nach Schnittpunkten randbeschreibender Linien und damit zu Fragen wie

welche Linien treffen sich im Bild$_N$ am Ort mit den Koordinaten (x,y)

führen, lassen die Vermutung zu, daß die Komplexität der Anfragebedingungen nahezu umgekehrt proportional zur Anschaulichkeit der Anfragen steht. Unter Beibehaltung der auf Seite 37 gezeigten Relationenstruktur für $\mathcal{LINIE}$ und $\mathcal{ORT}$ selektiert

$$AM \; := \; \sigma[X = x \wedge Y = y](\mathcal{ORT})$$

alle $\mathcal{ORT}$-Tupel mit den gegebenen Koordinatenwerten (beschränken wir uns hierbei auf eine Bildfolge, ist diese Antwortmenge dennoch sicher mehrelementig). Da in den $\mathcal{LINIE}$-Tupeln aber nur Verweise auf die zugehörigen $\mathcal{ORT}$-Tupel enthalten sind, ergibt erst

$$AM \;:=\; \pi[O^{\#}](\sigma[X = x \wedge Y = y](\mathcal{ORT}))$$

eine zur Weiterverarbeitung geeignete Wertemenge AM. Nachfolgend muß eine Selektion auf der $\mathcal{LINIE}$-Relation durchgeführt werden, bei der als Bedingung die Identität zwischen AM und den Attributen *Start* oder *End* gefordert wird

$$\sigma[Start \in AM \vee End \in AM](\mathcal{LINIE}).$$

Diese Operationen in einer Datenbankanfrage zusammengefaßt führten zu einer wenig übersichtlichen, länglichen Formel, deren Verwendung nicht als Verbesserung der Problemformulierung bezeichnet werden kann.

Sollte eine endgültige Antwortmenge obiger Anfrage aus den kompletten Relationengebilden der angefragten Linien bestehen, wären jetzt anschließend durch weitere Operationen $\mathcal{ORT}$- und $\mathcal{LINIE}$-Tupel wieder zu Einheiten zusammenzufassen.

Anfragen in nicht-normalisierten Systemen

Nicht-normalisierte Relationen leisten hier einen erheblichen Schritt zur vereinheitlichten Datensicht und -behandlung. Durch die Instantiierung von Tupelbeziehungen zu einer Attributstruktur entsteht ein Objektrepräsentant, dessen Attribute mit den Eigenschaften des repräsentierten Bildobjektes in Analogie stehen. Aggregieren wir also die im obigen Beispiel erhaltenen $\mathcal{ORT}$-Tupel zu einem einzigen Tupel der Relation $\mathcal{LINIE}$ und verwenden damit das auf Seite 39 in Abbildung 2.10 dargestellte, durch Integration gewonnene Schema der Relation $\mathcal{LINIE}$, so ergibt die Anfrage

$$\sigma[Punkte.X = x \wedge Punkte.Y = y](\mathcal{LINIE})$$

alle $\mathcal{LINIE}$-Tupel, die Geraden oder Strecken repräsentieren, die sich an dem Punkt mit den Koordinaten (x,y) treffen. Nicht erfragt werden können allerdings hiermit Schnittpunkte, bei denen die Koordinaten erst zu berechnen sind, die also nicht als Attribute in den $\mathcal{LINIE}$-Tupeln enthalten sind.

2.3.3 Anfragen nach Eigenschaften der Beschreibungsstruktur

Vergleicht man Bildobjekte, so vergleicht man – wie eingangs erwähnt – auch deren symbolische Beschreibungen. Denken wir uns drei einfache geometrische Gebilde beschrieben:

- Ein Dreieck: aus drei Seiten, drei Ecken und drei Winkelwerten,

- ein Quadrat: aus vier Seiten, vier Ecken und vier Winkelwerten, sowie

- einen Winkel aus zwei Schenkeln, dem Ursprung und dem Winkelwert.

Definiert man eine *Struktur* als Verknüpfung von Objekten, sind die gegebenen Gebildebeschreibungen Beschreibungsstrukturen aus Bildsymbolen wie $\mathcal{LINIE}$, Seiten und Schenkel darstellend, und $\mathcal{ORT}$, allgemein Punkte repräsentierend. Ein Beschreibungsvergleich ist daher ein Strukturvergleich, der durch R-Morphismen, also Abbildungen von *Urbildstrukturen* auf *Bildstrukturen* geleistet werden kann. Art und Umfang einer aus Wertepaaren bestehenden Abbildungsergebnismenge lassen Rückschlüsse auf Identitäten, Ähnlichkeiten oder ganz allgemeine Bewertungen von Objekten zu.

Voraussetzung für den Vergleich von Relationengebilden

$$RS \mapsto RS'$$

ist die Homologie der Gebilde, was bedeutet, daß die Gebildestruktur aus Elementen gleichen Typs gebildet wird – beide Relationengebilde daher ebenfalls den gleichen Typ haben

$$<t_1, \ t_2, \ \ldots, \ t_q > \quad und \ analog \quad <t'_1, \ t'_2, \ \ldots, \ t'_q > \ .$$

Diese Forderung unterstützt die angestrebte Umsetzung von Strukturvergleichen in Datenbankanfragen, da üblicherweise nur typgleiche Relationen angefragt werden können.

Nach [RADIG 82] sind Strukturvergleiche homologer Relationengebilde aufteilbar (vgl. auch 1.1.3) in mehrere Einzelabbildungen f_i, deren erste per definitionem die Wertemengen C und C' aufeinander abbildet

$$f_0 \ : C \ \mapsto \ C'.$$

Wegen der Verallgemeinerung, C enthalte nicht nur alle Eigenschaftsträger eines Relationengebildes sondern enthalte diese auch in typgebundener Form (vgl. 2.2, Seite 35),

$$C \ \subseteq \ \{D_1, \ D_2, \ \ldots, \ D_n\} \, ,$$

ist der Aussagewert von f_0 erweitert und bringt durch

$$f_0 : \ D_1 \mapsto D'_1, \ D_2 \mapsto D'_2, \ldots, D_n \mapsto D'_n$$

die Basis einer Typverträglichkeit für nachfolgende Relationsabbildungen durch die Einzelabbildungen $f_1, \ldots, f_q$ in Datenbankanfragen zum Ausdruck. Jede dieser Abbildungen f_i bildet eine Relation R_i auf eine Relation R'_i des Vergleichsgebildes ab.

Jede dieser Abbildungen wiederum stellt sich als Merkmalsvergleich dar, der Paare aus Objektbezeichnern s_i (hier gleichzusetzen mit funktionale Abhängigkeit erzeugenden Schlüsselwerten von Tupeln) und Merkmalswerten a_i (hier den Attributwerten) bildet, durch die Kompatibilitätsfunktion

$$\Theta_i \ : \left(s_i, \ a_1, \ a_2, \ \ldots, \ a_n\right) \ \mapsto \ \left(s'_i, \ a'_1, \ a'_2, \ \ldots, \ a'_n\right)$$

gebildet wird und die Ergebniswertepaare

$$\left(s_i, s'_i\right), \ \left(a_1, a'_1\right), \ \left(a_2, a'_2\right), \ \ldots, \ \left(a_n, a'_n\right)$$

des Morphismus' liefert.

Zu unterscheiden sind im folgenden die speziellen Ausprägungen der Strukturvergleiche, die sich in den unterschiedlichen Morphismen wiederspiegeln.

R-Homomorphismus

Homomorphismen leisten die Abbildung allgemeiner Strukturen aufeinander unter der Forderung linkstotaler Abbildung des Bildbereiches

$$\forall R_i \in RS \ \exists R'_i \in RS' \ \Longrightarrow \ f_i(R_i) = (R_i, R'_i) \quad und \quad i = 1 \ldots q.$$

Sinnfälliges Beispiel eines R-Homomorphismus wäre die Abbildung des Relationengebildes

$$QUADRAT\,(Q^{\#} : Key;\; Winkelwert : Zahlwert;\; Winkel : LINIE);$$

auf ein Gebilde

$$WINKEL\,(Winkelwert : Zahlwert;\; Winkel : LINIE);$$

Im oder gegen den Uhrzeigersinn könnten jeweils zwei Seiten und der von ihnen eingeschlossene Winkel des Symbols *QUADRAT* auf das Symbol *WINKEL* linkstotal abgebildet werden.

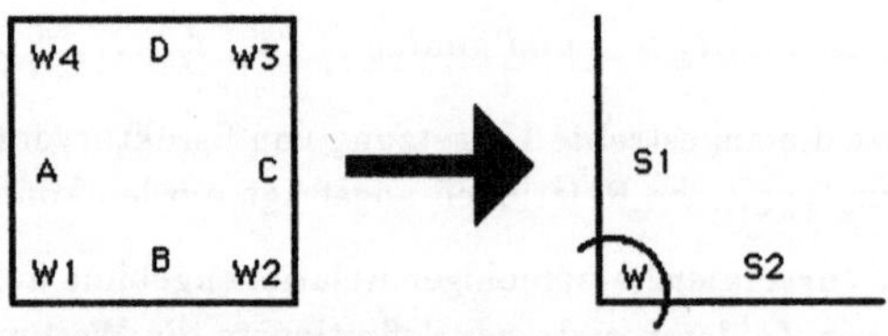

Abbildung 2.16 — Homomorphismus

Sind beide Relationengebilde als nicht-normalisierte Relationen modelliert und befindet sich die Relation *WINKEL* bereits im Datenbestand, sollte ein Objektvergleich mit dem beispielsweise aktuell erarbeiteten Objektsymbol *QUADRAT* als Datenbankanfrage formulierbar sein. Die Schwierigkeit hierbei besteht aber in der Formulierung einer Anfrage oder Anfragefolge, deren Ergebnis dem der Abbildung entspricht.

Was sagt ein Homomorphismus als Abbildungsergebnis für die Anwendung aus?

Im Falle unseres Beispielvergleichs ist das Ergebnis die Aussage, daß die aktuelle Beschreibungsstruktur vollständig aus im Beschreibungsumfang kleineren oder gleich grossen Unterstrukturen besteht. Es wird kaum möglich sein, eine Datenbankanfrage zu konstruieren, die ein gleichwertiges Ergebnis liefert, da hierzu Informationen aus dem konzeptuellen Datenschema über den Aufbau von Relationen verwendet werden und diese Information dem geforderten Anwendungsergebnis entsprechend interpretiert werden muß.

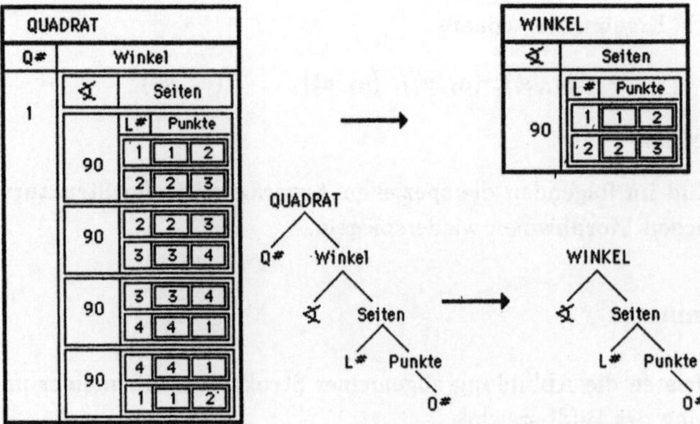

Abbildung 2.17 — Modellierung und Schemata der Beispielrelationen

Anfragen sind lediglich denkbar, wenn auch das konzeptuelle Datenschema in relationaler und eventuell sogar nicht-normalisierter Form vorliegt. Unterlegt man einer Datenbankanfrageprozedur *H* (für Homomorphismus) die Suche nach einem vorgegebenen Relationenschema aus der Menge der schemabeschreibenden Relationen im konzeptuellen Datenschema, so kann man diesen Auftrag als

$$H[Schema](KS)$$

formalisieren. *Schema* gibt dabei das gesuchte Schema in der Schreibweise für NF²-Relationen an und *KS* steht abkürzend für das konzeptuelle Datenschema in relationaler Form.

QUADRAT-Schema		
Q#-Attribut	WINKEL-Schema	
	$\sphericalangle$-Attribut	SEITE-Schema
....		L#-Attribut | ORT-Schema
	....	.... | O#-Attribut

WINKEL-Schema	
$\sphericalangle$-Attribut	SEITE-Schema
	L#-Attribut | ORT-Schema
....	.... | O#-Attribut

Abbildung 2.18 — Relationenschemata als NF²-Relationen

Ergebnisse sind denkbar als

- Menge aller diesem Schema entsprechenden und unter anderem aus diesem Schema bestehenden Relationenschemata oder

- einem einfachen Wahrheitswert zur Bestätigung oder Verneinung der Möglichkeit einen Homomorphismus bei einer vergleichenden Abbildung der aktuellen Beschreibung mit Beschreibungen aus dem Datenbestand als Ergebnis zu erhalten.

R-Monomorphismen

R-Monomorphismen haben einen höheren Aussagewert für den Objektvergleich als Homomorphismen. Wegen der zur Linkstotalität hinzukommenden Rechtseindeutigkeit der Abbildung ergibt sich die Interpretation, daß die verglichene Objektbeschreibung in der Vergleichsbeschreibung vollständig enthalten ist. Der Injektivität in Form der Bedingung

$$\forall\, R_i, R_j \in RS \quad \exists R_i' \in RS' \Longrightarrow f_i(R_i) = (R_i, R_i') \wedge f_i(R_j) = (R_j, R_i')\,.$$

$$\Longrightarrow R_i = R_j \quad mit \quad i = 1\ldots q$$

folgt die Interpretation eines R-Monomorphismus' also in

$$Urbild \leq Bildmenge.$$

Hieraus kann eine Datenbankanfrage ähnlich der Homomorphismusanfrage formuliert werden.

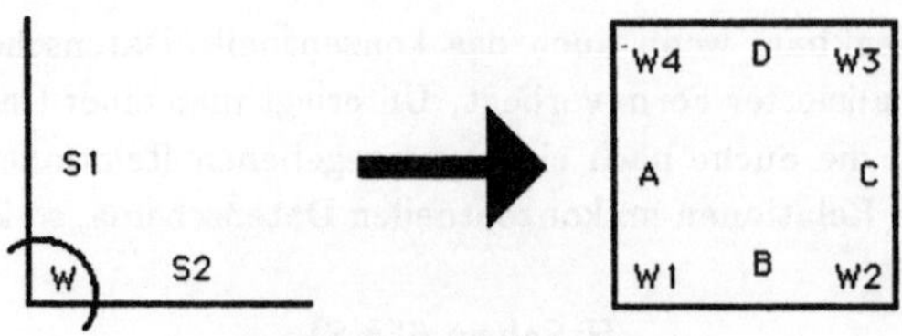

(S1,A), (S2,B), (W,W1) ;

Abbildung 2.19 — Monomorphismus

Kehren wir den Objektvergleich des R-Homomorphismus um und betrachten das Symbol *WINKEL* als aktuell elaboriertes. Nehmen wir dazu an, das Symbol *QUADRAT* sei als NF²-Relation im Datenbestand einer Datenbank und dessen Schemabeschreibung als nicht-normalisierte Relation im konzeptuellen Schema, dann kann eine allgemeine Anfrageformulierung

$$M[Schema](KS)$$

oder ganz speziell bei direkt gefordertem Vergleich mit dem Schema des Bildsymbols *QUADRAT* die Anfrage

$$M[Winkel](QUADRAT)$$

zu Ergebnissen führen, die der Interpretation des Monomorphismus' entsprechen.

Die Antwortmenge kann ebenso wie bei einem Homomorphismus ausgebildet sein und läßt auf das Vorhandensein aus einem Bild elaborierter Strukturen als Unterstruktur einer bereits vorhandenen Beschreibung schließen.

R-Isomorphismus

R-Isomorphismen *I* leisten Strukturvergleiche und stellen die Identität zweier Symbole fest. Auch und gerade diese Vergleichsart kann in Form relationaler Algebra ausgedrückt werden (vgl. auch [BENN+RADIG 84B]). Anfragen an Datenbanken erfordern generell die Suche nach Tupeln, die mit den zur Suche spezifizierten Angaben exakt übereinstimmen. Im Falle einer vollständig durchgeführten Spezifikation ergäbe sich eine ebenfalls vollständige Identität zwischen Spezifikation und Antwortmenge der Anfrage. Hier ist der logische Gleichklang zwischen Datenbankanfrage und Isomorphismus zu sehen und in geeigneter Weise auszuwerten.

(A,A), (B,B), (W1,W1) ; (B,B), (C,C), (W2,W2) ;
(C,C), (D,D), (W3,W3) ; (D,D), (A,A), (W4,W4) ;

Abbildung 2.20 — Isomorphismus

Volle funktionale Abhängigkeit der Objekte von ihrem Bezeichner und damit einhergehend die volle funktionale Abhängigkeit objektdarstellender Tupel von einem Tupelidentifikator – etwa in der Form systemvergebener Identitätsschlüssel (TID) – ermöglicht eine Datenbankanfrage

$$I[Tupel.T^{\#} = TID](Relation_m),$$

der ein Vergleich auf Symbolidentität zugrunde liegt. Für das Beispiel des Symbols $QUADRAT$ ergäbe sich unter der Annahme ein gesuchtes Quadrat habe die Identifikation n, mithin die Anfrage

$$I[Q^{\#} = n](QUADRAT)$$

oder einfach

$$\sigma[Q^{\#} = n](QUADRAT).$$

Auf diese Weise können unbekannte, aus Bildern aktuell erzeugte Objektbeschreibungen identifiziert werden – wenn beispielsweise angenommen wird, daß genau dieses Objekt in einer anderen Szene oder einem anderen Bild unter anderen Bedingungen bereits erkannt worden und damit im Datenbestand vorhanden ist. Verglichen werden die Objektbeschreibungen und als Vergleichsergebnisse werden wiederum Objektbeschreibungen oder Wahrheitswerte erzeugt, die den Interpretationsvorgang der Bildanalyse unterstützen. Isomorphismen und ihre Anfrageprozeduren beziehen sich im Gegensatz zu Homo- und Monomorphismen direkt auf den Datenbestand und nicht auf Anfragen an das konzeptuelle Datenschema. Sie sind daher direkt in Formeln der relationalen Algebra umsetzbar.

Der Vorteil nicht-normalisierter Darstellung liegt auch hier in der kompakten Einheit einer Objektbeschreibung. Die in der Tupelstruktur festgeschriebene Beschreibungsstruktur ist für die Anwendung lediglich von untergeordneter Bedeutung – wichtig ist, ob es sich tatsächlich um das vermutete Objekt handelt. Einen ähnlichen Gesichtspunkt beherrscht auch den nachstehend beschriebenen Komorphismus: Die Suche nach einer maximalen, identischen Teilstruktur.

R-Komorphismen

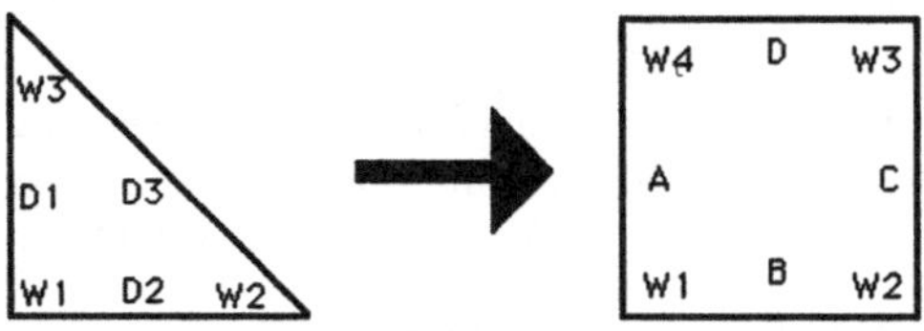

Abbildung 2.21 — Komorphismus

R-Komorphismen stellen in etwa den umgekehrten R-Monomorphismus dar. War in letzterem das *Urbild* $\leq$ *Bildmenge*, soll ein Komorphismus den maximalen Teilisomorphismus zweier Strukturen bestimmen, also *Urbild* $\geq$ *Bildmenge*. Formal stellt sich daher eine Komorphismusanfrage wie ein Isomorphismus dar; lediglich kann nicht von der Annahme voller funktionaler Abhängigkeit ausgegangen werden. Die Punkte vor und hinter dem spezifizierten Teil der Anfrage symbolisieren die erstrebte Teilisomorphie, so daß

$$K[\ldots; Attribut; \ldots](Relation_m)$$

eine Anfrage bezeichnet. Als Interpretation dieser Form muß gesehen weden, daß wiederum die Beschreibungsstrukturen als NF^2-Tupel vorliegen und ein Beschreibungsteil daher als Attribut aufzufassen ist. Eine solche Anfrage erfüllt allerdings nicht den Anspruch, die *maximale* Teilidentität finden zu können, diese muß durch heuristische Tests gefunden werden. In relationaler Algebra kann diese Suche zum Beispiel durch Anfragen wie

$$\sigma[Attribut_n = Attribut](Relation_m)$$

unterstützt werden. $Attribut_n$ bezeichnet dabei ein beliebiges Attribut der beliebigen, im Datenbestand enthaltenen $Relation_m$ und $Attribut$ wiederum den als Tupelteil modellierten aktuellen Objektbeschreibungsteil. Die Ergebnismenge umfaßt dann alle Tupel einer Relation, die den als $Attribut$ bezeichneten Teil selbst als strukturiertes Attribut enthalten.

Spezialisiert auf ein ähnliches, wie oben gezeigtes Beispiel formalisiert die Anfrage

$$K[\ldots; Dreieck_{rechtw}; \ldots](QUADRAT)$$

einen Teilisomorphievergleich beider Strukturen. Das Vergleichsergebnis bestünde aus dem bereits bekannten Symbol $WINKEL$.

2.3.4 Tolerante Vergleiche als Datenbankanfragen

Anfragen nach identischen Objektbeschreibungen aus Realweltszenen kommen in der Verarbeitung nur selten vor. Künstlich erzeugte *Kästchenwelten* unterscheiden sich von Bildfolgen aus der natürlichen Umwelt durch eine gewisse Gleichförmigkeit und stellen daher weniger Ansprüche an die Akzeptanz von Symbolvarianzen im Vergleich. Exakte Gleichbeschreibung verschiedener Realweltobjekte, bzw. die Beschreibung des selben Objektes nach einer Ortsveränderung läßt eher auf eine mangelhafte Beschreibung schließen. Winzige Orts- oder Formveränderungen — beispielsweise hervorgerufen durch manuelle Anfertigung standardisierter Symbolzeichnungen, wie in [KUNER + 85] — erzeugen in detaillierten Beschreibungen Differenzen, die sich in mehr oder weniger grober Form in den Eigenschaften der Bildsymbole wiederspiegeln. Fehlertoleranz im Symbolvergleich herzustellen ist hier die Aufgabe.

Generell zu unterscheiden ist zwischen Unterschieden in Attributwerten gleichbeschreibender Symbole und im Fehlen oder Hinzukommen ganzer Subsymbole, erzeugt etwa durch Lageänderung des betrachteten Objektes und plötzlichem Sichtbarwerden weiterer Objektteile.

Während im ersten Fall bei Anfragen nach Beschreibungen die Erkennbarkeit einer Symbolidentität durch Betrachtung der Symbolstruktur bei gleichzeitiger Hinnahme möglicher Unterschiede in Eigenschaftswerten gewährleistet ist, finden bei strukturellen Differenzen vage Abbildungen zwischen der Anfragespezifikation und dem Datenbestand statt.

Attributtoleranz

Nach [RADIG 82] werden R-Morphismen zur Abschätzung ihrer Güte Bewertungsfunktionen zugeordnet. In engem Zusammenhang dazu stehen Toleranzfunktionen Θ_i, die im Detail der Relationenabbildungen f_i zweier Relationengebilde durch die zugehörigen Schwellwerte θ_i ein Maß für die erlaubte Abweichung von spezifizierten Eigenschaftswerten sind (vgl. 1.1.3). Toleranzforderungen an Attributwertbeurteilungen ergeben sich aus der Rotation nichtsymmetrischer Objekte und

Bewegungen in Richtung der optischen Achse, bei denen in der zweidimensionalen Projektion des Objektes perspektivische Verzerrungen auftreten.

Verdeutlichen wir uns dieses Problem an einem einfachen Beispiel: In einem Bild einer beliebigen Bildfolge aus dem Bereich der Kästchenwelten sei ein Dreieck abgebildet, als solches erkannt, symbolisch beschrieben und als komplexes Tupel einer Dreiecke repräsentierenden Relation im Datenbestand einer Datenbank gespeichert. Wenn das reale Dreieck auf einem Drehteller vor der aufnehmenden Kamera befestigt ist und dieser Teller während der Szenenaufnahme langsam rotiert, verändern sich die numerischen Werte sicherlich zur Analyse benötigter Seitenlängen und des Flächeninhaltes durch perspektivische Verzerrung. Ein solches Dreieck in einem späteren

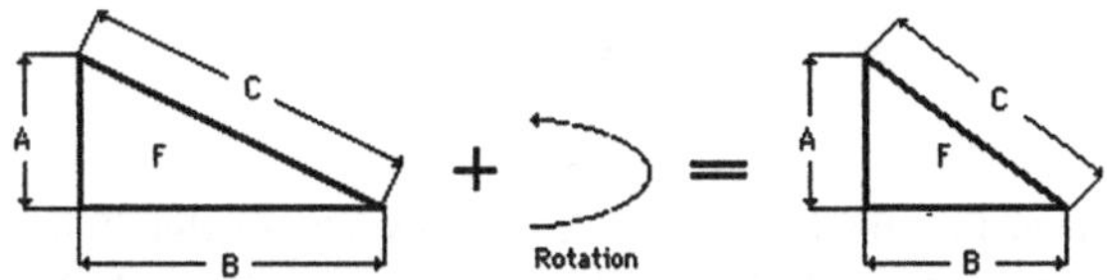

Abbildung 2.22 — Bildobjektveränderung durch Rotation

Bildfolgenbild wiederzuerkennen bedeutet in diesem Fall also tolerant gegenüber Maßabweichungen zu sein, die als Abweichungen in den Maßattributen der Bildobjektmodellierung auftreten. Die Abbildungen 2.22 und 2.23 zeigen diesen Sachverhalt schematisch gerafft. Ganz allgemein ist beim Auftreten perspektivischer Verzerrung von Flächen durch Bewegung des realen Objektes – oder auch durch Bewegung der Kamera während der Aufnahme – Attributtoleranz eine wichtige Arbeitsgrundlage für Objekt- bzw. Beschreibungsvergleiche.

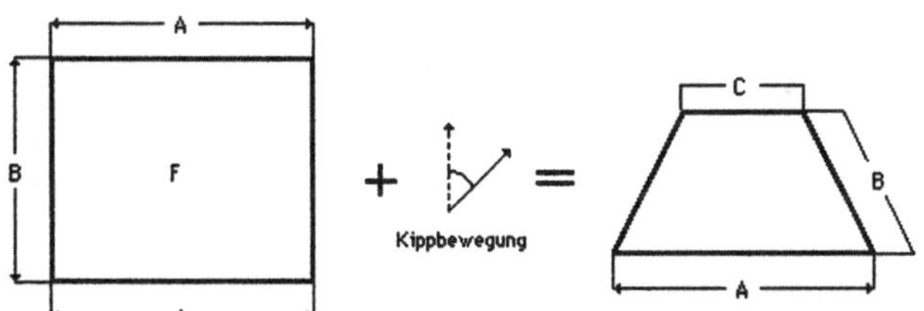

Abbildung 2.23 — Bildobjektveränderung durch eine Kippbewegung

Basis traditioneller Suchverfahren in Datenbanken ist jedoch die Identität spezifizierter Attribute mit dem Datenbestand. Ähnlichkeits- und Bewertungsfunktionen gestatten – bei Integration in die bestehenden Datenbankmechanismen – die Gewichtung und Beurteilung der Akzeptanz im herkömmlichen Sinne fehlschlagender Suchaufträge und bedeuten somit eine Anpassung an das Problem von Ähnlichkeitsvergleichen. Betrachten wir hierzu auch eine Realweltsituation aus unserer Beispielbildfolge.

Unter der Annahme, daß keine perspektivische Verzerrung während des Szenenausschnittes aufgetreten ist, ergibt sich durch die Objektbewegung und das bei fest stehender Kamera gegen den Hintergrund stets gleichbleibende Koordinatensystem der Bilder in allen Koordinatenwerte enthaltenden Bildsymbolen eine Wertverschiebung.

Wird für jedes Szenenbild ein das sich bewegende Objekt beschreibendes Symbol erzeugt und in der Datenbank gespeichert, kann das Korrespondenzproblem, die Zuordnung gleichbeschreibender

Symbole sequentieller Einzelbilder, durch eine der Identitätsanfrage beigeordnete Toleranzfunktion für Koordinatenwerte ausgedrückt werden. Nach 1.1.3 lassen sich R-Morphismen Toleranzfunktionen zuordnen, so daß ein attributtoleranter Isomorphismus die allgemeine Form (^{t} = toleranter Morphismus)

$$I^t : \sigma[\Theta(Attribut_n, spez.Wert) > \theta](Relation)$$

hat. Die Ausführung der vergleichenden Abbildung entspräche dann der Form

$$\forall\, T_i \,\in\, R_j \,\in\, Bild_N \quad \exists\, T_i' \,\in\, R_j' \,\in\, Bild_{N+1}$$

$$\Longrightarrow$$

$$\Theta_i\,(s_i,\, w_1,\, \ldots,\, w_n) \,\mapsto\, (s_i', w_1', \ldots, w_n') = (s_i, s_i'),\, (w_1, w_1'),\, \ldots,\, (w_n, w_n')\ .$$

$$und$$

$$|w_1 \,+\, \Delta x| = |w_1'|$$

Der Wert Δx steht hierbei für die vom beobachteten Objekt in der Zeit zwischen den Aufnahmen $Bild_N$ und $Bild_{N+1}$ zurückgelegte Wegstrecke, projiziert auf das Bildkoordinatensystem (vgl. Abbildung 2.24).

In der speziellen Ausprägung der Koordinatentoleranz mit $\theta = 20\%$ könnte eine Anfrage geschrieben werden:

$$sei\ X = 10 \quad und \quad \Theta(X, X') = \left\{ \begin{array}{lcl} \frac{X'}{X} & \Longleftrightarrow & (X - 20\%) \leq X' \leq X \\[2mm] X - \frac{X'}{X} & \Longleftrightarrow & X < X' \leq (X + 20\%) \end{array} \right\}.$$

Dann ist

$$I^t[\Theta(X, X') \in [0.8, 1.2]](ORT)$$

oder

$$\sigma[0.8 \leq X' \leq 1.2](ORT)$$

die für diesen Fall korrekte Anfrageformulierung in relationaler Algebra. Aus der Funktionszuordnung zur Attributspezifikation läßt sich leicht folgern, daß Attributtoleranzen in jeder Anfrageart

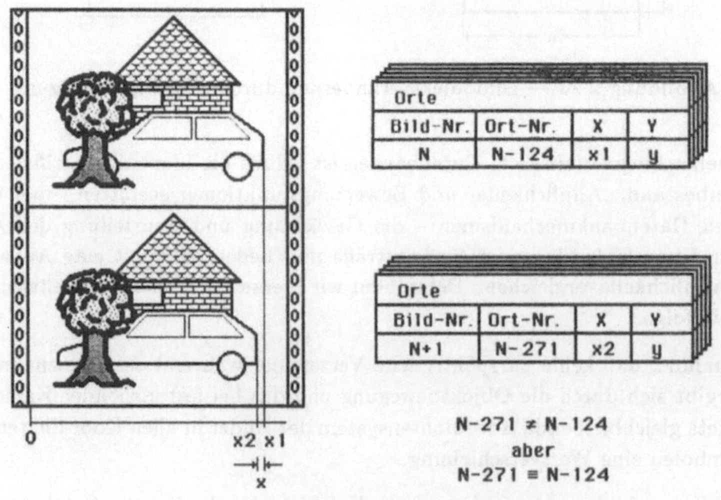

Abbildung 2.24 — Attributtoleranz in einer Realweltszene

auftreten und daher auch mit Anfragen kombiniert werden können, die weitergehende Toleranzforderungen in sich bergen – etwa Mono- und Komorphismen.

Strukturtoleranz

Perspektivische Verzerrung oder Teilverdeckungen von Objekten stellen weitaus höhere Toleranzforderungen an Datenbankanfragen. Beide Phänomene führen zum dauerhaften oder temporären
Fehlen bzw. Neuauftreten von Objektteilansichten, die sich in Erweiterungen oder Reduzierungen
der beschreibenden Symbole bemerkbar machen. Die gleichen Phänomene treten bei Mono- und
Komorphismen auf.

Verdeutlichen wir uns das ebenfalls an einem einfachen Beispiel: Ein festes Objekt werde im Verlauf
einer Bildfolge von einem bewegten Objekt verdeckt bzw. teilweise verdeckt. Abbildung 2.25 zeigt
die Modellierung eines einfachen Dreiecks ohne Verdeckung durch ein bewegtes anderes einfaches
Bildobjekt. Betrachtet man einige Bilder später die Konstellation der zwei Objekte zueinander, ist

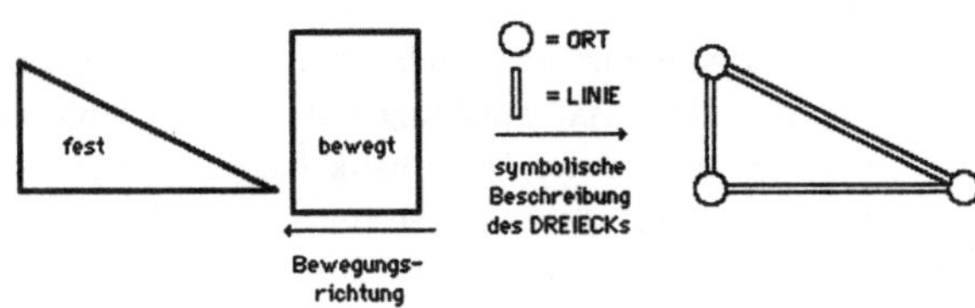

Abbildung 2.25 — Festes Objekt unverdeckt, vollständig modelliert

aus dem Dreieck offensichtlich ein Viereck geworden, was sich natürlich auch in der Modellierung
durch Bildsymbole wiederspiegelt. Abbildung 2.26 zeigt diesen Zustand. Kontinuierliches Verfolgen
beider Bildobjekte während der Bildfolge erlaubt nun die heuristische Zuordnung der sich immer
mehr verändernden Dreiecksmodellierung zu dem unverdeckten Ausgangsobjekt. Die hinter diesem
Vorgang stehende Akzeptanz, Strukturen als ähnlichbeschreibend zu akzeptieren, auch wenn sie
im Verlaufe einer Szene umfangreicher oder im Umfang geringer werden soll als Strukturtoleranz
bezeichnet sein.

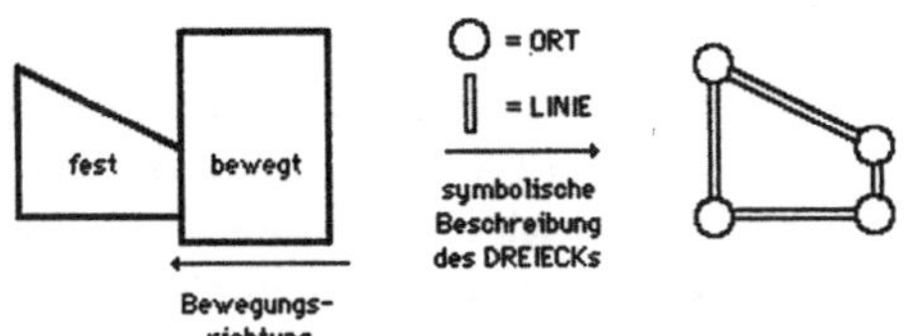

Abbildung 2.26 — Festes Objekt teilverdeckt, vollständig modelliert

Betrachten wir wieder unsere Beispielbildfolge, kann die Teilverdeckung des bewegten Bildobjektes durch das statische Objekt *Baum* zur Akzeptanz sich ständig von Bild zu Bild verändernder
Beschreibungsstrukturen führen. Sind Bildobjekte als komplexe NF^2-Tupel modelliert, deren Beschreibungsstruktur sich als Attributstruktur wiederspiegelt, bedeutet Strukturtoleranz, daß ebenfalls als NF^2-Tupel modellierte aktuelle Objektbeschreibungen Attribute im Datenbestand enthaltener NF^2-Tupel sind oder durch Umformung aus bestehenden Attributen gewonnen werden
können.

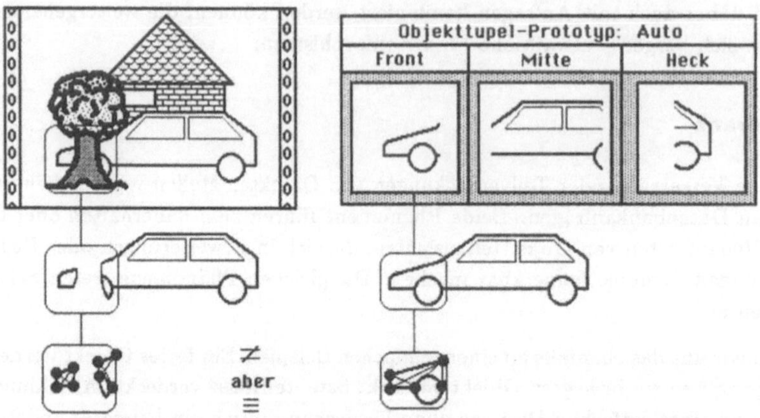

Abbildung 2.27 — Strukturtoleranz in einer Realweltzsene

R-Monomorphismen bilden Strukturen derart ab, daß beispielsweise ein einzelnes Objekt in einem größeren Beschreibungskontext, also im Zusammenhang mit anderen Objekten gefunden werden kann. Hierzu ist es notwendig, von Seiten der Datenbank das angefragte Objekt — in Form eines komplexen Tupels und daher im Folgenden auch so benannt – als Beschreibungsteilstruktur, d.h. als Attributstruktur eines hierarchisch höheren Beschreibungstupels zu finden. Beziehungen zwischen den Attributen dieses übergeordneten Tupels müßten zu Gunsten der Anfrage eliminiert werden. Zwei Fälle können bei einer solchen Anfrage auftreten:

1. Das verglichene Objekt ist in toto ein Attribut eines übergeordneten Tupels. Dann genügt eine einfache Projektion, um es als Antwort auf die Datenbankanfrage bereitzustellen. An der Attributstruktur ändert sich nichts.

2. Das verglichene Objekt ist Teil mehrerer – anwendungsbezogen anders aggregierter – Attribute. In diesem Fall müssen alle Bezüge zu anderen als den in der Anfrage spezifizierten Beschreibungsteilen durch Werte ersetzt werden, die eine Nichtbeachtung dieser Teile signalisieren.

R-Komorphismen fordern ebenfalls diese beiden Unterscheidungen, stellen die Datenbank jedoch noch zusätzlich vor das Problem, weder in dem vorgegebenen Spezifikationstupel noch in den zu untersuchenden Tupeln Hinweise auf die Nichtbeachtung bestimmter Beschreibungsteile zu finden. Lediglich nach erfolgreicher Durchführung eines R-Komorphismus' sollen nicht-isomorphe Beschreibungsteile durch spezielle Mechanismen abgetrennt werden.

Objektverdeckung und Erkennung der sichtbaren Objektteile als zusammengehörig – etwa durch Vergleich mit einem Prototypen oder aus vorherigen Bildern erarbeiteter Symbole – stellt Morphismen ebenfalls vor das Problem, nicht vorhandene Symbolteile akzeptieren zu müssen (siehe Abbildung 2.27).

Eine gangbare Lösung dieses Problems ist die Verwendung von sogenannten *Nullwerten*, die im datenbanktechnischen Sinne ein Attribut als *ungültig* oder *zur Zeit nicht bekannt* ausweisen. Schwierigkeiten treten allerdings bei der Festlegung von Nullwerten für viele Attributtypen und insbesondere für strukturierte Attribute auf. Das Kapitel 3 widmet sich diesem Problem daher eingehender.

2.4   Zusammenfassung

In dieses Kapitel konnte gezeigt werden, daß nicht-normalisierte Relationen ein geeignetes Medium sind, Relationengebilde und strukturvergleichende R-Morphismen in einer nach Definition 1.1 objektbezogenen Weise darzustellen. Im einzelnen konnten folgende Vorteile eruiert werden:

- Formale Nähe des relationalen Modells mit der mathematischen Darstellung als Relationengebilde repräsentierter symbolischer Bildbeschreibungen.

- Anwendung der erweiterten relationalen Algebra durch aggregierende Integration von Objektbeziehungen zu Objekttupelattributen.

- Gleichzeitige Unterordnung der Repräsentationsstruktur in der Anwendungsdatensicht durch Darstellung als Attributstruktur.

- Generierung logischer Beschreibungshierarchien durch die modellimmanente Hierarchisierung.

Probleme objektbezogener Anfrageausprägungen wurden diskutiert und durch Beispiele belegt. R-Morphismen zum Vergleich von Beschreibungsstrukturen sind vorgestellt und Möglichkeiten ihrer Repräsentation durch Anfragen mittels relationaler Algebra vorgeschlagen worden. NF^2-Relationen und die zugehörige siebenstellige relationale Algebra erfüllten auch hier die Anforderungen nach

- Anfragenspezifikation durch Merkmale des beschriebenen Objektes und

- Umsetzung zum Teil komplexer Strukturvergleiche in einfach zu handhabende Anwendungsoperationen deren interne Abarbeitung auf der relationalen Algebra basieren kann.

Mit dem NF^2-Modell weniger befriedigend darstellbar oder als ungelöst erkannt wurden die folgenden Probleme, welche während einzelner Diskussionen auftraten:

- die Umsetzung Netz- und ringförmiger Strukturen, da hier unerwünschte Redundanzen bzw. offene Referenzierungen auftreten,

- eine Form der Generalisierung, also die Zusammenfassung von Objekten oder Objekttupeln nach Oberbegriffen und

- das Nullwertproblem, wie es für tolerante Strukturvergleiche auftritt und für die gezeigten Datenbankanfragen zu lösen ist.

Kapitel 3

Dynamische nicht-normalisierte Relationen –
(NF^{2D}-Relationen)

Nicht-normalisierte Relationen stellen Relationengebilde vereinheitlicht und objektorientiert dar. Anfragen in einem Datenbanksystem, das zur Unterstützung einer mit Symbolstrukturen arbeitenden Realwelt-Bildfolgenanalyse eingesetzt wird, sollen Forderungen nach Attribut- und Strukturtoleranz erfüllen. Durch die Beiordnung von Bemessungsfunktionen zu identitätsvergleichenden Anfragen kann die Akzeptanz leicht differierender Attributwerte erreicht werden. Die Einführung von Nullwerten für strukturierte Tupelattribute realisiert die Forderung nach Strukturtoleranz. Fehlende Teile einer Objektbeschreibung sind Nullwerten in Attributen gleichzusetzen, welche diese Teile repräsentieren.

Betrachtet man eine Objektbeschreibung als Tupel der Anfrage und dessen Entsprechung als Tupel des Datenbestandes, so erfordern Monomorphismen die Akzeptanz fehlender Attribute im Tupel des Datenbestandes, da eine weniger umfangreiche Beschreibung mit einer kompletteren verglichen wird. Dem Tupel der Anfrage können sozusagen Attribute *fehlen*, die im Tupel des Datenbestandes vorhanden sind. Komorphismen verlangen die Akzeptanz *fehlender* Attribute im beiden Tupeln, da eine Teilidentität beider Tupel gesucht wird.

Strukturtoleranz bedeutet weiterhin, daß unterschiedliche Beschreibungen eines Objektes zusammengefaßt werden können. Rotiert ein Würfel um seine Mittelachse und wird dabei in der Seitenansicht durch das Aufzeichnen einer Bildfolge beobachtet, verändert sich die Ansicht von der rechtwinkligen Fläche über zwei in der Flächengröße variierende, nicht rechtwinklige Flächen zu wiederum einer einzigen, rechtwinkligen Fläche. Die aus den verschiedenen Ansichten resultierenden Objektbeschreibungen gehören also zu einem einzigen Objekt und sollten ihrer logischen Entsprechung gemäß verwaltet werden können.

Dieses Kapitel zeigt eine Anpassung des NF^2-Modells an die Varianz in Bildfolgen auftretender Objektbeschreibungen. Durch Erweiterung der mathematischen Grundlagen des NF^2-Datenmodells wird in allgemeiner Form der auf Seite 24 definierte Mechanismus einer Generalisierung in das Modell aufgenommen. Die oben angedeutete Integration verschiedener Objektbeschreibungen ergibt, verallgemeinert auf unterschiedliche Objekte einer überzuordnenden Objektklasse, nichtnormalisierte *Klassenrelationen*. Hierdurch wird eine bessere Allgemeinverständlichkeit der Problemformulierung in der Objekterkennung erzeugt, und ein Maß an Flexibilität in der Nutzung standardisierter Datenhaltung geschaffen, wie es bislang durch das relationale Modell nicht verfügbar war.

Aggregation angewandt auf Objekttupel instantiiert die Beziehungen zwischen Bildobjekten in Attributen sogenannter *Bildtupel*, die der Beschreibung eines Einzelbildes entsprechen. Aggregation angewandt auf prototypische Vertreter von Klassenrelationen ergibt *Situations-* oder *Rahmentupel*, die einer Darstellung der auf Seite 13 beschriebenen generischen Schemata durch Datenbankobjekte entsprechen.

Abschnitt 3.1 beschreibt zwei ausgewählte Anpassungsvarianten des relationalen Modells an Techniken semantischer Datenmodellierung zur Einordnung der später vorgeschlagenen eigenen Modellerweiterung. Die Beispiele stehen stellvertretend für

- eng am eins-normalisierten Modell orientierte und

- stark anwendungs- und anfrageorientierte

Bemühungen, Generalisierung und Aggregation für Anwendungen verfügbar zu halten.

Abschnitt 3.2 stellt eine eigene Erweiterung des relationalen Modells durch allgemeine Definitionen für dynamische, nicht-normalisierte Relationen (NF^{2D}-Relationen) vor. Diese Definitionen sind am mathematischen Modellformalismus orientiert und integrieren die Generalisierung mathematisch konsistent in das relationale Datenmodell.

Abschnitt 3.3 diskutiert kurz die wichtigsten zur relationalen Algebra gehörigen Operationen und stellt eine weitere Funktion zur dynamischen Ausdehnung der Generalisierung vor.

Abschnitt 3.4 geht auf die Spezialisierung dynamischer Relationen unter Betrachtung des Nullwertproblems für symbolische Bildbeschreibungen ein. Die Gedanken aus Abschnitt 2.3.4 zur Lösung strukturtoleranter Datenbankanfragen werden fortgeführt.

Abschnitt 3.5 zeigt das Konzept dynamischer Relationen in der Anwendung zur Darstellung von Symbolvarianten als Repräsentation auftretender Objektvariationen in Symbolklassenrelationen. Der Begriff *Klassenrelation* wird definiert.

Abschnitt 3.6 beschreibt die bereits angedeuteten kombinierten Anwendungen von Aggregation und Generalisierung zur Darstellung von *Bild-* und *Schematupeln*. Beide Begriffe werden definiert.

Abschnitt 3.7 letztlich beschreibt Vorschläge, wie eine Anfragesprache für NF^{2D}-Relationen aussehen könnte und welche Besonderheiten diese Anfragesprache auf der Basis intermaschinellen, wenig interaktiven Datenaustausches bieten müßte.

3.1 Ausgewählte Modellerweiterungen

Wissenschaftliche Primärdaten stellen im Gegensatz zu kommerziellen Daten eine eigenständige Datenmenge dar, deren Besonderheit die Erzeugung zusätzlicher Sekundärdaten ist. Charakteristische Sekundärdaten sind etwa Hilfsdaten, wie die Parameter kontinuierlich Daten erzeugender Prozesse oder Daten aus Interpretationen experimenteller Primärdaten. Hieraus ergeben sich spezielle Anforderungen an Datenbanken, die in [BATORY+BUCHMANN 84] ausführlich untersucht werden. Während digitisierte Bilddaten zur ersten Gruppe primärer Versuchsdaten zählen, gehören symbolische Bildbeschreibungen zur Gruppe interpretativ gewonnener Sekundärdaten, die reale Objekte und deren Beziehungen wiedergeben.

Vorgänge in unserer realen Welt, die ständig und für den Menschen meist unbemerkt, weil selbstverständlich, ablaufen sind von erheblicher Komplexität. Die Modellierung komplizierter Zusammenhänge, mit traditionellen, d.h. kommerziellen Datenmodellen ist schwierig, wenn nicht sogar unmöglich. Sinngemäß wird diese These von T. Härder und A. Reuter vertreten und durch einen Überblick generell möglicher und in letzter Zeit eingehender untersuchter *non-standard-Anwendungen* für Datenbanken belegt; nachzulesen in dem als Übersichtsvortrag ausgelegten Beitrag zur Tagung *Datenbanken für Büro, Technik und Wissenschaft*, BTW 85, [HÄRDER+REUTER 85]. Als Beispiele werden Büroautomation, Prozeßdatenerfassung und -auswertung, automatisches Konstruieren sowie Bild- und Sprachverarbeitung genannt – um nur einige aufzuzählen. Es schließt sich eine Aufzählung diverser spezieller Anforderungen der eben genannten Bereiche an. Fazit des Artikels ist, die individuelle Ausprägung und Anpassung bestehender bzw. erweiterter Datenmodelle vornehmlich in den Ebenen der logischen Datenmodelle und des Anwendungszuganges vorzunehmen. Hiervon ausgehend sollte nach komfortablen Adaptionslösungen etwa im internen Darstellungsbereich gesucht werden. Eine weitere Empfehlung ist, logische Datenmodellierungen unter eingehender Betrachtung der Ansätze von R. Lorie et al. (vgl. 2.1.1) oder H.J. Schek et al. (vgl. 2.1.2) vorzunehmen, und zur Modellabbildung sich erweiterter relationaler Konstrukte – wie etwa Aggregation und Generalisierung (vgl. 3.1.1) – zu bedienen.

Betrachten wir mit diesem Hintergrund zwei ausgewählte Erweiterungen des Codd'schen relationalen Modells, die geeignet erscheinen, das Umfeld zu beschreiben, in dem die in Abschnitt 3.2 vorgeschlagenen Konstrukte eingeordnet werden können.

3.1.1 Codd's erweitertes RM/T-Modell

Bereits 1979 wurde das durch E.F. Codd begründete relationale Datenmodell von ihm selbst erweitert [CODD 79] und von C.J. Date vervollständigt Die nachstehend beschriebenen Eigenschaften sind daher weitgehend dem zweiten Teil der *Einführung in Datenbanksysteme* [DATE 83] entnommen sind, wo dieses Modell zur Realisierung semantischer Datenmodellierung hauptsächlich im Bereich des konzeptuellen Schemas vorgeschlagen wird.

Einheiten (entities)

RM/T gestattet, Einheiten (entities) weiter zu fassen, als es im traditionellen relationalen Modell durch Tupel möglich ist. Einheiten bezeichnen hier Objekte, deren Konkretisierung allein dem Betrachter dieser Einheiten überlassen bleibt. Klassifiziert werden Einheiten in

- *charakterisierende*, also rein qualifizierende,

- *assoziierende*, d.h. N:M-Beziehungen realisierende und

- *zentrale (kernel)* Tupel, die Einheiten in herkömmlicher Weise bezeichnen.

Erkennbar wird, daß hiermit ein semantischer Überbau entsteht, der zur Darstellung komplexer Zusammenhänge zwischen verschiedenen Einheiten verwendet werden kann. Gerade hierzu dient auch die weitere Unterscheidung in Einheits-, unter- und übergeordnete Typen, mit denen sich generalisierende Zusammengehörigkeiten darstellen lassen.

Sammelschlüssel (surrogates)

Surrogate oder benutzerdefinierte Sammelschlüssel werfen das Problem auf, eindeutige Bezeichnungen bzw. Referenzierungen Einheiten durch systemvergebene Schlüsselwerte zu finden. Anwendungsbedingt unterschiedlich ausgeprägte Schlüssel inhaltlicher Identität auf eindeutige Referenzen abzubilden, wird durch eine *Schlüsselklasse*, im RM/T-Sprachgebrauch: E-Domain, E-Attribut und E-Relation, und deren Abbildung auf Systemschlüssel, TID, gelöst. Während die Systemschlüssel der Anwendungssicht entzogen sind und dem System eindeutige, schnelle Datenzugriffe ermöglichen, bleibt der logischen Datensicht die typgerechte Zuordnung von Referenz und Referenzobjekt erhalten.

E- und P-Relationen

E-Relationen (Entity-Relations) sind unäre Relationen, deren einziges (E-)Attribut ausschließlich Werte aus der E-Basismenge enthält, also Surrogate, und die zwei wichtigen Bedingungen folgen müssen:

- Sie tragen den gleichen Namen wie der durch sie referenzierte Einheitentyp und

- der Attributname des einzigen Attributes endet (wie alle E-Attribute) mit $\natural$

Mit Hilfe dieser Konstrukte ist es möglich, unterschiedliche und im extremum sogar vom Typ her unvereinbare Einheiten in Sammel-E-Relationen zusammenzufassen.

P-Relationen (Property Relations) geben Eigenschaften von Einheiten an und sind zumindest binäre Relationen, bestehend aus einem Primärschlüssel und mindestens einem Eigenschaftsattribut. Auch für diesen Relationentyp gelten zwei Bedingungen:

- Primärschlüssel einer P-Relation kann nur ein E-Attribut in Namensgleichheit mit dem einzigen Attribut der zugehörigen E-Relation sein.

- Keine zwei P-Relationen dürfen Attribute gleichen Namens beinhalten, es sei denn den Primärschlüssel.

E- und P-Relationen für Bildsymbole vom Typ *DREIECK* wären im einfachsten Fall demnach

$$E - DREIECK\ (Dreieck^{\natural})$$

und

$$P - DREIECK\ (Dreieck^{\natural};\ Seite_1;\ Seite_2;\ Seite_3;\ Flächeninhalt)$$

Referenzen und ihre Semantik

Als wichtige referenzierende Eigenschaften müssen hier *charakterisierende* und *assoziierende* genannt werden.

Charakterisierend werden Referenzen genannt, welche auf in ihrer Art geeignete Einheiten verweisen, die zum Referenzhalter als zugehörig anzusehen sind. Um im Beispiel des Symbols *DREIECK* zu verbleiben, wären bei exakter Einhaltung des Normalisierungsbegriffes die Attribute $Seite_1$ bis $Seite_3$ charakterisierende und müßten durch Referenzen auf eine Relation

$$E - LINIEN\ (Linie^{\natural})$$

ausgedrückt werden, was zu einer P-Relation

$$P - DREIECK \quad (Dreieck^{\natural}, Linie_1^{\natural}, Linie_2^{\natural}, Linie_3^{\natural}, Flächeninhalt)$$

führte. Assoziierende Referenzen leisten nahezu gleiche Dienste für das gegebene Beispiel, indem ein einzelnes $DREIECK$ nicht als durch die zugehörigen Seiten zu beschreibendes Symbol sondern als Einheit aus der Verbindung dreier Linien und weiteren Eigenschaftsattributen anzusehen ist. Der Relationsaufbau hierfür wäre allerdings um eine Stufe umfangreicher:

$$P - Ass - Dreieck \quad (Ass - Dreieck^{\natural}; Linie_1^{\natural}; Linie_2^{\natural}; Linie_3^{\natural})$$

und

$$P - DREIECK \quad (Dreieck^{\natural}; Ass - Dreieck^{\natural}; Flächeninhalt)$$

sind nun die Darstellungsform eines Dreieckssymbols.

Die konzeptionelle Analogie dieser Konstruktion zu dem von R. Lorie verfolgten Ansatz komplexer Objekte bildet ursächlich einen unerwünschten Referenzüberbau, der Anwendungen detaillierte Kenntnisse des Modellentwurfes abverlangt und so wiederum der Forderung nach problemorientierter Datensicht widerspricht.

3.1.2 Das semantische Datenmodell GEM

Semantische Datenmodellierung auf der Basis des relationalen Datenmodells in einer UNIX-Betriebssystemumgebung zu realisieren, ist die Aufgabe von GEM (General Entity Manager). Hierzu wird eine Erweiterung des relationalen Modells vorgenommen, indem Funktionen zur Surrogatbildung, Generalisierung und Aggregation integriert werden. Ebenso ist das Nullwertkonzept enthalten, welches einer Anwendung gestattet, Attribute für Relationen mit einem *null allowed*-Ausdruck zu versehen. Benutzerverdeckte Realisierung dieser Konstrukte und Auswertung durch eine dreiwertige Logik von

$$\{true, false, null\}$$

folgen dem Bestreben, eine möglichst komfortable Benutzerschnittstelle zur Datenmodellierung anzubieten [ZANIOLO 83].

In [TSUR+ZANIOLO 84] wird dieses Modell unter ausführlicher Beschreibung der Anwendung semantischer Modellierungstechniken als Erweiterung des realen Datenbanksystems INGRES unter einem UNIX-Betriebssystem vorgestellt. Es werden insbesondere Probleme aufgezeigt, die durch Verwendung normalisierter Datenbanksysteme als Basis stark abstrahierender Datensichten auftreten und die etwa keine Mengenattribute zulassen. Surrogate als Zugang und benutzerverdeckte Darstellung von Mengen in internen Relationen ersetzen diesen Mangel. Desgleichen wird das Fehlen eines systemgerechten Diskriminantenkonzeptes durch interne Erzeugung verdeckter Typanzeiger nach der Art der *hidden fields* ausgeglichen.

In [MAC GREGOR 85] wird ein *semantisches Front-End*, ARIEL, vorgestellt, welches mit GEM verglichen werden kann und die Verarbeitung von Mengenattributen zuläßt. Hierbei handelt es sich um ein Anfragesystem, das für verschiedene reale Datenbanken verwendet werden kann. Es basiert weniger auf dem relationalen Modell in seiner Grundform, als daß es ein eigenständiges semantisches Datenmodell darstellt.

GEM ist aufwärtskompatibel mit dem traditionellen Relationenmodell, das als GEM-Subschema darstellbar ist. Weiterhin ist die bekannte Anfragesprache QUEL als Untermenge der GEM-Anfragen anzusehen; Nullwerte, Aggregation und Generalisierung sind Anwendungen zugänglich. Im Gegensatz zum RM/T-Modell stellt auch GEM bereits ein semantisches Datenmodell dar, das weniger im Formalismus des relationalen Modells begründet ist, als in einem praktikablen Zugang für Datenbankanwendungen. NF^2-Relationen und Relationengebilde sind mit GEM oder auch ARIEL sicherlich anwendungsgerechter darstellbar als im RM/T-Modell, weil ein Überbau an Sekundärdaten durch Referenzen vermieden wird. Dennoch erscheinen die Lösungen als zu speziell auf Systemumgebungen zugeschnitten. Eine direkte Verwendung zur Darstellung von Relationengebilden und der benötigten Vergleichsanfragen ist zumindest fraglich, da in beiden Modellen Mechanismen zur Ausführung rekursiver Anfrageoperationen lediglich im Rahmen der dem System unterlegten Anfragesprache möglich sind, folglich der Unterbau einer erweiterten relationalen Algebra fehlt.

Neuere Arbeiten haben den Nachteil erkannt, komplexe Objekte bzw. Moleküle ohne systematische Erweiterung der relationalen Algebra lediglich auf eine Anfragesprache zu stützen. In [ZANIOLO 85] wird daher eine Erweiterung der relationalen Algebra vorgestellt, die in großen Zügen der siebenstelligen relationalen Algebra des NF^2-Modells entspricht. Auch hier werden geteilte Selektions- und Projektionsoperatoren, *extended select* und *extended project*, sowie ein Kombinationsoperator, *combine*, dessen Funktion der NF^2-Integrationsfunktion ν entspricht und durch den Buchstaben γ bezeichnet wird. Durch eine Umkehrung der Integrationsnotation wird mit dieser Funktion auch eine Umsortierung und Separation ermöglicht.

3.1.3 Beurteilung der Ansätze

Analog zu den ausgewählten Beispielen des Kapitels 2 liegen auch hier wieder ein der Normalisierung unterliegendes und ein strukturierte Attribute verwendendes Modell zur Beurteilung vor. Ex kann nicht davon ausgegangen werden, daß die Modelle unter den Gesichtspunkten der Umsetzung symbolischer Bildbeschreibungen in Datenbankkonstrukte erstellt wurden. Weiterhin sind keine Anwendungen in dieser Richtung bekannt, so daß an dieser Stelle ähnlich Fragen auftreten, wie im vorigen Kapitel.

Sind Surrogate, E-Relationen und Untertypenerzeugung des RMT/Modells Mechanismen, die es erlauben, generalisierend Klassen typähnlicher Einheiten und aggregierend Typhierarchien in einer problemnahen Weise aufzubauen?

Die Frage muß mit *nein* beantwortet werden, wobei die Begründung in der sichtbaren und für die angestrebte Verarbeitung untergeordneten Struktur der Referenzierung liegt. Hier werden problemferne Sekundärdaten erzeugt, die in Datenbankanfragen umzusetzende Beschreibungsvergleiche in einer unerwünschten Weise komplizieren. Eine problemnahe Objektsicht wird nicht gefördert.

Welche Vorzüge bieten GEM oder ARIEL, eine objektnahe Repräsentation der von den Bildanalyseprogrammen erzeugten Objektbeschreibungen zu erzeugen. Werden Nachteile dabei offensichtlich?

Als eindeutige Vorzüge sind zu nennen:

- Beide Datenmodelle sind bereits realisiert und getestet, sie können unter einem UNIX-Betriebssystem bzw. mit real existierenden Datenbanken direkt eingesetzt werden.

- Strukturierte Attribute sind zulässig, was eine anwendungsfreundliche Benutzeroberfläche in der Art der NF^2-Relationen aufzubauen gestattet.

- Generalisierung und Aggregation sind Bestandteil beider Modelle ohne den im RM/T-Modell als nachteilig qualifizierten Referenzüberbau sichtbar werden zu lassen.

Allerdings finden sich auch Nachteile, deren Begründung in der Konzeption liegen. Während im RM/T-Modell eine Verkomplizierung der eigentlichen Daten zu Gunsten einer strengen Modelltreue (nämlich dem eins-normalisierten Modell) in Kauf genommen wird, sind die Konstruktionen von GEM und ARIEL eher an dem Komfort möglicher Anwendungen orientiert. Dies hat, zumindest im System GEM zu Schwierigkeiten geführt, die in der Realisierung durch gängige, jedoch nicht allgemeingültige Programmiertechniken gelöst werden mußten (vgl. im Detail [TSUR+ZANIOLO 84]).

Lassen sich multirelationale Teilgebilde als eigenständige Einheiten betrachten und in wieweit sind Integrations- und Separationsfunktionen, wie sie das NF^2-Modell anbietet in GEM oder ARIEL verfügbar?

Auf beide Fragen läßt sich ohne weitere Detailkenntnis der Systeme keine eindeutige Antwort geben. Doch selbst wenn in diesem Bereich Unterstützung durch GEM geboten würde, bestehen berechtigte Zweifel, ob die Mechanismen in dem mathematischen Formalismus der relationalen Datenbanken naher Weise allgemeingültigen Charakter aufweisen oder lediglich anwendungsfreundliche Benutzeroberflächen darstellen. Diese Annahme begründet sich in der bereits zitierten Arbeit [ZANIOLO 85] und den dort gemachten Ausführungen.

Konsequenterweise ergibt sich aus diesen kurzen Betrachtungen der Wunsch, Vorzüge der anwendungsfreundlichen Modelle (GEM, ARIEL) mit der Modelltreue des verkomplizierenden RM/T-Modells zu vereinen. Die nachfolgenden Definitionen sind daher Erweiterungen auf mathematischer Basis, die das relationale Konzept bei gleichzeitiger Anforderungsanpassung verallgemeinern.

3.2 Definitionen

Erweiterungsbasis ist das NF^2-Modell (vgl. 2.1.2), da es formal umfangreicher als das traditionelle relationale Modell ist und dieses als NF^2-Spezialfall betrachtet werden kann. Ziel der Erweiterung ist die Einführung von Attributvarianten sowie eine dynamische Erweiterung von Wertebereichen. Die Definitionen lehnen sich an allgemeine Lehrbücher wie [DATE 81], [SCHLAGETER+STUCKY 83] und die formalen Definitionen des relationalen Modells aus [DATE 82] an.

Forderungen, die im Kapitel 2 aufgestellt wurden, können so mit Methoden relationaler Datenbanken erfüllt werden. Die wegen ihrer Flexibilität *dynamisches NF^2-Modell* oder abgekürzt NF^{2D}-Modell genannte Erweiterung bildet eine Alternative zu den bereits vorgestellten Modellen. Zwei Vorteile werden bei diesem Vorhaben sichtbar:

1. Die konsequente Erweiterung des relationalen Modells durch mathematische Formalia führt zu einem gegenüber dem NF^2-Modell nochmals in seinen Funktionen erweiterten Datenmodell. Eins-normalisiertes und NF^2-Modell werden als Spezialfälle des NF^{2D}-Modells darstellbar. Wesentliche Bestandteile semantischer Datenmodellierung sind integrativer Teil des neuen Modells und somit formal zu beschreiben.

2. Art und Ausprägung des NF^{2D}-Modells erlauben eine nahezu direkte Umsetzung der Modellkonstrukte in Objekte algorithmischer Programmiersprachen der neueren Generation – etwa Pascal, Ada, PL/1.

3.2.1 Wertebereich und Attribut

Nach |DATE 82| ist ein Wertebereich (Domain) ein Tripel

$$W = (Bereichsname, Wertemenge, Indikator),$$

bei dem *Wertemenge* eine nichtleere Menge atomarer, also nicht zerlegbarer Werte und *Indikator* die Existenz einer Ordnungsrelation auf der Menge bezeichnet. Diese für das 1NF-Modell erstellte Definition gilt ohne die Einschränkung der nicht zerlegbaren Werte auch für das NF^2-Modell, so daß zunächst in allgemeiner Form eine Wertemenge definiert sein kann als

Definition 3.1 : Wertemenge
Eine Wertemenge ist die Menge aller Elemente, deren Charakteristika die Zuordnung zu einem Datentyp T rechtfertigt.

$$W = \{w_i, w_j \mid w_i, w_j \in T \wedge i \neq j \Leftrightarrow w_i \neq w_j\} \; \forall \, i, j \in 1 \ldots n$$

Desgleichen besteht ein Attribut aus einem Tupel

$$A = (Attributname, Wertebereich),$$

wobei sich *Bereichsname* und *Wertemenge* des Wertebereiches als Definitionsbereich des Attributes darstellen – etwa

$$X\text{-}Koordinaten : Integer\text{-}Subset.$$

X-Koordinaten lautet der Attributname, *Integer-Subset* der Bereichsname und die ganzzahligen Werte $0 \ldots 512$ bilden beispielsweise die Wertemenge. An diesem Beispiel läßt sich bereits erkennen, daß Attribute Eigenschaften ihnen übergeordneter Konstrukte, Relationen, repräsentieren – hier eben Koordinatenwerte einer Raumachse. Unter Einbeziehung dieser semantischen Interpretation kann ein Attribut folglich definiert sein als

Definition 3.2 : Attribut
Attribute sind Eigenschaftsträger einer durch Relationen darstellbaren Entitätenmenge, deren Werte (Attributwerte) dem zugehörigen Wertebereich entstammen.

Wie das Problem der Nullwertbildung im letzten Kapitel erkennen läßt, kann es sinnvoll sein, den Begriff des Wertebereiches zu erweitern. So bietet es sich an, Eigenschaften, die einer Wertemenge fehlen durch Verwendung eines geeigneteren anderen Wertebereiches verfügbar zu machen. Beispielsweise ist 0 das neutrale Element der Wertemenge der ganzen Zahlen, nicht jedoch eines Attributes, dessen semantische Aufgabe dann unter anderem darin besteht, anzuzeigen, ob überhaupt ein gültiger Attributwert aktuell vorliegt oder nicht. Der Zahlwert Null ist nicht mit einem Nullwert des Attributes identisch. Andererseits kann der Wertebereich logischer Werte, *true* und *false*, genau diese Aufgabe der Nullwertanzeige erfüllen. Es bietet sich also hier, wie auch in anderen noch näher zu betrachtenden Fällen an, für verschiedene Attributbedeutungen verschiedene Wertemengen zu verwenden. Damit werden aber Wertebereiche zu Attributausprägungen, zu Attributvarianzen, so daß der bislang verwendete Begriff *Wertebereich* neu gefaßt werden muß: Der Begriff Attributvarianz – oder einfach Varianz V – übernimmt die traditionelle Bedeutung des Wertebereiches, d.h.

$$V = (Bereichsname, Wertemenge, Indikator),$$

und dieser entsteht aus einer Menge von Varianzen neu.

Definition 3.3 : Wertebereich
Der Wertebereich eines Attributes eine Menge von Attributvarianzen.

$$W = \bigcup_{i=1}^{n} V_i$$

Im Codd'schen Modell, wie auch im NF²-Modell definieren Attribute in der Reihenfolge ihres Auftretens innerhalb einer Relation deren *Typ* und bestimmen das Konstrukt dadurch eindeutig. Innerhalb eines Tupels verschiedene Attributausprägungen zuzulassen, ohne die Relationszugehörigkeit des Elementes anzuzweifeln und weitgehende Konfliktfreiheit mit der Definition des Relationentyps zu garantieren, führt zur Einführung von Varianzdiskriminanten und zu einer eindeutigen Zuordnungsfunktion zwischen einem solchen Anzeiger und der Varianz. Diese ermöglicht es, zu jedem Zeitpunkt der Existenz einer solchen Relation, ihren Typ anzugeben und jede auftretende Tupelausprägung einer Relation zuzuordnen. Die Vorteile sind

- Konzeptuelle Überschaubarkeit durch den mathematischen Formalismus (vgl. die Abschnitte 1.1.3, 2.1.2 und 2.2)

- Vermeidung von Referenzen durch das NF²-Modell als Erweiterungsbasis und daher keine verarbeitungsfremde Sekundärdatenerzeugung (vgl. 3.1.1)

- keine Integration von Bedeutungsinhalten in den Schema- und Konstruktionsbereich der Datenbank, da alle Erweiterungen anwendungsbezogen verwendet werden können sowie

- direkte Unterstützung der Zuordnungsfunktion in algorithmischen Anwendungssprachen, was programmiertechnische Übergangslösungen zu vermeiden hilft (vgl. 3.1.2).

3.2.2 Zuordnungsfunktion δ

Definition 3.4 : Diskriminator
Eine Funktion $\delta^{Attributname}$ heißt Diskriminator eines Attributes, wenn sie jeder Diskriminanten d_i einer endlichen Diskriminantenmenge $D^{Attributname}$ genau eine Attributvarianz zuordnet. (Bei eindeutigen Zuordnungen von δ und D zu einem Attribut kann der hochgestellte Attributname fehlen)

$$\delta(d_i) = V_i \;\wedge\; d_i \neq d_j \;\;\Longleftrightarrow\;\; \delta(d_i) \neq \delta(d_j) \quad \forall\, i,j \in 1\ldots n$$

Es handelt sich also um eine nicht kontinuierliche Funktion, deren Definitionsbereich aus der Menge der Paare $(Diskriminante, Varianz)$ besteht.

Daraus hergeleitet läßt sich nun die anerkannte statische Attributdefinition zur dynamischen erweitern, so daß Bereichsname und Wertemenge durch die Diskriminantenmenge D und den Diskriminator δ ersetzt wird. Die Menge aller gültigen Attributvarianzen ist nun durch

$$(Attributname, D^{Attributname}),$$

jede einzelne Varianz durch die Zuordnung

$$\delta^{Attributname}(d_i)$$

darstellbar.

3.2.3 Attributbegriffe

Definition 3.5 : Dynamisches Attribut
Ein dynamisches Attribut ist ein Tripel aus dem Attributbezeichner, einer Menge von Diskriminanten und einem Diskriminator.

$$A^D = (Attributname, D, \delta)$$

Diese Definition gestattet es, das statische Attribut neu zu bestimmen und damit die Trennung von statischen und dynamischen Attributen im folgenden aufzugeben. Hier definierte Begriffe werden dann ohne beschreibenden Index verwand; lediglich in Zweifelsfällen werden Einheiten, die statische Begriffe beschreiben mit einem hochgestellten "S" versehen.

Redefinition 3.6 : Statisches Attribut
Ein statisches Attribut A^S besitzt eine einelementige Diskriminantenmenge D, so daß gilt:

$$card(D) = 1, \quad d \in D, \quad \delta(d) = W$$
$$\Longrightarrow$$
$$A^D = (Attributname, D, \delta) \equiv (Attributname, W) = A^S$$

Einzelne Varianzen, Attributausprägungen, und ihre Attributwerte werden durch die zugehörige Diskriminante beschrieben, so daß die traditionelle Definition des Attributwertes um eben diesen Typanzeiger zu erweitern ist. Auch hier gilt die Redefinition des traditionellen Attributwertes durch einen dynamischen Attributwert aus einem Attribut mit einelementiger Menge: $card(D) = 1$.

Definition 3.7 : Attributwert
Ein Attributwert eines dynamischen Attributes besteht aus einem Namen - dem Attributnamen - einem Wert $d_i \in D$ und einem eindeutigen Wert w_k aus der Varianz $\delta(d_i) = V_i$:

$$aw^D = (Wertbezeichner, d_i, w_k)$$

Tupel sind Ausprägungen von Relationselementen und dürfen atomare, relationenwertige, statische und dynamische Attributwerte enthalten.

3.2.4 Tupel und Relation

[DATE 82] definiert ein Tupel t als ein Element der sogenannten Tupelmenge, die den Wert einer Relation ausmacht. Präzisiert wird diese Definition durch die Bedingung, daß genannte Eigenschaft nur dann zutrifft, wenn für jedes Attribut der Relation genau ein Attributwert im Tupel enthalten ist, dessen Attributwertbezeichner mit dem Bezeichner des zugehörigen Attributes übereinstimmt. Für dynamische Tupel muß diese Definition dahingehend erweitert werden, daß eine Angabe der aktuellen Attributvarianz anzugeben ist und diese ein Element aus der Wertepaarmenge des Attributdiskriminators sein muß. Es ergibt sich dann folgende Definition

Definition 3.8 : Tupel
Ein Tupel t ist eine Menge von Attributwerten der Eigenschaft, daß zu jedem Zeitpunkt der Existenz einer Relation R bzw. R^D jedes Attribut jeden Tupels dieser Relation genau einen Attributwert enthält. Der Name des Attributwertes entspricht dem des Attributes, ebenso wie der tatsächliche Wert w_k einer durch Diskriminante und Diskriminator

spezifizierten Attributvarianz entstammt, die ein gültiges Wertepaar des Diskriminators ist.

$$t^D = \left\{ aw_1^D, aw_2^D, \ldots, aw_n^D \right\}$$

Unter einer Relation wird in [DATE 82] ein Quintupel verstanden, dessen Elemente

$$R \begin{pmatrix} Relationsname, \\ Attributmenge, \\ Primärschlüssel, \\ Sekundärschlüssel, \\ Tupelmenge \end{pmatrix}$$

sind und das lediglich durch die Zulässigkeit dynamischer Attribute in der Attributmenge erweitert werden muß. In [PIROTTE 82] hingegen wird für eine Relation zusätzlich gefordert, daß alle Tupel vom gleichen Typ, im Sinne eines Datenverbundtyps zu sein haben. Dieser Bedingung kann nicht entsprochen werden, da Varianzen verschiedene Typen und auf der Basis des NF^2-Modells auch verschiedene Verbundtypen repräsentieren können. Somit ergibt sich:

Definition 3.9 : Dynamische Relation

Eine dynamische Relation ist eine Relation, die mindestens ein dynamisches Attribut enthalten darf.

$$R^D \subseteq \left\{ A_1^D \times A_2^D \times \ldots \times A_n^D \right\}$$

Aus der Redefinition des Atributbegriffes folgt, daß jede Relation des traditionellen relationalen Modells als dynamische Relation angesehen werden kann und Relationen mit ausschließlich einelementigen Diskriminantenmengen einen Sonderfall des erweiterten Modells darstellen.

Ergänzend und einschränkend muß auf die Eindeutigkeit von Tupelausprägungen hingewiesen werden, die der folgenden Bedingung genügen muß:

$$\forall\, R, S \in \{A_1 \times A_2 \times \ldots \times A_n\}$$

$$gilt$$

$$\exists\, A_i \in R,\ A_j \in S \implies D_i \cap D_j = 0 \quad \forall\, i, j \in 1 \ldots n$$

Somit ist jedes Tupel jederzeit eindeutig und einer Relation zuzuordnen.

3.2.5 Schemadarstellung

Analog zu den bislang verwendeten Schemadarstellungen kann man auch NF^{2D}-Relationen beschreiben. Verwendet man folgende Bezeichnungen zur Darstellung:

S für ein Relationenschema,

A für Attribute und

D bzw. $\{d_1, \ldots, d_n\}$ für Diskriminantenmengen,

stellen sich die verschiedenen Datenmodelle graphisch in einer Weise dar, aus der sofort ersichtlich ist, daß die Modelle aufwärtskompatibel sind.

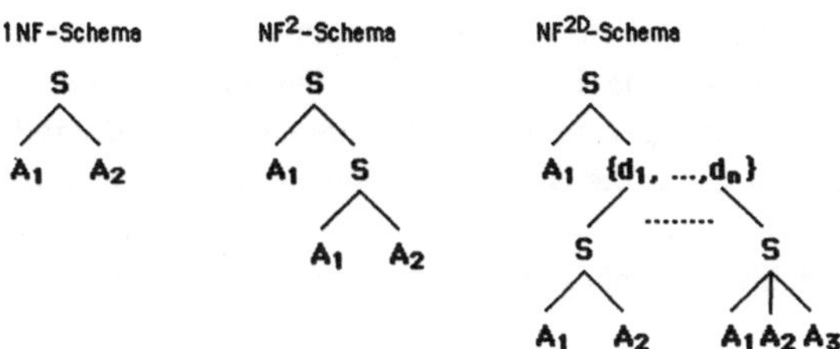

Abbildung 3.1 — Schemadarstellung: 1NF, NF², NF²ᴰ

3.3 Operationen auf NF²ᴰ-Relationen

Die zur relationalen Algebra gehörigen Operationen auf Relationen, wie Vereinigung, Differenz, Selektion, Projektion und Join erfahren im wesentlichen keine Änderungen gegenüber den in [DATE 82] bzw. [PIROTTE 82] vorgegebenen Definitionen. Alle in [SCHEK+SCHOLL 84] aufgeführten Erweiterungen, wie die Operationen zur Integration und Separation (Nestung und Entnestung) sowie bezüglich der Rekursivität einzelner Operationen gelten auch für die Erweiterung durch Dynamisierung. Allen Operationen ist jedoch die erweiterte Spezifikation zur Angabe der Typausprägung beizufügen. Hinzugefügt wird eine Operationen zur Varianzveränderung dynamischer Attribute: die Varianzexpansion ι. Es entsteht damit eine achtelementige erweiterte relationale Algebra mit den Funktionen

$$[+, \, -, \, \sigma, \, \pi, \, \bowtie, \, \nu, \, \mu, \, \iota].$$

Flächen

Quadrat (d_1)

Formen — Seiten:

L*	Punkte (O* | X | Y)
1	1 10 10 · 2 10 20
2	2 10 20 · 3 20 20
3	3 20 20 · 4 20 10
4	4 20 10 · 1 10 10

Formen — Winkel:

∡	Seiten*
90	1 · 2
90	3 · 4
90	2 · 3
90	4 · 1

Dreieck (d_1)

Formen — Seiten:

L*	Punkte (O* | X | Y)
1	1 10 10 · 2 10 20
2	2 10 20 · 3 20 20
5	3 20 20 · 1 10 10

Formen — Winkel:

∡	Seiten*
90	1 · 2
45	5 · 1
45	2 · 5

Kreissegment (d_2)

Radius	Zentrum (O* | X | Y)
20	3 20 20

Seiten:

L*	Punkte (O* | X | Y)
2	2 10 20 · 3 20 20
3	3 20 20 · 4 20 10

Winkel:

∡	Seiten*
270	2 · 3

Kreis (d_3)

Radius	Orts*	X-Koord.	Y-Koord.
10	9	29	68

Abbildung 3.2 — Beispielrelation mit dynamischem Attribut

Die nachfolgenden Erörterungen gehen von der gewohnten Sicht eines Attributes als einer festen Einheit aus. Teilmengenbildung in Bereich der Varianzen können jedoch auftreten. Zur Erläuterung sind in den meisten Operationsbeschreibungen Schemadarstellungen und Beispielabbildungen enthalten. Betrachten wir die Operationen im einzelnen und verwenden wir für Beispiele die in Abbildung 3.2 gezeigte dynamische Relation. Sie enthält verschiedene Flächenformen in zum Teil unterschiedlicher Modellierung mit strukturierten, einelementigen Mengenattributen.

3.3.1   Vereinigung $+$ und Differenz $-$

Vereinigung und Differenz zweier Relationen, prozedural durch Schreib- und Löschfunktion zu realisieren, basieren auf der typgerechten Einheit beider Relationen, die traditionell durch Attributreihenfolge, Attributname und Attributtyp festgelegt ist. Die nachfolgende Redefinition der Vereinigungsverträglichkeit zweier Relationen stellt eine Basisforderung dar, die lediglich um die Konstrukte zur Darstellung von Typvarianzen erweitert ist.

Redefinition 3.10 : Vereinigungsverträglichkeit
Zwei Relationen R und S heißen vereinigungsverträglich, wenn es eine Korrespondenz K mit den folgenden Eigenschaften gibt: es existiert eine der Attributanzahl n beider Relationen entsprechende Menge von geordneten Paaren der Attributnamen (A_i, A_j), für die gilt:

$$\forall (A_i, A_j) \Rightarrow \delta_i = \delta_j \Leftrightarrow D^{A_i} = D^{A_j} \quad mit \begin{cases} A_i \in R, \\ A_j \in S, \\ d_i \in D^{A_i}, \\ d_j \in D^{A_j}, \\ i, j \in 1 \dots n \end{cases}$$

Mit $card(D) = 1$ ist auch hier gezeigt, daß für Vereinigung und Differenz von statischen Relationen die erweiterten Definitionen gültig bleiben. Die Formen

$$Q := R + S \quad \Longleftrightarrow \quad \{t \in Q \mid t \in R \vee t \in S\}$$

$$und$$

$$Q := R - S \quad \Longleftrightarrow \quad \{t \in Q \mid t \ni R \vee t \ni S\}$$

finden also in den statischen, wie im dynamischen Modell Verwendung. Ausnahmen bzw. Erweiterungen kommen im NF^{2D}-Modell durch eine Betrachtung der Diskriminantenmengen hinzu: Ist die Diskriminantenmenge einer der zu vereinigenden Relationen in einem beliebigen Attribut A größer als die der anderen Relation, also

$$D^{R.A} < D^{S.A} \quad oder \quad D^{R.A} > D^{S.A}$$

treten bei der Operation $R + S$ folgende Sonderfälle auf:

$D^{R.A} < D^{S.A}$ bedeutet, daß ein Attribut der mit R zu vereinigenden Relation S mehr Typausprägungen enthält als sein Pendant. Die Vereinigung der beiden Relationen ist somit nicht ohne vorherige Varianzexpansion der entsprechenden Attribute um die Werte der Schnittmenge

$$D^{R.A} \cap D^{S.A}$$

möglich. Diese implizit in der Form von $+$-ι-Operationen anzubieten erscheint unter dem Aspekt der Datensicherheit nicht sinnvoll (ι-Operation siehe 3.3.5).

$D^{R.A} > D^{S.A}$ kann bei Erweiterung des strengen Gleichheitsgebotes der Definition 3.10 bezüglich der Diskriminantenmengen durch

$$\forall(A_i, A_j) \Rightarrow \delta_i \geq \delta_j \Leftrightarrow D_i \geq D_j$$

wie der Normalfall behandelt werden. $\delta_i \geq \delta_j$ bedeutet hier, daß im Bereich der aus D_j zu bildenden Wertepaarmenge gilt $\delta_i \equiv \delta_j$.

$D^{R.A} = D^{S.A}$ ist letztlich die Voraussetzung, um eine Differenzbildung $R - S$ ausführen zu können. Sind nicht alle Attributdiskriminatoren beider Relationen equivalent, ergäben sich in der Ergebnisrelation wiederum implizite Varianzexpansionen um die im ersten Ausnahmefall beschriebenen Wertepaarmengen.

3.3.2 Selektion σ

Die Selektion σ als *horizontale Auswahl* eines Tupels t mit bestimmten Attributwerten erfährt eine formale Änderung durch Angabe der Diskriminanten für Attribute mit variablen Typausprägungen.

Abbildung 3.3 — Schemadarstellung: Selektion

Die bekannte Form der Einzelwertspezifikation durch

$$\sigma[(A_i, d_j).A_k = w](R) \iff \{t \in R \mid d_j \in D^{A_i} \wedge A_i.A_k = w\}$$

ergibt im $\text{NF}^{2\text{D}}$-Modell eine Relation, deren Schema auf den durch d_j angezeigten Zweig reduziert ist und den Wert w im Subattribut A_k enthält. Eine erste Verallgemeinerung der oben genannten Form ist

$$\sigma[(A_i, d_j) = w](R) \iff \{t \in R \mid d_j \in D^{A_i} \wedge w \in \delta(d_j)\},$$

deren Selektionskriterium nicht die einzelne Wertspezifikation sondern eine strukturierte Wertangabe ist, der Subschemaform von d_j entsprechend. Noch weiter kollektiviert ist die Form

$$\sigma[(A_i, d_j)](R) \iff \{t \in R \mid d_j \in D^{A_i} \wedge w \in \delta(d_j)\}$$

ohne explizite Wertangabe, die alle Tupel aus R selektiert, deren Werte der Varianz $\delta(d_j)$ entstammen. Durch alle drei Selektionsformen entstehen Relationen mit einelementiger Diskriminantenmenge im betreffenden Attribut A_i. Nehmen wir die in Abbildung 3.2 gezeigte Beispielrelation und selektieren nach

$$\sigma[(Formen, d_1)](Fläche),$$

ergibt sich die in Abbildung 3.4 gezeigte Teilrelation.

Auch die einfache Selektionsspezifikation

$$\sigma[A_i.A_k = w](R)$$

Flächen

Name		Formen		
		Seiten		Winkel
Quadrat	d_1	L# 1: Punkte (O#/X/Y) 1 10 10, 2 10 20 — L# 2: 2 10 20, 3 20 20 — L# 3: 3 20 20, 4 20 10 — L# 4: 4 20 10, 1 10 10		∡ Seiten#: 90 1 2 — 90 3 4 — 90 2 3 — 90 4 1
Dreieck	d_1	L# 1: Punkte (O#/X/Y) 1 10 10, 2 10 20 — L# 2: 2 10 20, 3 20 20 — L# 5: 3 20 20, 1 10 10		∡ Seiten#: 90 1 2 — 45 5 1 — 45 2 5

Abbildung 3.4 — Selektion mit einelementiger Diskriminantenmenge als Ergebnis

kann sinnvolle Ergebnisse liefern, weil dem Wert w mehrere Entsprechungen aus verschiedenen Varianzen zugeordnet werden könnten in denen das Subattribut A_k auftritt. Wogegen

$$\sigma[A_i.A_k](R)$$

wiederum kollektivierend alle Tupel auswählt, die das Subattribut A_k in A_i besitzen. Mit beiden Spezifikationsarten wäre also eine Teilmengenbildung der Diskriminantenmenge D erreicht. Bezieht man diese Selektionsform auf unsere Beispielrelation und selektiert etwa

$$\sigma[Formen.Seiten](Flächen),$$

so erhält man die Relation aus Abbildung 3.5.

Flächen

Name		Formen			
		Seiten			Winkel
Quadrat	d_1	L# 1: Punkte (O#/X/Y) 1 10 10, 2 10 20 — L# 2: 2 10 20, 3 20 20 — L# 3: 3 20 20, 4 20 10 — L# 4: 4 20 10, 1 10 10			∡ Seiten#: 90 1 2 — 90 3 4 — 90 2 3 — 90 4 1
Dreieck	d_1	L# 1: Punkte (O#/X/Y) 1 10 10, 2 10 20 — L# 2: 2 10 20, 3 20 20 — L# 5: 3 20 20, 1 10 10			∡ Seiten#: 90 1 2 — 45 5 1 — 45 2 5
Kreis-segment	d_2	Radius: 20	Zentrum: (O#/X/Y) 3 20 20	Seiten: L# 2: Punkte (O#/X/Y) 2 10 20, 3 20 20 — L# 3: 3 20 20, 4 20 10	Winkel: ∡ Seiten#: 270 2 3

Abbildung 3.5 — Selektion mit mehrelementiger Diskriminantenmenge als Ergebnis

Genau diese Teilmengenbildung entspricht der allgemeinen Schemaveränderung durch eine Selektion im NF^{2D}-Modell und wird in Abbildung 3.3 gezeigt. Deren Sonderfall ist die erwähnte einelementige Diskriminantenmenge.

Weitere Selektionen lassen sich nun natürlich bei geschachtelten dynamischen Attributen durch die Hinzunahme von Unterspezifikationen erreichen, deren Spezifikationshierarchie im wesentlichen denen der eingangs beschriebenen Operationen entsprechen. Mit oder ohne explizite Angabe zum Wertvergleich ergeben sich σ-σ-Operationen, indem zuerst eine Selektion über das Attribut (A_i, d_j) die mögliche Antwortmenge reduziert und eine zweite Selektion nach (A_k, d_l) die angeforderten Tupel liefert.

3.3.3 Projektion π

Auch für die *vertikale Auswahl* von Tupelmengen kann neben einer Attributwertspezifikation die Angabe von Diskriminanten stehen oder kollektivierend fehlen. Durch die auswählende Wirkung der Diskriminanten bzw. der Wertangabe ergeben sich π-σ-Operationen, bei denen vor der eigentlichen Projektion die Wertemengen durch Selektion reduziert werden. Hiermit ist generell eine Schema-Änderung verbunden, wie sie in Abbildung 3.6 gezeigt ist.

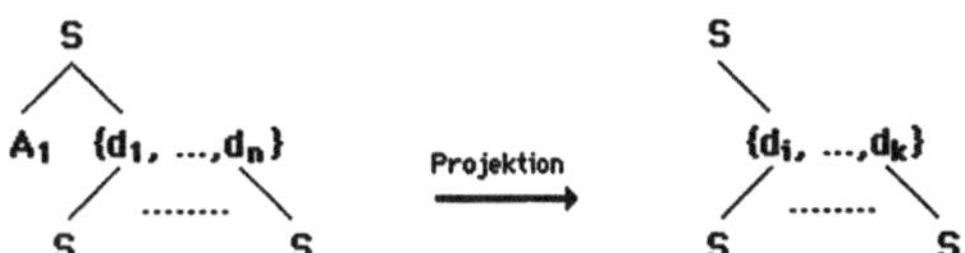

Abbildung 3.6 — Schemadarstellung: Projektion

Eine allgemeine Form der Projektionsspezifikation beschreibt

$$\pi[(A_i, d_j)](R) \quad\Longleftrightarrow\quad \{w \in A_i \mid w \in \delta(d_j)\},$$

indem alle Werte aus dem Subschema (A_i, d_j) in der Ergebnisrelation erhalten bleiben, deren Attribut A_i jedoch nur eine einelementige Diskriminantenmenge besitzt. Wertangaben für das zu projizierende Subschema beschränken die Ergebnisrelation in gleicher Weise wie bei der Selektion. Abbildung 3.7 zeigt eine Ergebnisrelation für die Projektion

$$\pi[(Formen,\ d_2)](Fläche),$$

wobei wiederum die Relation aus Abbildung 3.2 als Grundlage dient.

Die Spezifikation

$$\pi[A_i](R) \quad \text{oder} \quad \pi[A_i.A_k = w](R)$$

unterdrückt dagegen die Selektivität der Varianz. Diese Form hat daher – wieder analog zur Selektion – zur Folge, daß in der so entstandenen Wertemenge projizierter Tupel Werte mehrfach enthalten sein können, die auf der Zugehörigkeit zu unterschiedlichen Varianzen beruhen – etwa

$$w \in \delta(d_j) \quad \text{und} \quad w \in \delta(d_k).$$

Abbildung 3.8 zeigt das Ergebnis der Projektion

$$\pi[Formen.Winkel](Flächen)$$

Flächen

		Formen		
	Radius	Zentrum	Seiten	Winkel

Zentrum: | O# | X | Y | → | 3 | 20 | 20 |

| d$_2$ | 20 | | Seiten | Winkel |

Seiten:

L#	Punkte			Winkel: ∢	Seiten#	
2	O#	X	Y	270	2	3
	2	10	20			
	3	20	20			
3	3	20	20			
	4	20	10			

Abbildung 3.7 — Projektion mit einelementiger Diskriminantenmenge

für unsere Beispielrelation *Fläche*.

Betrachten wir nun auch bei Projektionen Unterspezifikationen, um auf strukturierte Attribute explizit zugreifen zu können. Die Form

$$\pi[A_i.A_j](R) \quad \text{oder} \quad \pi[A_i.A_j = w](R)$$

ergibt Ergebnismengen entweder durch die Wertspezifikation oder durch die implizite Teilmengenbildung der Diskriminanten und kann auch als

$$\pi[A_j](\sigma[A_i](R))$$

geschrieben werden. Hieraus wird gleichfalls ersichtlich, daß für jede Unterspezifikation, symbolisiert durch den Punkt, eine π-σ-Operation auszuführen ist, so daß die n-fache Unterspezifikation zu einer Schachtelung von n Operationen führt.

Flächen

Formen — erste Teilrelation (d_1):

L#	Punkte				Winkel: ∢	Seiten#	
1	O#	X	Y		90	1	2
	1	10	10		90	3	4
	2	10	20		90	2	3
2	2	10	20		90	4	1
	3	20	20				
3	3	20	20				
	4	20	10				
4	4	20	10				
	1	10	10				

Formen — zweite Teilrelation (d_1):

L#	Punkte				Winkel: ∢	Seiten#	
1	O#	X	Y		90	1	2
	1	10	10		45	5	1
	2	10	20		45	2	5
2	2	10	20				
	3	20	20				
5	3	20	20				
	1	10	10				

Formen — dritte Teilrelation (d_2):

Radius	Zentrum			Seiten				Winkel: ∢	Seiten#	
20	O#	X	Y	L#	Punkte			270	2	3
	3	20	20	2	O#	X	Y			
					2	10	20			
					3	20	20			
				3	3	20	20			
					4	20	10			

Abbildung 3.8 — Projektion mit mehrelementiger Diskriminantenmenge

3.3.4 Relationenverbund, Join ⋈

Die Vereinigung zweier Relationen über ein in der Basismenge kompatibles Attribut beider Relationen verändert sich durch die Varianzspezifikation, weil die Typgleichheit des *Reißverschlußattributes* durch eine Schnittmenge der einzelnen erlaubten Typvarianten entstanden sein kann ähnlich den vorbeschriebenen Operationen, sofern die Operation nicht an einer Varianz vorgenommen werden soll. Zu unterscheiden wäre weiterhin nach den verschiedenen Joinversionen.

Allgemein wird der Θ-Join

$$R \bowtie S$$

formuliert, bei dem Θ für eine zweistellige Relation der Form $>$, $\geq$, $=$, $\leq$, $<$, $\neq$ steht und nicht identisch mit der Toleranzfunktion gleicher Bezeichnung ist. Die Durchführung der Operation ist bei [PIROTTE 82] als Konkatenation zweier Relationen über die Bedingung

$$t.aw_{iR} \; \Theta \; t.aw_{jS} = true$$

aus dem erweiterten kartesischen Produkt zweier Relationen mit anschließender sinngemäßer Selektion der betreffenden Tupel angegeben. Hieraus ergeben sich drei interessante Sonderformen dieser Operation: der Gleichheitsverbund, der natürliche Verbund und der äußere Verbund. Am häufigsten werden angewandt:

- Der Gleichheitsverbund, auch *Equi-Join* genannt, bei dem Θ die Identität $=$ ist, und

- der natürliche Verbund, *Natural-Join*, der eine Sonderform des erstgenannten darstellt, bei der eine abschließende Projektion über eines der wertidentischen Attribute durchgeführt wird.

Prinzipiell ergeben sich gleiche Unterscheidungen wie bei Selektion und Projektion, was die Einschränkung, bzw. Erweiterung der Spezifikationsangaben betrifft. Wird eine Equi-Join-Operation durch

$$[R.A_i](R \bowtie S) \quad \Longleftrightarrow \quad \{t \in R \times S \mid (w_R \in R.A_i) = (w_S \in S.A_i)\}$$

in unbeschränkter Form angegeben, und ist A_i ein dynamisches Attribut, ist zu fordern, daß

$$\delta_{R.A_i} \equiv \delta_{S.A_i}$$

gilt und damit nicht nur die Diskriminantenmengen beider Attribute gleich mächtig sondern auch deren Diskriminatoren identisch sind. Abbildung 3.9 zeigt die Schemata der Ausgangsrelationen und der Ergebnisrelation.

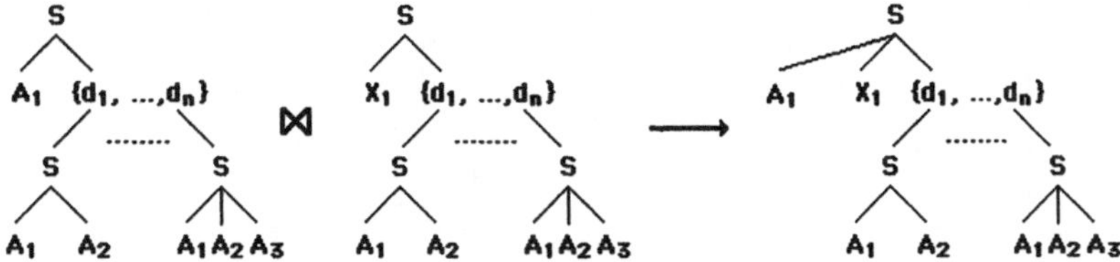

Abbildung 3.9 — Schemadarstellung: Join-Operation

Sollte obige Bedingung nicht erfüllt sein, kann eine derartige Spezifikation bestenfalls als äußerer Verbund, *Outer-Join*, behandelt werden, bei dem eine implizite Varianzexpansion der wertemäßig kleineren Diskriminatorfunktion vorgenommen wird und nicht besetzte Elemente in der Ergebnisrelation mit Nullwerten belegt werden. Tendenziell unsauber, sollte jedoch von impliziten Operationen Abstand genommen werden, womit sich die angegebene Lösung des Outer-Join in diesem Fall nicht anbietet. Analog gilt diese Aussage equivalent zu fordernder Attributdiskriminatoren auch für den Natural-Join, bei dem durch Projektion die identisch geforderten Attribute beider Relationen zu einem reduziert und doppelte Tupel eliminiert werden.

Flächen2

Größe		Formen			
		Seiten			**Winkel**
100	d_1	L#: 1, Punkte (O#,X,Y): (1,10,10),(2,10,20) — L#: 2, Punkte: (2,10,20),(3,20,20) — L#: 3, Punkte: (3,20,20),(4,20,10) — L#: 4, Punkte: (4,20,10),(1,10,10)			∢ / Seiten#: 90,1,2; 90,3,4; 90,2,3; 90,4,1
		Radius / **Zentrum** / **Seiten** / **Winkel**			
235	d_2	Radius: 20; Zentrum (O#,X,Y): (3,20,20); Seiten — L#: 2, Punkte (O#,X,Y): (2,10,20),(3,20,20); L#: 3, Punkte: (3,20,20),(4,20,10); Winkel ∢ / Seiten#: 270,2,3			

Abbildung 3.10 — Zweite Beispielrelation zur Verbundoperation

Betrachten wir zur Erläuterung eine zweite Beispielrelation *Flächen2* in Abbildung 3.10, die dem in Abbildung 3.9 gezeigten Schema ebenso entspricht, wie die Relation aus Abbildung 3.2. Fordern wir eine Operation

$$[Formen](Flächen \bowtie Flächen2),$$

so erhalten wir als Ergebnis des natürlichen Verbundes über das dynamische Attribut *Formen* beider Relationen die in Abbildung 3.11 dargestellte Relation.

Flächen

Name	Größe		Formen			
			Seiten			**Winkel**
Quadrat	100	d_1	L#: 1, Punkte (O#,X,Y): (1,10,10),(2,10,20) — L#: 2, Punkte: (2,10,20),(3,20,20) — L#: 3, Punkte: (3,20,20),(4,20,10) — L#: 4, Punkte: (4,20,10),(1,10,10)			∢ / Seiten#: 90,1,2; 90,3,4; 90,2,3; 90,4,1
			Radius / **Zentrum** / **Seiten** / **Winkel**			
Kreissegment	235	d_2	Radius: 20; Zentrum (O#,X,Y): (3,20,20); Seiten — L#: 2, Punkte (O#,X,Y): (2,10,20),(3,20,20); L#: 3, Punkte: (3,20,20),(4,20,10); Winkel ∢ / Seiten#: 270,2,3			

Abbildung 3.11 — Ergebnisrelation einer Verbundoperation

Andererseits tragen Spezifikationen der Form

$$[R.(A_j, d_k) = S.(A_m, d_n)](R \bowtie S)$$

die oben genannte Bedingung bereits in der Spezifikation und beziehen sich auf Verbundoperationen der einzelnen Attributvarianz. Derartige Operationen sind analog zu den in anderen Modellen üblichen Relationenverbünden zu sehen. Sie bilden beispielsweise die Grundlage zur Nestungsoperation, bei der neben einer Mengenbildung eine Schemainstantiierung durch den natürlichen Verbund vorgenommen wird.

3.3.5 Varianzexpansion ι

Vom Standpunkt eine Datenbankanwendung mit objektbezogenen Mechanismen zur Tupelerzeugung – und damit zur Erzeugung von Tupelvarianten – ist eine Funktion zur Integration neuer Typausprägungen in bestehende Relationen nützlich. Es kann durchaus sinnvoll sein, Relationen mit Varianzen auszustatten, aber keine aktuellen Ausprägungen, d.h. keine Tupel dieses Typs einzufügen. So entstehen Relationen, die bestimmte Objekte in relationaler Modellierung aufnehmen können, nicht aber zwingend enthalten. Weiterhin kann die Varianzexpansion als Kurzform für die Nestung einer leeren Menge, die ja als Sonderfall relationenwertiger Attribute denkbar ist, aufgefaßt werden und wird so auch im Zusammenhang mit speziellen Nestungsoperationen verwendet.

RM/T stellt beispielsweise für die Erweiterung von Typklassen Befehle zur Erzeugung von Subtypen zur Verfügung. Unter Einhaltung vorgegebener Integritätsbedingungen kreieren diese neue E-Relationen und nehmen die Einordnung neu entstandener Surrogate in übergeordnete E-Relationen (für sogenannte *supertypes*) vor. Das Löschen von Untertypen geschieht hier mit den üblichen Methoden der Differenzbildung. Um jedoch in der Konsequenz der eingeschlagenen Modellerweiterung fortzufahren, ist die Einführung eines zusätzlichen relationalen Operators für die Expansion von Diskriminantenmengen sinnvoll.

Es werde daher eine Funktion ι definiert, welche in den Wertebereich W^δ des Attributdiskriminators δ ein weiteres Wertepaar aus Diskriminante und Attributvariante (d_j, V_j) einfügt. Diese Expansion des Funktionswertebereiches entspricht dem beschriebenen RM/T-Mechanismus, und erzeugt – mathematisch korrekt – eine Nachfolgefunktion δ'.

Aus der Forderung, δ sei bijektiv folgt, daß

$$D^{A_i} \cap d_j = 0 \quad \text{und} \quad V^{A_i} \cap V_j = 0$$

die Voraussetzung ist, nach der gilt:

Definition 3.11 : Varianzexpansion
Die Funktion ι erweitert oder erzeugt eine Attributvarianz, wenn sie durch Einführung eines Wertepaares (d_j, V_j) in den Wertebereich des zum Attribut A einer Relation R gehörenden Diskriminators δ eine Funktion δ' erzeugt, für die gilt

$$\iota(R, A, (d_j, V_j)) = W^\delta \cup (d_j, V_j) = W^{\delta'}$$

Explizite Erwähnung soll hier noch die per definitionem gestattete Varianzerzeugung eines Attributes finden. Nehmen wir daher Bezug und verweisen auf den Sonderfall dynamischer Attribute, die statischen Attribute. Deren Diskriminantenmenge war als einelementig beschrieben, woraus ersichtlich wird, daß lediglich die allgemein übliche Schreibweise dieser Attributform auf eine leere Diskriminantenmenge schließen läßt, die wiederum einen komplizierten Vorgang von Mengeninstantiierung nach sich zöge. Tatsächlich handelt es sich bei der Varianzerzeugung jedoch um eine Expansion der Wertepaarmenge des Diskriminators von einem auf zwei Wertepaare – wodurch tatsächlich erst eine Varianz im Sinne einer Auswahlmöglichkeit entsteht.

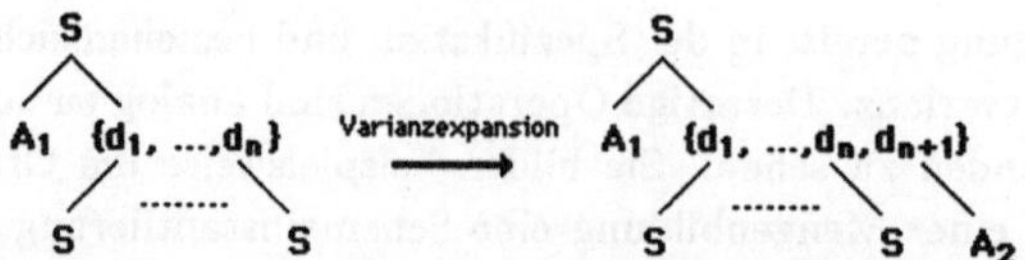

Abbildung 3.12 — Schemadarstellung: Varianzexpansion

Die Funktion ι aus konzeptueller Sicht

Verdeutlichen wir uns an dieser Stelle einige Fakten, die zur Realisierung dieser Funktion wichtig sind und die zeigen, wie ι im konzeptuellen Bereich mit der siebenstelligen relationalen Algebra des NF^2-Modells darstellbar ist.

Unterlegt man dem konzeptuellen Datenschema ebenso wie dem externen Schema eine dynamisch, relationale Form, ist die Bearbeitung der konzeptuellen Ebene durch Ausdrücke der relationalen Algebra zulässig. Baumartige Beschreibungen von Attribut und Relationsaufbau liegen als komplexe, strukturierte Attribute von Beschreibungsrelationen vor, die genau ein Tupel enthalten, dessen Attribute einelementige Mengen sind.

Betrachten wir die Beschreibung eines Wertepaares des Diskriminators δ, erhalten wir ein varianzbeschreibendes Strupel der Art

$$V_i \; (Diskriminante; \; Varianzbeschreibung),$$

bei dem die Varianzbeschreibung ebenfalls strukturiert ist. Enthält ein Attribut mehrere Varianzen, ergibt sich ein attributbeschreibendes, konzeptuelles Attribut der Form

$$A_j \; (Attributname; \; V_{j_1}; \; V_{j_2}; \; \ldots; \; V_{j_n}).$$

Dieses wiederum ist als eigenständige Relation durch Separation mit der Entnestungsfunktion μ aus einer konzeptuellen Relation

$$R_k \; (A_1; \; A_2; \; \ldots; \; A_m)$$

zu erzeugen. Die Form der ι-Funktion ihrerseits enthält alle Information, um auch die zu integrierende Attributvarianz eigenständig konzeptuell als Relation zu beschreiben. Es ergibt sich

$$V_\iota \; (Attributname; \; Varianz)$$

und in Verbindung mit der Angabe der Zielrelation läßt sich die Varianzexpansion als Relationskonkatenation, Equi-Join oder erweitertes kartesisches Produkt – in diesem Fall der einelementigen Relation ohne Reduktion doppelter Elemente – schreiben

$$[R_k.A_j.Attributname = V_\iota.Attributname] \; R_k \bowtie V_\iota.$$

Hieraus entsteht eine Relation R_k, deren Attribut A_j die Form

$$A_j \; (Attributname; \; V_{j_1}; \; V_{j_2}; \; \ldots; \; V_{j_n}; \; V_{j_\iota})$$

hat und somit den Wertebereich der expandierten Nachfolgefunktion δ' beschreibt.

3.3.6 Nestung ν und Entnestung μ

Die Nestung (Integration) von Tupeln in Attribute erfährt eine geringfügige Erweiterung gegenüber ihrer ursprünglichen Definition. Die Operation

$$\nu[t : (A_i, d_j)](R)$$

integriert in bekanter Weise ein Relationenschema als Mengenattribut unter der Varianz d_j. Ist diese Varianz bereits im Attribut enthalten, ergibt sich aus der Operation ein Mengenattribut (A_i, d_j) mit Attributstruktur. Hier ändert sich am Nestungsvorgang, wie er in 2.1.2 beschrieben ist nichts.

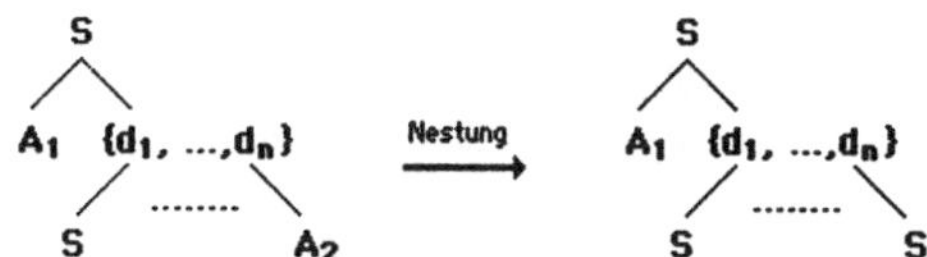

Abbildung 3.13 — Schemadarstellung: Nestung

Anders ist es, wenn aus einelementigen Mengen mehrelementige gebildet werden sollen. Durch die Erzeugung mehrerer Tupel mit einelementigen Mengen der gleichen Varianz in strukturierten Attributen ist das vereinzelte Auftreten sinngemäß zusammengehöriger Datenbankinhalte denkbar. In diesem Fall soll eine mehrelementige Menge dieser Inhalte unter der Varianz erzeugbar sein. Hierzu wird keine Neustrukturierung des Attributes durch Verbundoperation eingeführt, da alle Elemente bereits einelementige Mengen sind, sondern eine Mengenerweiterung über die Diskriminante ohne Verbundoperation vorgenommen. Eine Schema-Änderung tritt durch diese Operationsform natürlich nicht ein.

Polygone

Tupel#	Beispiele			Formen	
		Name		Seiten	Winkel

Tupel 1 — Beispiele: einfache; Name: Quadrat; Formen-Varianz: d_1

Seiten:

L#	Punkte O#	X	Y
1	1	10	10
	2	10	20
2	2	10	20
	3	20	20
3	3	20	20
	4	20	10
4	4	20	10
	1	10	10

Winkel:

∡	Seiten#	
90	1	2
90	3	4
90	2	3
90	4	1

Tupel 2 — Beispiele: einfache; Name: Dreieck; Formen-Varianz: d_1

Seiten:

L#	Punkte O#	X	Y
1	1	10	10
	2	10	20
2	2	10	20
	3	20	20
5	3	20	20
	1	10	10

Winkel:

∡	Seiten#	
90	1	2
45	5	1
45	2	5

Abbildung 3.14 — Ausgangsrelation mit einelementigen Mengenattributen

Nehmen wir an, bei einer sequentiellen Erzeugung von Beispielpolygonen und deren Klassifizierung als *einfache* Beispiele dieser Formspezies sei die Relation aus der Abbildung 3.14 entstanden. Eine Operation

$$\nu[(Beispiele, einfache) : (Beispiele, einfache)](Polygone)$$

erzeugt nun ohne Veränderung des Relationenschemas aus mehreren einelementigen Mengenattributen ein mehrelementiges, so daß die in Abbildung 3.17 dargestellte Relation entsteht, in der unter der Diskriminante *einfache* die zugehörigen Beispiele zusammengefaßt sind.

Polygone	
Tupel#	Beispiele
1	Name Quadrat Dreieck

Abbildung 3.15 — Basisrelation für Nestungsoperationen

Ist die Varianz dagegen nicht im Attribut existent, wird sie durch eine vorgeschaltete Varianzexpansion eingeführt. Abbildung 3.16 stellt diesen Schemavorgang komplett dar.

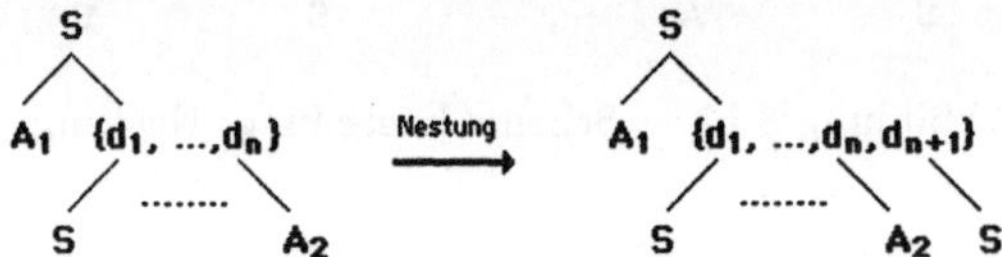

Abbildung 3.16 — Schemadarstellung: Nestung mit Varianzexpansion

Es ergibt sich also eine ν-ι-Operation, bei der durch die ι-Funktion lediglich das Attributsubschema mit einer leeren Attributmenge unter einer zusätzlichen Diskriminante eingebracht wird. Die nachfolgende Integration entspricht dann der oben beschriebenen Nestung von Mengenelementen unter einer Varianz zu einem mindestens einelementigen Mengenattribut.

Polygone — Tupel# = 1, Beispiele (Diskriminante: einfache)

Beispiele / Formen — **Quadrat** (d_1):

Seiten:

L#	Punkte		
	O#	X	Y
1	1	10	10
	2	10	20
2	2	10	20
	3	20	20
3	3	20	20
	4	20	10
4	4	20	10
	1	10	10

Winkel:

∢	Seiten#	
90	1	2
90	3	4
90	2	3
90	4	1

Beispiele / Formen — **Dreieck** (d_1):

Seiten:

L#	Punkte		
	O#	X	Y
1	1	10	10
	2	10	20
2	2	10	20
	3	20	20
5	3	20	20
	1	10	10

Winkel:

∢	Seiten#	
90	1	2
45	5	1
45	2	5

Abbildung 3.17 — Ergebnisrelation der verschiedenen Nestungsformen

Verdeutlichen wir uns auch diesen Vorgang an einem Beispiel. Sei eine Relation *Polygone*, wie sie in Abbildung 3.15 dargestellt ist, Ziel der ersten Operation. Mit

$$\nu[Fläche.Name,\ Fläche.Formen : (Beispiele, einfache)](Polygone)$$

werden komplette Tupel der Beispielrelation aus Abbildung 3.2 über den natürlichen Verbund der *Name*-Attribute in die Polygonrelation integriert. Das Ergebnis ist in Abbildung 3.17 bildlich dargestellt, und entspricht der zuvor angegebenen Schemaveränderung, indem unter der neuen Varianz *einfache* eine zweielementige Menge von Beispielpolygonen entsteht.

Entnestung

Besonderheiten ergeben sich letztlich aus der Entnestung (Separation) dynamischer Attribute. Hierbei entstünden im Gegensatz zur statischen Entnestung mehrere Relationen – eine für jede Attributausprägung, was auch aus der Schemadarstellung in Abbildung 3.18 abzuleiten ist.

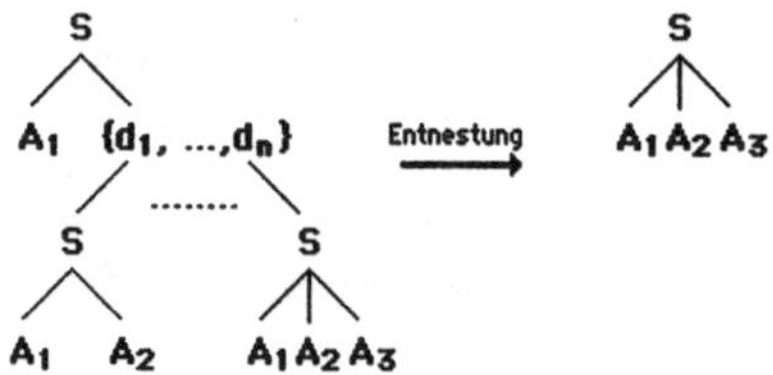

Abbildung 3.18 — Schemadarstellung: Entnestung

Dennoch kann

$$\mu[A_i : Q](R)$$

keine zulässige Formulierung des Problems sein, denn nur Attributen sind dynamische Eigenschaften zugeordnet, nicht jedoch Relationen. Die aus obiger Form entstehende Relation Q müßte mangels Spezifikation eine mögliche Varianz des Attributes A_i aufnehmen – ein Widerspruch zu den Definitionen des Abschnittes 3.2. Kollektive Entnestungen sind also unstatthaft. Korrekt formuliert ergäbe sich

$$\mu[(A_i,d_j) : Q](R) \quad \text{oder} \quad \mu[(A_i,d_j) : Q.(A_k,d_l)](R)$$

indem der neuen Relation Q, bzw. deren Attribut A_k in der Varianz d_l lediglich eine Attributausprägung zugewiesen wird.

Ein Entnestungsergebnis für

$$\mu[Formen.Seiten : Seiten](Fläche)$$

Seiten		
L#	**Punkte**	

L#	**O#**	**X**	**Y**
1	1	10	10
	2	10	20
2	2	10	20
	3	20	20
3	3	20	20
	4	20	10
4	4	20	10
	1	10	10
5	3	20	20
	1	10	10

Abbildung 3.19 — Ergebnisrelation einer unbeschränkten Entnestung

zeigt die Abbildung 3.19, wobei beachtenswert ist, daß das *Seiten*-Attribut aus den verschiedenen Subschemata entnommen wird, da keine Einschränkung auf bestimmte Varianzen in der Operationsspezifikation enthalten sind.

3.3.7 Zusammenfassung

An dieser Stelle bietet sich eine kurze Zusammenfassung der übernommenen und neu eingeführten Modelleigenschaften an, um im folgenden die Praktikabilität der Vorschläge an Hand von Beispielen zu belegen. Bemerkenswerte Punkte sind:

- Volle Verfügbarkeit des Codd'schen relationalen Datenmodells mit der fünfstelligen relationalen Algebra als Formulierungsmedium für Anfragen. Diese Modellebene war für den intermaschinellen Datenaustausch von Bedeutung (vgl. 3.7).

- Verfügbarkeit der durch das NF^2-Modell hinzugekommenen Eigenschaften strukturierter Attribute und eine siebenstellige relationale Algebra für Anfrage und Verarbeitungszwecke (vgl. 2.2.1 und 2.3).

- Anpassungsmöglichkeiten des verwendeten Modells an die Varianz aus Bildern unserer natürlichen Umwelt gewonnener Objektbeschreibungen durch Unterordnung der strengen Relationentypisierung unter die Flexibilität menschlicher Assoziativität, hinreichend ähnliche Objektbeschreibungen als gleichbeschreibend zu akzeptieren.

- Bildung von Klassenrelationen für in Oberbegriffen der humanen Anschauungswelt zusammenzufassender Objekte.

- Behandlung von Nullwerten nach Maßgabe eines Interpretationsvorganges als Datenbankanwendung.

Gerade die letzten drei Fakten entsprechen der Aufgabenstellung, symbolische Bildbeschreibungen durch Datenbankobjekte in standardisierter Form darstellen und verarbeiten zu können am weitesten und sollen daher im folgenden erläutert werden.

3.4 Nullwerte in strukturtoleranten Datenbankanfragen

Können fehlende oder bedeutungsarme Teile einer Beschreibung durch unwertige Referenzen im strukturell sichtbaren Bereich einer verwendeten Programmiersprache dargestellt werden – etwa durch *NIL* – bedarf die Transformation der Symbolstruktur in relationale Tupelform der Verwendung geeigneter Attributwerte als Repräsentanten derartiger Substrukturen.

Nullwerte als Ausdruck unvollständiger Information, gleichzusetzen mit dem Informationsgehalt *zur Zeit unbekannt*, sind häufig Gegenstand von Erweiterungen relationaler Datenmodelle. T. Imielinski und W. Lipski lösen das Problem mathematisch, so daß eine Untermenge der relationalen Operatoren angegeben werden kann, deren Verwendung in Ausdrücken der relationalen Algebra eine semantisch korrekte Ersetzung der Nullwerte gewährleistet [IMIELINSKI+LIPSKI 81], [IMIELINSKI+LIPSKI 83]. Wesentliche Erkenntnis hierbei ist, daß Negierungen in bedingten Anfragen nicht zu behandeln sind, da fehlende Attributinformation die Bedingung zur Tupelauswahl nicht generell als *falsch* erscheinen lassen muß.

Nullwerte in Tupeln als Repräsentation symbolischer Bildbeschreibungen haben jedoch nicht unbedingt die Bedeutung *unbekannt*, sondern dienen häufig als Informationsträger der Art *unbedeutend* oder *Verarbeitungsabbruch*, was keine Ersetzungen der Werte notwendig macht.

Diesem Aspekt trägt die Nullwertdiskussion in [DATE 83] Rechnung, wo Nullwerte nicht streng unter dem Gesichtspunkt der Ersetzbarkeit betrachtet werden, sondern wertfreie Elemente der Surrogatmenge darstellen. RM/T verwendet in diesem Fall den Wert *E-Null* und negiert damit die mit dem jeweiligen E-Attribut gekoppelte semantische Hierarchie durch Abtrennung des Nullwerttyps von den referenzierten Einheitentypen.

Nullwerte allgemeiner Basismengen müssen jedoch gemeinhin aus diesen definiert werden bzw. können in Spezialfällen vom System vorgegeben werden. Deren interner Wert und Typ bleiben der Anwendungssicht dabei verborgen (vgl. 3.1.2). Eine exakte implementationsunabhängige Definition gelingt im das NF^{2D}-Modell bei sinngemäßer Anwendung der eingeführten Definitionen.

3.4.1 Typbindung und verdeckte Felder

Nullwerte unterliegen wie alle Attributwerte generell dem Typzwang statischer skalarer oder strukturierter Attribute; entsprechend dem Typ der jeweils zugrunde liegenden Basismenge der Attributwerte. Definitionsschwierigkeiten treten bereits bei ganzzahligen Wertemengen auf, wenn alle darstellenden Bitkombinationen zulässige Werte bezeichnen — d.h. keine Beschränkung auf Teilwertemengen, wie z.B. nur positive Zahlen vorliegen — und somit kein Nullwert aus der Menge definiert werden kann.

Es wird zusätzliche Informationen notwendig, einen Attributwert als gültig bzw. ungültig zu kennzeichnen; eine das Problem umgehende Lösung, da kein Wert definiert werden muß. In der Regel wird diese Zusatzinformation durch Erweiterung der technischen Darstellungsgröße eines Attributes um eine weitere Einheit vorgenommen und der Anwendungssicht vorenthalten, wofür der Begriff *verdecktes Feld* (hidden field) steht [DATE 83]. Offensichtlich implementationsabhängig ist dieses Verfahren praktikabel, (vgl. auch die Realisierung von Attributvarianten in 3.1.2) aber nicht allgemein.

Konzeptionell einheitlicher ist es, die Typbindung von Nullwerten zu Gunsten der dynamischen Typisierung fortfallen zu lassen. Hieraus ergibt sich die problemlose Erzeugung eindeutiger Nullwerte für alle Attribute durch Verlassen des bislang gültigen Attributtyps und Angabe eines mit expliziten Nullwerten definierbaren Typs - etwa Übernahme von *NIL*-Zeigern oder das boolesche *FALSE*.

Die Definition eines mit Nullwerten zu versehenden Attributes folgte dann der allgemeinen Form

$$A = (N,\ D,\ \delta)\quad mit\quad D = \left\{ d_1, d_2 \ \middle| \ \begin{array}{lcl} \delta(d_1) & = & Attributwert \\ \delta(d_2) & = & Nullwert \end{array} \right\},$$

wäre aus pragmatischer Sicht mit der Lösung der verdeckten Felder identisch und stellt die NF^{2D}-Variante des RM/T-Konzeptes E-Null dar.

3.4.2 Wahrheitswerte als Diskriminanten

Komplexe Attribute, deren Zusammensetzung durch die Anwendung während des Anwendungslaufes bestimmt wird, lassen ebenfalls keine eindeutige Nullwertdefinition aus ihrem Typ heraus zu.

Dennoch können sie nach dem beschriebenen Konzept mit eindeutigen Werten versehen werden. Wesentlich einfacher und für alle Attribute gleich praktikabel ist die Definition der Diskriminanten aus dem Bereich der Wahrheitswerte. Schon die Betrachtung der Diskriminanten selbst ermöglicht nun eindeutige Rückschlüsse auf die Bedeutung eines Attributes

$$D = \left\{ \textbf{Boolean} \ \middle| \ \begin{array}{lcl} \delta(true) & = & Attributwert \\ \delta(false) & = & Nullwert \end{array} \right\}$$

Wahrheitswerte als Typselektoren dynamischer Attribute stellen einen Spezialfall dar, der zu erheblich vereinfachter Handhabung bei gleichbleibender Konzepttreue führt. Die Logische Gleichsetzung von *wahr* und *falsch* mit den Begriffen *Struktur vorhanden* und *Struktur nicht vorhanden* ergibt eine direkte Übertragung der Strukturtoleranz aus der Anwendungssicht in das erweiterte relationale Datenmodell.

3.4.3   Tolerante Datenbankanfragen

An dieser Stelle sei die Diskussion um strukturtolerante Vergleichsmechanismen aus Kapitel 2 wieder aufgenommen. Nullwerte wurden bereits dort zur Repräentation fehlender, unbekannter oder im Vergleich zu vernachlässigender Attribute vorgeschlagen. Ein Beispiel mit Nullwerten in NF^{2D}-Relationen soll den Vorschlag in seiner Praktikabilität belegen.

Sei P ein durch Triangulation approximiertes Polygon als Repräsentation eines Objektprototyps und sei P' desgleichen die Approximation eines realen Objektes, dessen Mittelteil durch Verdeckung oder prägnanten Materialfehler nicht modelliert wurde. Ordnet man einem Isomorphismus I, als Vergleich beider Flächen, eine Toleranzfunktion Θ derart bei, daß Flächenverdeckungen geringen Ausmaßes nicht zum Scheitern des Vergleiches führen, und stellt P sowie P' durch Relationengebilde

$$Polygon = [C, < POLYGON, DREIECK, GEMEINSAM, LINIE, ORT >]$$

mit der Relationenstruktur

$$POLYGON \ (Fläche: Flächeninhalt; \ Polygonzug: Set \ of \ GEMEINSAM);$$

$$DREIECK \ (Seite_1, Seite_2, Seite_3: GEMEINSAM; \ Fläche: Flächeninhalt);$$

$$GEMEINSAM \ (Seite: LINIE; \ ((Dreieck, d_1): DREIECK, (Dreieck, d_2): \textbf{\textit{Nullwert}}))$$

$$LINIE \ (Länge: Linienlänge; \ Start, End: ORT);$$

$$ORT \ (X, Y: Koordinatenwert);$$

in einer Datenbank dar, ergibt sich hieraus die Datenbankanfrage

$$I^t: \sigma[\Theta(P.POLYGON.Fläche, POLYGON.Fläche) \in [0, 1]](POLYGON).$$

Wegen der Forderung, die Anfrage als toleranten *Iso*morphismus auszuführen, kann es sich in diesem Beispiel allein um eine Attributtoleranz des Attributes *Fläche* im Sinne einer zulässigen Wertabweichung handeln. Dennoch beruht diese Attributtoleranz, wie sie auch durch ein vollständig modelliertes, jedoch insgesamt etwas kleineres Polygon hätte entstehen können, auf der Akzeptanz z.B. eines oder mehrerer *fehlender* Dreiecke – also auf einer durch Nullwerte im Attribut $GEMEINSAM.Dreieck$ dargestellten Strukturabweichung. Etwa existierende Algorithmen in rekursiver oder iterativer Form zur Generierung des Attributes $POLYGON.Fläche$ benutzten diese Strukturvarianz als Abbruchkriterium der Wertsummierung.

Äußerer Polygonzug und innenliegende Begrenzung der Verdeckung sind nun durch die Menge aller nicht zwei Dreiecken gleichzeitig zugehörigen Dreiecksseiten

$$Kanten = \{DREIECK.Seite_n \mid Seite_n.(Dreieck, d_2)\} \quad und \quad n \in 1\ldots3$$

darzustellen. Eine Datenbankanfrage und Zuweisung nach

$$Polygonzug := \sigma[Seite_n.Dreieck = \textbf{Nullwert} \wedge Seite_n \ni POLYGON.Umfang](DREIECK)$$

isoliert das Attribut *Polygonzug* eines eventuell neu zu generierenden Tupels der Relation *POLYGON* zur nachfolgenden Betrachtung von Verdeckungen weiterer Datenbankobjekte. Vervollständigung durch Triangulation und Flächenberechnung gestatten, dieses Tupel, P'' genannt, mit den gleichen, wie den beschriebenen Methoden zu verwenden.

Um ähnliche Verdeckungen in weiteren Polygonrepräsentationen aufzufinden, ist die Formulierung eines toleranten **Ko**morphismus möglich. Eine Spezifikation der Datenbankanfrage mit den Werten, die bislang aus dem Datenbestand erarbeitet wurden ergibt

$$K^t : \sigma[\Theta(P''.Polygonzug, \; KANTEN) \in [0,1]](POLYGON).$$

Wobei mit der Toleranzfunktion

$$\Theta = \begin{pmatrix} 0 \Leftrightarrow P''.Polygonzug \cap KANTEN = \{\} \\ 1 \Leftrightarrow P''.Polygonzug \cap KANTEN = \{Set \; of \; GEMEINSAM\} \end{pmatrix}$$

alle durch Polygone repräsentierten Objekte mit einer oder mehreren Verdeckungen bzw. als Verdeckung interpretierten Störung in der inneren Polygonfläche aus dem Datenbestand extrahiert werden.

Nullwerte, attribut- und strukturtolerante Vergleiche in der Form von Anfragen an eine Datenbank mit NF^{2D}-Relationen ermöglichen eine weitgehende Adaption standardisierter Datenverarbeitung an die interpretative Bildverarbeitung. Wie diese Flexibilität im Bereich der Objektrepräsentation und der Beschreibung komplexer Bildinhalte eingesetzt werden kann, zeigen die nächsten beiden Abschnitte.

3.5 Objektvarianten und Symbolklassen

Objektvarianten und unterschiedliche Ausprägungen gleicher Objekte durch physikalische Gegebenheiten während des Szenenverlaufes stellen ein Datenmodell vor Probleme. Man errinnere sich des in der Kapiteleinleitung erwähnten rotierenden Würfels. Abweichungen im Detail der Beschreibung eines einzigen Bildobjektes sollen dem menschlichen Identitätsbegriff unterzuordnen sein. Variationen aus einer Gruppe von Bildobjekten, die in einem Oberbegriff zusammenzufassen sind sollen auch in der Repräsentation des Datenmodells gruppierbar bleiben.

3.5.1 Traditionelle Darstellungen

Betrachten wir zuerst ein Beispiel. Während eines Bildanalysevorganges sind flächige Bildsymbole des Typs *DREIECK* und *VIERECK* erzeugt worden. Für jeden Symboltyp existiere eine Relation, die Elemente dieses Typs in Form von Tupeln enthält und aufnimmt:

$$DREIECK \; (Seite_1; \; Seite_2; \; Seite_3; \; Flächeninhalt)$$

$$VIERECK \; (Seite_1; \; Seite_2; \; Seite_3; \; Seite_4; \; Flächeninhalt)$$

Zur Generalisierung beider Relationen im Oberbegriff $\mathcal{FLAECHEN}$ ließe sich durch Verwendung der relationalen Algebra folgende Relation erzeugen

$$\mathcal{FLAECHEN}\ (Typ;\ Seite_1;\ Seite_2;\ Seite_3;\ Seite_4;\ Fl\ddot{a}cheninhalt),$$

deren erstes Attribut angäbe, ob das Tupel ein Dreieck oder ein Viereck bezeichnet. Daraus ergäbe sich, ob das Attribut $Seite_4$ sinnvolle Werte enthält. Nachteilig an dieser Lösung ist die Existenz eines Attributes, dessen Wert lediglich im Anwendungskontext ermittelt werden kann und von der sachgerechten Interpretation des Attributes Typ abhängt.

Überzeugender, weil weniger fehlerträchtig ist die Erzeugung hierarchisch übergeordneter Referenzrelationen der Art

$$\mathcal{FLAECHEN}\ (ref\mathcal{DREIECK};\ ref\mathcal{VIERECK}).$$

Allerdings liegen hier wieder referenzierende Strukturen offen, was nicht erwünscht war. Weiterhin ist diese Darstellung nur im konzeptuellen Datenschema verwendbar, da die Referenzen Relationen bezeichnen und nicht einzelne Tupel, $\mathcal{FLAECHEN}$ mithin kein Relationengebilde darstellt.

3.5.2 Eine Lösung im RM/T-Modell

Demgegenüber bietet das RM/T-Modell natürlich unter Beachtung der Normalisierung eine geeignete Lösung mittels E-Relationen und Subtypdeklarationen. Zwei Relationen

$$E - \mathcal{DREIECK}\quad und\quad E - \mathcal{VIERECK}$$

als Subtypen einer Relation

$$E - \mathcal{FLAECHEN}\ (Fl\ddot{a}che^{\sharp})$$

definiert und den Relationen

$$P - \mathcal{DREIECK}\quad (Fl\ddot{a}che^{\sharp};\ Seite_1^{\sharp};\ Seite_2^{\sharp};\ Seite_3^{\sharp});$$

$$P - \mathcal{VIERECK}\quad (Fl\ddot{a}che^{\sharp};\ Seite_1^{\sharp};\ Seite_2^{\sharp};\ Seite_3^{\sharp};\ Seite_4^{\sharp});$$

$$P - \mathcal{FLAECHEN}\quad (Fl\ddot{a}che^{\sharp};\ Fl\ddot{a}cheninhalt)$$

zugeordnet, lösen das Darstellungsproblem ohne jedoch die Idee eines in seiner Art den erzeugenden Tupeln gleichenden Objekttupels zu verwirklichen und Referenzen zu vermeiden oder zumindest zu verdecken.

3.5.3 Alternative Darstellung mit NF^{2D}-Relationen

Der dritte, unter Bezugnahme auf den Abschnitt 3.2 eingeschlagene Weg geht von der Erhaltung der individuellen Tupelstruktur (analog zu Relationstyp) aus. Bei gleichzeitiger Einführung eines Typanzeigers ähnlich dem Attribut Typ der Relation $\mathcal{FLAECHEN}$ auf Seite 88, wird eine Relation $\mathcal{FLAECHEN}$ definiert, deren Attributstruktur dynamisch erweitert ist. Diese kann als eine dem NF^2-Modell angepaßte Version der im RM/T-Modell üblichen charakterisierenden Referenzen in P-Relationen angesehen werden.

Definition 3.4 auf Seite 68 folgend wird dem Attribut $Fl\ddot{a}che$ der Relation eine zweielementige Diskriminantenmenge D^N

$$\mathcal{FLAECHEN}\ ((Fl\ddot{a}che, D^{Fl\ddot{a}che});\ Fl\ddot{a}cheninhalt;\ Schwerpunkt)$$

mit den Elementen

$$D^{Fläche} = \left\{ d_1, d_2 \;\middle|\; \begin{array}{l} \delta(d_1) = Dreieck\ (Seite_1;\ Seite_2;\ Seite_3) \\[2mm] \delta(d_2) = Viereck\ (Seite_1;\ Seite_2;\ Seite_3;\ Seite_4) \end{array} \right\}$$

zugeordnet, wobei die Wertebereiche der $Seite_i$-Attribute stets vom Typ $\mathcal{LINIE}$ mit dem flachen, auf Seite 39, Abbildung 2.9 gezeigten Relationenschema sein sollen (diese Angaben fehlen in den folgenden Formeln aus Platzgründen und wird deshalb hier explizit erwähnt). Es wird deutlich, daß Symbolgemeinsamkeiten, wie Flächeninhalte, als statische Attribute und individuelle Ausprägungen einzelner Elemente in Varianten dynamischer Attribute vereinheitlichender Relationen wiedergeben werden können. Erweiterungen können nun nach Auftreten neuer Flächenformen — etwa Kreis und Polygon — mit der Typklassenerweiterung ι als

$$\iota(\mathcal{FLAECHE},\ Fläche,\ Kreis) \quad und \quad \iota(\mathcal{FLAECHE},\ Fläche,\ Polygon)$$

in die bereits bestehende Relationen aufgenommen werden. So entsteht die erweiterte Relation $\mathcal{FLAECHEN}$ mit der Attributausprägung

$$D^{Fläche} = \left\{ d_i \;\middle|\; \begin{array}{l} \delta(d_1) = Dreieck\ (Seite_1; Seite_2; Seite_3) \\[2mm] \delta(d_2) = Viereck\ (Seite_1; Seite_2; Seite_3; Seite_4) \\[2mm] \delta(d_3) = Kreis\ (Radius; Zentrum) \\[2mm] \delta(d_4) = Polygon\ (\{Seite_j \mid Seite_j.End = Seite_{j+1}.Start\}) \end{array} \right\}.$$

Verallgemeinert und auf die Objektbezogenheit der Anwendung abgestimmt, lassen sich mit diesem Konzept Objektvarianten zu Objektklassen zusammenfassen. Gemeinsam mit einem Objektprototyp, der eventuell künstlich erzeugt sein kann, werden in diversen Analysegängen erzeugte Beschreibungsdaten in einer beschreibenden Einheit zusammengefaßt und für Vergleichszwecke bereitgestellt. Kenntnisse modellimmanenter Ausprägungen von Objektbeziehungen als Darstellungsvoraussetzung werden nicht gefordert.

Daher kann für den nachfolgenden Gebrauch definiert werden:

Definition 3.12 : Klassenrelation
Relationen, deren Tupel Ausprägungen von Bild- oder Bildobjektbeschreibungen darstellen, die eine Klasse von Beschreibungen nach der Art eines Oberbegriffes repräsentieren, heißen Klassenrelationen.

Für das Beispiel in Bildfolgen beobachteter Fahrzeuge wäre die nachfolgende Darstellung und Erläuterung des Erzeugungsvorganges vorstellbar:

Sei das triangulierte Modell des Fahrzeuges das Bildsymbol $\mathcal{AUTO}$ und sei ein Grenzwert

$$G_{Fahrzeugteil} = \frac{n}{3}$$

der Modell-Länge (mit $n = 1, 2$) auf der X-Achse des jedem Einzelbild zugrunde liegenden Koordinatensystems als logische Begrenzung der Fahrzeugteile *Front*, *Mitte* und *Heck* definiert, so regelt eine Aggregation

$$C := \delta(d_i^{Fläche}) = Dreieck \wedge \Theta(Schwerpunkt.X,\ G_{Heck}) = [0,1]$$

und anschließende Integration

$$\nu[\sigma[C](\mathcal{FLAECHEN});\ Heck.Darstellung](\mathcal{FAHRZEUG})$$

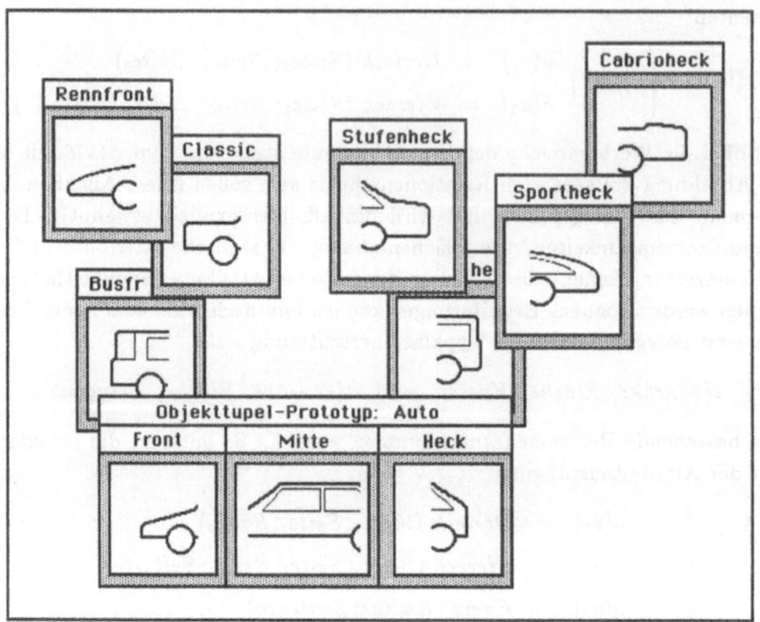

Abbildung 3.20 — Klassenrelation $\mathcal{FAHRZEUG}$ mit Prototyp

bei konstantem Intervall der Y-Koordinaten innerhalb der Symbolbegrenzung die objektbezogene Generierung einer Relation

$$\mathcal{FAHRZEUG}\ (Front;\ Mitte;\ Heck)$$

mit der Attributstruktur

$$Heck\ (Ma\beta e\ (L\ddot{a}nge;\ Breite;\ H\ddot{o}he);\ (Typ, D^{Typ}))$$

und

$$D^{Typ} = \left\{ d_i \ \middle| \ \begin{array}{l} \delta(d_1) = Stufenheck\ (Bezeichnung;\ Darstellung) \\ \delta(d_2) = Cabrioheck\ (Bezeichnung;\ Darstellung) \\ \delta(d_3) = Busheck\ (Bezeichnung;\ Darstellung) \\ \delta(d_4) = Sportheck\ (Bezeichnung;\ Darstellung) \end{array} \right\}$$

wobei die jeweilige Darstellung der Heckvariante günstigerweise als $Set\ of\ \mathcal{DREIECK}$ definiert sein kann.

Klassifikation eines neu in die Relation aufzunehmenden Bildsymbols und Zuordnung der Bezeichnung des Hecktyps kann nun beispielsweise durch Bewertung der Ähnlichkeitsfunktion

$$\Theta(Ma\beta e,\ \pi[Ma\beta e](\sigma[Heck.Typ = Sportheck](\mathcal{FAHRZEUG}))) = [0,1]$$

unterstützt werden.

3.6   Bild- und Schematupel

Verlassen wir für einen kurzen Gedankengang die Generalisierung zu Klassenrelationen und wenden uns der Aggregation zu.

Aggregation erlaubt einerseits die Zusammenfassung mikroskopischer Beschreibungsstrukturen zu Strukturattributen. Gleichzeitig ermöglicht der Mechanismus die Instantiierung von makroskopischer Objektteilbeziehungen in Attributen hierarchisch übergeordneter Objekttupel. Dieser Mechanismus erzeugt aus dem $Bild_N$ der Beispielbildfolge aus Abbildung 1.1 ein Bildtupel, wie in Abbildung 3.21 gezeigt. Die Benennung der Attribute entspricht in dieser Beispieldarstellung nicht der möglichen Beziehungsinstantiierung, wie *Baum vor Auto* oder *Auto verdeckt Haus*, sondern den Namen der Objekttupel. Allgemein soll ein Bildtupel definiert sein als:

Definition 3.13 : Bildtupel
Ein Bildtupel repräsentiert Bildobjekte in den gegenseitigen Objektbeziehungen eines Einzelbildes in objekt- bzw. problembezogener Datensicht.

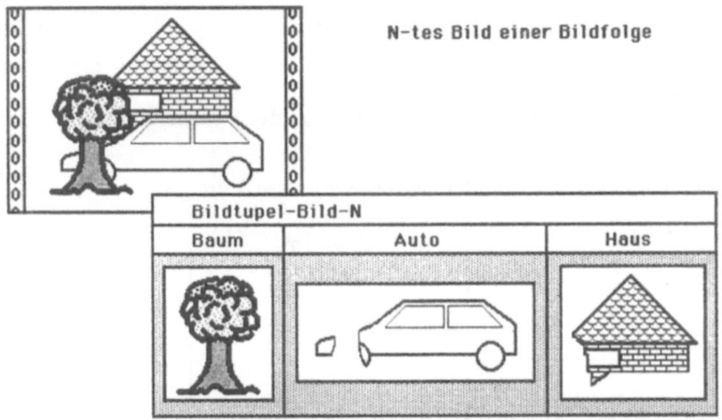

Abbildung 3.21 — Bildtupel von $Bild_N$ der Beispielbildfolge

Die zugehörige dreistellige Bildrelation hat also die konzeptuelle Form

$$Bild_N \ (Baum : BAUM; \ Auto : AUTO; \ Haus : HAUS).$$

Ebenso kann das Bild $Bild_{N+x}$ der gleichen Bildfolge dargestellt werden, deren Schema

$$Bild_{N+x} \ (Baum : BAUM; \ Auto : AUTO; \ Haus : HAUS),$$

oberflächlich mit der Bildrelation von $Bild_N$ identisch erscheint. Die durch Aggregation entstandenen Attribute der Relationen sind jedoch in ihrer Attributstruktur unterschiedlich. Zusammenfassung in einer Relation, die alle Einzelbilder dieser Bildfolge enthält, ist sinnvoll, aber unmöglich.

Kommen wir an dieser Stelle zur Generalisierung zurück: Sind die Attribute der Bildtupel Tupel generalisierter Klassenrelationen, lassen sich auch die Tupel der verschiedenen Szenenbilder in einer Relation zusammenfassen – in einer Bildfolgenrelation. Diese Bildfolgenrelation hätte die Ausprägung

$$Bildfolge \ (Baum : BAUM;$$
$$(Auto, D^{Auto}) : AUTO;$$
$$(Haus, D^{Haus}) : HAUS);$$

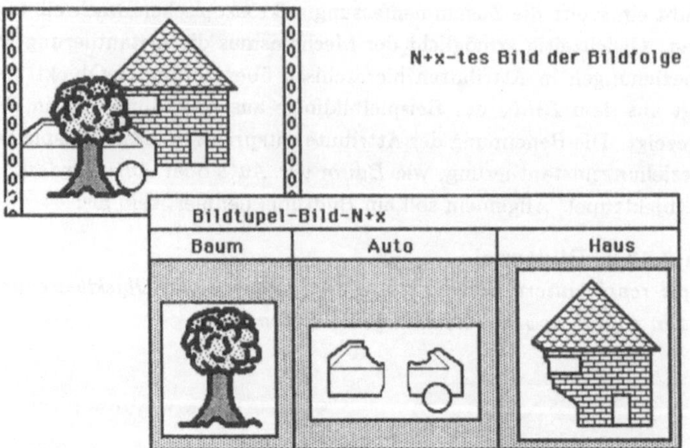

Abbildung 3.22 — Bildtupel $Bild_{N+x}$ der Beispielbildfolge

mit der Diskriminantenmenge zur Darstellung des Objektes *Auto*

$$D^{Auto} = \left\{ d_i \ \middle| \ \begin{array}{l} d_1 = AUTO_{Prototyp} \\ \ldots = \ldots \ \ldots \ \ldots \\ d_j = AUTO_{Bild_N} \\ \ldots = \ldots \ \ldots \ \ldots \\ d_{j+x} = AUTO_{Bild_{N+x}} \\ \ldots = \ldots \ \ldots \ \ldots \end{array} \right\}$$

und der Diskriminantenmenge für das Objekt *Haus*

$$D^{Haus} = \left\{ d_i \ \middle| \ \begin{array}{l} d_1 = HAUS_{Prototyp} \\ \ldots = \ldots \ \ldots \ \ldots \\ d_i = HAUS_{Bild_N} \\ \ldots = \ldots \ \ldots \ \ldots \\ d_{i+x} = HAUS_{Bild_{N+x}} \\ \ldots = \ldots \ \ldots \ \ldots \end{array} \right\}.$$

In einem Bildtupel können also die einzelnen Objekte derart zusammengefaßt sein, daß die Benennung der Attribute Auskunft über eine Beziehungssituation in diesem Bild geben. Jedes Tupel gibt allerdings nur Auskunft über eine spezielle Einzelbildsituation. Attribut- und strukturtolerante Vergleiche der Tupel sequentiell aufeinander folgender Einzelbilder ermöglichen Schlüsse über Handlungen, etwa die Bewegung eines Bildobjektes zwischen zwei anderen. Diese Vergleiche entsprächen der schematisierten Darstellung zur Erzeugung vorgangshaften Wissens, wie es in Abbildung 1.6 dargestellt ist.

Eine allgemeine Ausprägung der Bildfolgensituation kann bei Ersetzung der speziell ausgeprägten Objekttupel einzelner Bilder mit den Prototypen der Klassenrelationen erreicht werden. Situationen der Form *ein Baum verdeckt einen Teil eines Auto, beide verdecken einen Teil eines Hauses,* wie sie in Abbildung 1.8 durch *Objektbeziehungen* repräsentiert werden, sind nun durch *Schematupel* darstellbar. Schematupel sind eine Ausprägung der in Abschnitt 1.1.2 vorgestellten generischen Schemata. Sie werden daher definiert als:

Definition 3.14 : Schematupel
Ein Schematupel repräsentiert Situationen in allgemeiner und objektbezogener Form derart, daß Objekte platzhaltend durch ihre Prototypen in Objektbeziehungen instanti- ierenden Attributen zusammengefaßt werden.

Jedes Bildtupel einer Bildfolge mit hinreichend ähnlichen Objekten, d.h. mit Objekten, die der gleichen Klassenrelation entstammen, wie die im Schematupel enthaltenen Prototypen, stellt eine Instantiierung des Schemarahmens und beispielsweise ein Tupel einer Situationsrelation dar.

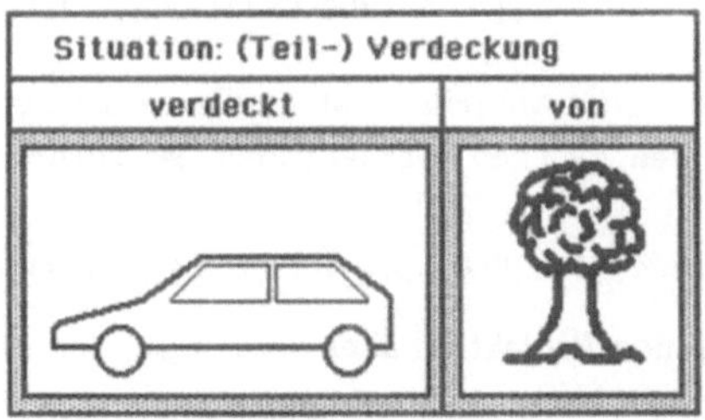

Abbildung 3.23 — Situationsbeschreibung mit zwei Objektprototypen

Abbildung 3.23 zeigt einen Schemarahmen als Datenbankobjekt, der als Prototyp einer Vorder- /Hintergrundsituation anzusehen ist. Für die Beispielbildfolge ergibt sich eine Situation mit drei Objekten, die durch eine Ausprägung des Attributes *von* in der Form

$$(von, D^{von}) : (BAUM_{Prototyp}, Teil - Verdeckung)$$

beschrieben wird. Hier wird eine Rekursion erkennbar, die bei Zugriffen auf das Objektsymbol

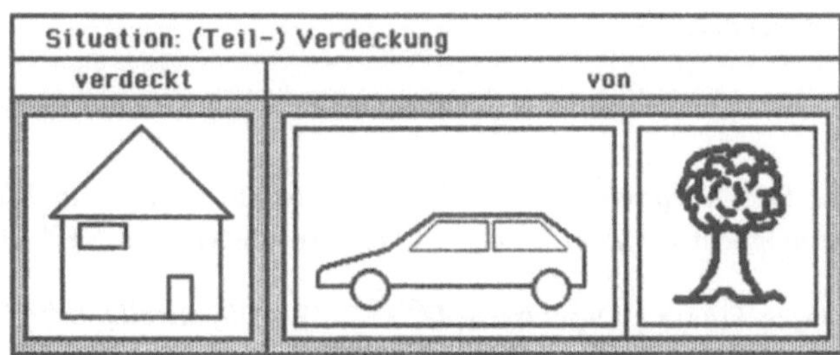

Abbildung 3.24 — Schematupel der Objektsituation in der Beispielbildfolge

$BAUM$ in der Attributausprägung (von, d_2) durch die rekursiven Zugriffsmechanismen des einfachen NF^2-Modells gelöst werden kann (vgl. 2.1.2).

$$\sigma[(von, d_2).von = BAUM_{Prototyp}](Teil - Verdeckung)$$

selektiert das in Abbildung 3.24 gezeigte Tupel und spaltet sich in eine Projektion,

$$\pi[von = BAUM_{Prototyp}](Teil - Verdeckung.von)$$

mit anschließender Selektion auf.

Eine weitere Rekursion tritt auf, wenn verschiedene Objektprototypen als Attributausprägungen zugelassen werden, die aus der Analyse verschiedener Situationen mit unterschiedlichen Bildobjekten, aber der gleichen Vorder-/Hintergrundsituation durch Typklassenerweiterung entstanden sind: beispielsweise

$$((von, d_1), D^{(von, d_1)}) : OBJEKT_{Prototyp}$$

und den Objektprototypen verschiedener Situationsrelationen

$$D^{(von, d_1)} = \left\{ d_k \ \middle| \ \begin{array}{l} d_1 = BAUM_{Prototyp} \\ \ldots = \ldots \ \ldots \ \ldots \\ d_i = HAUS_{Prototyp} \end{array} \right\}.$$

Im Gegensatz zur Rekursion des NF^2-Modells entsteht diese durch eine Schachtelung des Diskriminantentyps, kann aber mit den gleichen Mechanismen der rekursiven NF^2-Algebra behandelt werden.

$$\sigma[(von, d_1) = BAUM_{Prototyp}](Teil - Verdeckung)$$

spaltet sich in eine kollektivierende Projektion aller $BAUM_{Prototyp}$ enthaltender Tupel

$$\pi[((von, d_1), d_i)](Teil - Verdeckung)$$

mit

$$\delta(d_i) = BAUM_{Prototyp}$$

und eine anschließende Selektion auf.

Fassen wir kurz den Weg zusammen, der von einer automatisch erzeugten mikroskopischen Objektbeschreibung zum Bildfolgenrepräsentanten in Form eines Schematupels führt.

1. Aggregation, auch molekulare Aggregation genant, erzeugt aus der mikroskopischen Beschreibungsstruktur eines Bildobjektes ein *Objekttupel*. Hierzu wird die Integrationsfunktion des NF^2-Modells verwendet.

$$\nu[(BILDPRIMITIVE \in Bild_x : Objektteil](BILDOBJEKT)$$

2. Generalisierung faßt Ausprägungen von Bildobjektbeschreibungen in *Klassenrelationen* zusammen und ermöglicht die Zuordnung von Objektprototypen in NF^{2D}-Relationen.

$$Objektklasse \ ((Objektteil_1, D^{Objektteil_1}), (Objektteil_2, D^{Objektteil_2}));$$

3. Aggregation instantiiert Beziehungen zwischen Bildobjekten in der Form von Attributen hierarchisch den Objekttupeln übergeordneter *Bildtupel*.

$$\nu[OBJEKT_1, OBJEKT_2 : Objektbeziehung](Bildtupel)$$

4. Aggregation instantiiert Beziehungen von Bildobjekten stellvertreten durch deren Prototypen in *Schematupeln*.

$$\nu[Prototypteil_1, Prototypteil_2 : Prototypbeziehung](Situation)$$

5. Typklassenerweiterung und abstrahierende Generalisierung über den Schemabegriff ergibt allgemeine Schemarelationen, deren Tupel Situationsbeschreibungen ähnlicher Bildfolgen geben.

$$Bildfolgenschema \; ((Beziehung_1, D^{Beziehung_1}); \; (Beziehung_2, D^{Beziehung_2}));$$

Hiermit ist ein Grad der Abstraktion vom Objektbeschreibungen erzeugenden Bildverarbeitungsprogramm erreicht, der als *objektbezogen* im Sinne der Definition 1.1 bezeichnet werden kann:

- Eine Bildinterpretation wird durch Schemata unterstützt,

- Bildobjekte sind als Datenbankobjekte anzusehen und

- eine komfortable Anfragesprache könnte bei Bedarf auf dem mathematischen Formalismus der erweiterten Algebra des NF^{2D}-Modells basieren.

Welche Anforderungen an eine Datenbankanfragesprache für die Bildverarbeitung mit NF^{2D}-Relationen überhaupt zu stellen sind, wird im nächsten Abschnitt aufgezeigt.

3.7   Anfragemethoden für NF^{2D}-Relationen

Anfrage- oder Datenmanipulationssprachen, *Data Manipulation Languages* oder kurz DML, sind Werkzeuge für den Datenbankzugang eines Anwenders. Sie ermöglichen, Daten abzufragen und zu verändern (vgl. 2.3). Unterschieden werden freiformulierte von standardisierten Anfragen. Wahrend letztere lediglich die Auswahl vorgegebener Paraphrasen und deren spezielle Parametrisierung vorsehen, lassen freiformulierte Anfragen problembezogene Fragekonstruktionen zu. Basis hierfür sind jedoch zumindest Kenntnisse über den Informationsgehalt der Datenbank aus dem konzeptuellen Schema. Für einen wissenschaftlichen Datenbankeinsatz mit häufig wechselnden Anforderungen eignen sich daher standardisierte Anfragen weniger.

Weiterhin wird zwischen selbständigen und in eine Wirtssprache eingebetteten sowie zwischen prozeduralen und deskriptiven Anfragesprachen unterschieden. Im Gegensatz zu selbständigen Sprachen, die alle zur Anfrage notwendigen Sprachkonstrukte anbieten, sind eingebettete Sprachen stets von den Konstrukten ihrer Wirtssprache abhängig, was die Vor- aber auch die Nachteile einer engen Sprachbindung mit sich bringt. Ein Beispiel gelungener Integration in eine Wirtssprache ist Pascal/R [SCHMIDT+MALL 80].

Auch die Unterscheidung zwischen deskriptiven und prozeduralen Anfragesprachen erklärt sich einfach: Prozedurale Sprachen verwenden Transaktionsbefehle, deren Zweck es ist, die auf den Daten auszuführenden Operationen zu beschreiben. Deskriptive Sprachen dagegen beschreiben die Transaktionen durch Wahrheitswertkonstrukte über der Attributmenge aller verwendeten Relationen. Für ersteres ist besonders die von E.F. Codd eingeführte Relationenalgebra, basierend auf dem Prädikatenkalkül erster Ordnung, zu nennen [CODD 70].

Anfragen nach symbolischen Bildbeschreibungen in der NF^{2D}-Form stellen zwei wesentliche Forderungen an den Datenbankzugang:

1. Im automatischen Erzeugungs- und Vergleichsverfahren für Bild- und Bildobjektbeschreibungen muß ein speziell auf intermaschinellen Datenaustausch abgestimmter Mechanismus existieren, der Effektivität im Zugriff – also Geschwindigkeit und Datendurchsatz – garantiert.

2. Übergeordnete interaktive Interpretationsvorgänge benötigen einen Datenzugang, der ikonische Objektrepräsentationen, symbolische Beschreibungen in graphisch umgesetzter Form sowie Merkmalsspezifikationen im traditionellen Sinne zuläßt.

Aus den Betrachtungen des Kapitels 2 ist erinnerlich, daß für die erste Zugangsebene eine weitgehende Redundanzfreiheit gefordert wurde und die zweite, objektbezogene Ebene Strukturvergleiche als Einheiten der Anfragesprache enthalten soll. Interessante Ansätze zur Lösung beider Anforderungen existieren durch die bereits im Abschnitt 2.3 erwähnten Sprachen QBE, QPE, G-WHIZ und Ansätze, Anfragen in Schemarahmen zu realisieren, die im folgenden einer näheren Betrachtung unterzogen werden.

Query-by-Example (QBE)

LINIEN			
Nummer	Länge	Start-Punkt	End-Punkt

LINIEN			
Nummer	Länge	Start-Punkt	End-Punkt
P.Nr	20		

LINIEN			
Nummer	Länge	Start-Punkt	End-Punkt
2	39	......	......

Abbildung 3.25 — Phasen einer QBE-Anfrage

QBE [ZLOOF 74] ist eine graphik-orientierte Sprache, die in zweidimensionaler Form einem Datenbankbenutzer Anfragen in Dialogform anbietet. Eine Klassifizierung nach den zuvor genannten

Prinzipien ordnet QBE in die selbständig deskriptiven Sprachen mit freiformulierbaren Anfragen ein. Nach benutzerseitiger Spezifikation der zu verwendenden Relationen stellt das System eine leere Relationsschablone auf dem Bildschirm dar. Das Eintragen des Relationsnamens in das leere Schema veranlaßt das System, die Attributspalten mit den zugehörigen Attributbezeichnern auszufüllen. Anschliesend trägt der Benutzer in die Attributspalten Beispielwerte und Operatoren ein, z.B. ein vorangestelltes "P." für *print*. Die Abbildung 3.25 demonstriert den Ablauf einer Anfrage in vier Phasen, deren Formulierung im Pradikatenkalkül

$$\{Nummer \mid (Nummer,\ L\ddot{a}nge,\ Start,\ End) \in \mathcal{LINE} \wedge L\ddot{a}nge > 20\}$$

lautet und Bildsymbole vom Typ $\mathcal{LINE}$ anfragt, deren Attribut zur Beschreibung der Linienlänge, *Länge*, Werte enthält, die größer als 20 sind.

Das System antwortet hierauf mit der Darstellung eines Tupels, das die Bedingung erfüllt – die Linienlänge ist 39 (vgl. Abbildung 3.25). Die Prägnanz des Beispielprinzips, optisch der tabellarischen Relationensicht angepaßte Darstellung des Relationenschemas auf einem Sichtgerät und eine leicht erlernbare Handhabung der Sprache haben dazu geführt, verschiedene Modifikationen von QBE für unkonventionelle Datenbankanwendungen zu erstellen.

Query-by-Pictorial-Example (QPE)

Aufbauend auf QBE wurde QPE von N.S. Chang und K.S. Fu für das von ihnen verwendete Bildverarbeitungssystem IMAID mit darunterliegender Datenbank entwickelt [CHANG+FU 80c]. QPE ist mit einigen Erweiterungen zur Bezeichnung und Anfrage nach zweidimensionalen Daten versehen, die es gestatten, Bilder und Bildausschnitte zu bearbeiten. Die Dateneingabe ist nicht mehr auf den das Relationsschema darstellenden Bildschirm begrenzt, sondern kann über interaktive Graphiksichtgeräte erfolgen – z.B. durch Rollkugeleingabe, Maus, etc.

Weiterhin sind in die Sprache Operatoren integriert, die Berechnungen zwischen graphischen Daten ausführen [CHANG 81]. Stellvertretend sollen hier die folgenden genannt werden:

- Berechnung des nächsten Nachbarpunktes zu einem gegebenen,

- Erzeugung einer Verbindungsgeraden zwischen zwei bezeichneten Punkten,

- Berechnung der Entfernung zwischen zwei Punkten, bzw. der Länge einer Verbindungslinie zwischen zwei Punkten.

Eine Kennzeichnung von Bildbeispielen im Schema von QPE geschieht durch spezielle Symbole, welche die üblichen Schemaeingaben erweitern. So kennzeichnet beispielsweise

* in der Spalte der Bildnummer das gerade dargestellte Bild und

@ die Eingabe von Werten über ein interaktives Graphikgerät.

Abbildung 3.26 gibt die QBE-Abfrage aus dem vorangegangenen Abschnitt unter Bezugnahme auf ein aktuell dargestelltes Bild wieder und gibt an, daß die Längenangabe interaktiv über Werte aus diesem Bild eingegeben werden sollen – etwa durch Bezeichnen einer Beispiellinie mit dem Lichtgriffel.

LINIEN			
Bild	**Länge**	**Start–Punkt**	**End–Punkt**
/////	/////		

Abbildung 3.26 — Anfrage in QPE

G-WHIZ und "Fill-in-the-Form"

G-WHIZ, (Grids With Hierarchies, Imitating Zloof) [HEILER+ROSENTHAL 85], ist eine interaktive, graphisch unterstützte Anfragesprache für den CAD/CAM-Bereich, deren Stil dem Konzept von QBE nachempfunden ist. Wesentlich ist die Verwendung eines funktionalen Modells, in dem unter anderem Generalisierungshierarchien enthalten und mengenwertige Attribute zugelassen sind. Diese Elemente können mit G-WHIZ direkt in einer Anfrageform bezeichnet werden. Interaktive Eingaben werden durch eine graphische Darstellung selbst komplexerer Relationenzusammenhänge unterstützt, sodaß die Kenntnis einer speziellen Relations- oder Anfragesyntax weitgehend überflüssig ist. Unter komplizierten Zusammenhängen sind beispielsweise hierarchische Kompositionen komplexer Objekte zu verstehen, die durch eine Art *Nachfolgeroperation* für die Benutzer der Anfragesprache einfach zu verarbeiten sind. So kann bei CAD-Objekten mit dieser Funktion *in das Objekt vorgedrungen* und beispielsweise Objektteile angefragt werden.

"Fill-in-the-Form", [ROWE 85], ist eine Methode zur interaktiven Erstellung von Datenbankanwendungen und unterstützt durch ausgefeilte Graphik das Arbeiten mit Objekten, in der Form sogenannter *frames*, die in ihren wesentlichen Eigenschaften den in Abschnitt 1.1.2 vorgestellten Schemata entsprechen. Den Datenbankanwendungen werden Schemarahmen angeboten, die nach Menürahmen, Anfragerahmen und Berichtsrahmen unterschieden sind. An dieser Anfrageausprägung ist die graphische Benutzerführung ebenso interessant, wie die vom System festgelegten, zu einem Menü gehörenden Operationen und Darstellungsmethoden. Schemata sind als spärlich vorbesetzte Formularrahmen auf dem Bildschirm optisch dargestellt. Bei entsprechender interaktiver Besetzung von Eingabefeldern lassen sich weiterführende oder neue, vom Anwender selbst definierte Schemarahmen erzeugen.

Beide Arbeitsweisen zeigen Vorzüge, die möglicherweise für Anfragen nach aggregierten Objekttupeln zu verwenden sind. G-WHIZ beeindruckt mit der Funktion des Nachfolgeobjektes komplexer Objekte und könnte als graphisch ausgeprägte Separationsfunktion Attribute von Bild- oder Schematupeln extrahieren. "Fill-in-the-Form" verbindet Schemata mit Eigenschaften und Operationen, was sich eventuell für eine Zusammenfassung verallgemeinerter Toleranzfunktionen zu einer Klasse damit zu verarbeitender Objekte einsetzen läßt. Auch könnten bestimmte Objektklassen mit für sie typischen Darstellungsweisen verbunden sein – etwa TV-Kamerabilder mit einem Analogaufzeichnungsgerät und digitisierte Bilder mit einem Rastergraphiksichtgerät.

Betrachten wir nun einen eigenen Vorschlag zur Realisierung von Anfragen nach Bildinhaltsbeschreibungen in Form von Datenbankobjekten, bei der zur Zeit die Anforderungen nach interprozessoralem Datenaustausch vor interaktiven Mechanismen des Datenbankzugriffes rangieren.

3.7.1 Query-by-Structure-Example (QSE)

Objektbeschreibungen haben eine Beschreibungsstruktur. Diese werden in NF^2-Relationen zu Attributstrukturen. Bildstrukturen sind in NF^{2D}-Relationen durch Tupel- und Attributstrukturen auszudrücken. Es liegt also nahe, eine Anfrage durch beispielgebende Strukturen zu spezifizieren.

Sucht man die Forderung nach intermaschinellem Datenaustausch zu erfüllen, sind Beschreibungsstrukturen, dargestellt durch Tupel in der ersten Normalform eine praktikable Lösung, weil damit gleichzeitig das Problem der Redundanzfreiheit gelöst ist (vgl. 2.2.2). Auf dieser Ebene können automatisch aus Bildfolgen erzeugte Beschreibungen verarbeitet werden. Gleichzeitig intermaschinell, jedoch nicht mit unbekannten Beschreibungsstrukturen arbeitet die Ebene der verfeinernden Bildinterpretationsansätze. Hier ist eine Verarbeitung in NF^{2D}-Form dargestellter Objekte vorzusehen. Soll aber der assoziativ abstrahierende Benutzer einer interaktiven Schnittstelle komfortabel bedient werden, können Beispiele aus beiden Ebenen vorkommen oder interne Übergänge dazwischen notwendig werden, da dem interaktiven Benutzer der Unterschied zwischen den Darstellungsformen verborgen bliebe.

QSE stellt daher eine Erweiterung des Prinzips der Beispielgebung von Attributwerten dar, das Basis für QBE und QPE ist. Teilen wir die Betrachtung analog zu den Verarbeitungsebenen in drei Teile.

Intermaschineller Datenaustausch

Hier entfällt die Vorgabe eines Relationsschemas. Der Datenbank ist zum Zeitpunkt *vor* der Anfragestellung die Struktur des angefragten Relationengebildes unbekannt ist – d.h. weder Art noch Anzahl der vom Bildanalyseprogramm automatisch erzeugten Tupel sind bekannt. Es kann also kein standardisiertes Schema eines leeren Relationengebildes geben, welches einem Anfrageprogramm vorzulegen wäre – auch bei G-WHIZ gibt es keine Beispielschemata, trotz der erheblich höheren Abstraktions- und Verarbeitungsstufe.

Sinnvoller ist es, der Datenbank ein Beispielschema von der Anwendung vorzulegen, an dessen Ausprägung feststellbar ist, welche Art von Relationengebilde angefragt wird. Hierbei treten folgende Fragen auf:

Wie ist die Gebildestruktur für die Datenbank feststellbar?

Möglich wäre die Gebildeanalyse zu einem Zeitpunkt, an dem die vom Programm bei der Bildanalyse erzeugten Referenzen zwischen den primitiven Bildsymbolen noch nicht durch Schlüsselwerte der Datenbank ersetzt sind – was in der eins-normalisierten Form zwangsläufig zur Nachbildung der Beschreibungssemantik geschähe. Zwar handelt es sich in diesem Moment noch um vernetzte Strukturen von Programmobjekten, doch gerade ermöglichen eine bequeme Strukturanalyse. Ausgehend von einem hierarchisch auf oberstem Beschreibungsniveau residierenden Programmobjekt könnte die Vernetzung durch Verfolgung der Objektreferenzen nachvollzogen werden (vgl. hierzu die Beschreibungs- und Realisierungsmöglichkeiten durch eine geeignete Wahl der Anwendungsprogrammiersprache in Abschnitt 4.1).

Woher stammt die Information über die einzelnen Tupeltypen, d.h. über die zum Relationengebilde gehörenden Relationen?

Diese Frage ist nicht generell zu lösen, da viele Programmiersprachen nicht auf eindeutige Zuordnung von Referenztyp und referenziertem Objekttyp bestehen – etwa Pascal. Ada hingegen ist ein Sprachvertreter, bei dem diese Forderung durch das *strong data typing* erfüllt ist. Zu jeder Referenz ist mit Eindeutigkeit der referenzierte Objekttyp anzugeben. Verwendet man Ada oder ähnlich präzise Sprachen als Datendefinitionssprache, treten in diesem Punkt keine Schwierigkeiten auf.

Was soll mit dem ganzen Gebilde geschehen, wo ist eine Anweisung zur Verarbeitung vorhanden?

Auf dieser Ebene der Programm- bzw. Prozeßkommunikation ist eine Anfragesprache im herkömmlichen Sinne, durch deren Syntax und Semantik Anweisungen mitgeteilt werden könnten, sicher nicht sinnvoll. Instantiiert man jedoch ein Programmobjekt – etwa einen Datenverbund – als Kommunikationsträger, dessen Typ von der Datenbank vorgegeben oder ihr zumindest kenntlich gemacht wird, ist eine Anweisungsübermittlung in beliebiger Form möglich.

Im Einzelnen sähe eine Anfrage auf dieser intermaschinellen Ebene beispielhaft wie folgt aus:

Erzeugung und Auswertung von Beispielstrukturen

In Erweiterung der Beispielgebung erfolgt die Vorgabe eines leeren Relationengebildes durch das anfragende Anwendungsprogramm. Dieses Gebilde muß, den häufig wechselnden zu analysierenden Bildfolgen entsprechend nicht notwendigerweise vollständig im Datenbestand enthalten sein.

- Von der Anwendung werden im Speicherbereich Leertupel der zum Relationengebilde gehörenden Relationen in der durch den Bildanalysevorgang bestimmten, benötigten Anzahl erzeugt.

- Diese Leertupel werden derart miteinander verknüpft, daß ihre Struktur den erkannten Beziehungen der durch sie beschriebenen Objektteile entspricht.

- Referenzierende Attribute werden zu diesem Zweck mit Werten, Programmreferenzen, besetzt.

- Beispielwerte zur genaueren Spezifikation des angefragten Gebildes werden in die entsprechenden Attribute der Tupel eingetragen.

- Ein oder mehrere Tupel, deren hierarchische Stellung innerhalb der Gesamtbeschreibungsstruktur ein Erreichen jedes zum Relationengebilde gehörigen Tupels erlauben, werden als Ausgangspunkte für die erwähnte Strukturanalyse der Datenbank bekannt gegeben.

Die Datenbank erhält also vom Anwendungsprogramm den Transaktionsbefehl und die Ausgangsobjekte der Strukturanalyse. Mit Hilfe eines direkten Speicherzugriffes der Datenbank auf die Beispielstruktur wird das Relationengebilde analysiert, d.h. die Referenzen verfolgt. Hierbei wird gleichfalls die Information über den Typ der jeweils referenzierten Programmobjekte, also den Tupel- oder Relationstyp ausgewertet – sofern sich dieser aus der verwendeten Sprache ableiten läßt.

Nachdem das ganze Gebilde bekannt ist, werden die einzelnen Tupel nach Relationszugehörigkeit geordnet und entsprechend dem Transaktionsbefehl verarbeitet. Schreibaufträge erfordern nun lediglich die Umsetzung der Programmreferenzen in Dauerverweise, zum Beispiel durch systemvergebene Identifikationsschlüssel (TID). Leseaufträge können weiterhin durch beispielhafte Attributwerteintragungen, wie sie aus QBE und QPE bekannt sind, spezifiziert sein.

Problematisch sind Modifikationen und Löschaufträge. Die Verwendung von Beschreibungsteilen in verändertem Kontext, etwa zur Redundanzvermeidung, bedingt Modifikationen der Referenzattributwerte. Hier ist es nicht möglich, eine einfache Wertsubstitution vorzunehmen, wie sie bei gewöhnlichen, quantitative Objektmerkmale repräsentierenden Attributen ausreicht. Es müssen Metaobjekte erzeugt werden, die im internen Datenbankschema eine wegweisende Funktion bezüglich der aktuellen Beschreibungsstruktur übernehmen. Datenversionen und -historie sind Schlagworte, deren genaueres Studium an dieser Stelle zu weit führte, jedoch sicher eine Lösung für das Problem finden lassen.

Datenaustausch auf NF^{2D}-Ebene

Unter der Annahme, die Datenbank erhalte über ein Kommunikationskonstrukt Informationen über die Benutzersicht, ist diese Anfrage-Ebene etwas einfacher zu realisieren. In einer Ausprägung des Kommunikationskonstruktes als NF^{2D}-Relationstupel kann in einem dynamischen Attribut nicht nur das hierarchisch höchste Tupel einer Beschreibungsstruktur enthalten sein, wie oben geschildert, sondern ein ganzes NF^{2D}-Tupel. So entfällt die aufwendige Referenzverfolgung und Gebildeanalyse. Die Erzeugung eines Beispieltupels verändert sich nun zu:

- Von der Anwendung wird im Speicherbereich ein Leertupel der NF^{2D}-Relation erzeugt, die das anzufragende Relationengebilde darstellt.

- Beispielwerte zur genaueren Spezifikation des angefragten Tupels werden in die entsprechenden Attribute eingetragen.

- Das Tupel wird der Datenbank als Tupelattribut einer Kommunikations- und Zugriffsrelation bekannt gegeben.

Interaktionsebene

Auch auf dieser Verarbeitungsebene das Beispielprinzip aufrecht zu erhalten, stellt hohe Anforderungen an die Akzeptanz von Bedienungsarten und Kommunikationsmedien. Sichtgeräte, interaktive Graphikerzeugung – etwa zur Skizzierung einer Beispielstruktur – mit Mitteln, wie Lichtgriffel, Maus oder Rollkugel und auch Spracheingabe sind denkbare Ausprägungen der Kommunikationsmittel. An dieser Stelle konkrete Realisierungsvorstellungen einer komfortablen Benutzerschnittstelle zu erläutern überschritte den Stand der aktuellen Überlegungen und sollte eher im Zusammenhang mit den Arbeiten von V. Haarslev [HAARSLEV 86] und H. Faasch [FAASCH 86] gesehen werden, die an einer solchen Schnittstelle für eine Ada-Programmierumgebung arbeiten [FAASCH+HAARSLEV 85].

Zu bemerken ist jedoch, daß Untersuchungen in dieser Richtung auf Ansätzen zum objektorientierten Arbeiten aufbauen und zur Kommunikation mit einem menschlichen Systembenutzer komfortable optische Repräsentationsmethoden verwenden sollten, wie sie nach aktuellem Stand und zukünftiger Einsetzbarkeit in [BONO 85] beschrieben sind. Besonders hervorghoben werden soll hier das GKS-3D, eine Ausprägung des Graphischen Kern Systems (GKS) zur Darstellung dreidimensionaler Graphiken, dessen Spezifikation im Dezember 1985 zu erwarten ist. Es soll Eigenschaften zur parallelen und perspektivischen Projektion von graphischen Darstellungen, Volumendarstellungen und Zugriffsmechanismen zu verdeckten Kanten oder Flächen enthalten. Eine interaktive Anfrageausprägung nach Bildobjekten beispielsweise durch graphische Darstellung des beschreibenden Bildsymbols könnte hiermit zu einem erheblichen Maß an Systembedienungskomfort führen.

3.8 Zusammenfassung

In diesem Kapitel werden dynamische, nicht-normalisierte Relationen als Erweiterung des Konzeptes nicht-normalisierter Relationen eingeführt und abgekürzt als NF^{2D}-Relationen bezeichnet. Ziel dieser Erweiterung ist die Anpassung relationaler Datenbankkonzepte an Anforderungen zur Darstellung symbolischer Bildbeschreibungen. Insbesondere sind mit NF^{2D}-Relationen folgende Probleme mathematisch exakt beschreibbar und in der Praxis lösbar:

- *Nullwerte* strukturierter Attribute ohne implementationsabhängige Darstellungsmethodik.

- *Generalisierung*, im Sinne der Definition 1.3 als Zusammenfassung von Objektausprägungen in Objektklassen, dargestellt durch variable Attributtypausprägungen in Tupeln und deren Zusammenfassung in Klassenrelationen.

Anwendungen dieser Konzepte sind anhand von Beispielen erläutert und durch Programmbeispiele in ihrer Konsistenz belegt worden. Im Einzelnen wurde gezeigt:

- Die Verwendung generalisierender Darstellungsmechanismen im Bereich *statischen Wissens* insbesondere symbolischer Bildbeschreibung durch Zusammenfassung assoziativ ähnlicher Objekte in Oberbegriffe repräsentierende Einheiten. Stichworte in der Reihenfolge von einer programmerzeugten Beschreibungsstruktur zur objektbezogenen Beschreibung einer schematischen Bildfolgensituation sind:

    - *Klassenrelation* (vgl. Abschnitt 3.5.3 und Definition 3.12),

    - *Bildtupel* und *Bildrelation* (vgl. Abschnitt 3.6 und Definition 3.13),

    - *Schematupel* und

    - *Schemarelation* (vgl. Abschnitt 3.6 und Definition 3.14).

- Die Erzeugung *propositionalen Wissens* durch Vergleichsoperationen strukturierter Bildinhaltsbeschreibungen als Formalismen einer erweiterten relationalen Algebra, angewandt auf Bildtupel.

- Eine speziell an das Problem wenig interaktiv verlaufender Bildanalysevorgänge adaptierte Anfragemethode für Bilddaten unterer Beschreibungshierarchiestufen, *Query-by-Structure-Example*, mit Ausblicken zur weiteren Entwicklung des Ansatzes.

Kapitel 4

Forderungen an eine NF^{2D}-Datenbank für symbolische Bildbeschreibungen

Dieses Kapitel widmet sich den Anforderungen, die an eine NF^{2D}-Datenbank zu stellen sind, wenn sie als Werkzeug von der Anwendung *Bildverarbeitung* akzeptiert werden soll. Aufgezeigt wird ein Umfeld, in dem die Realisierung der Konzepte aus Kapitel 3 möglich und sinnvoll erscheint. Neben klassischen Themen, wie Anwendungskontrolle und damit verbundener Datensicherheit, liegt der wesentliche Schwerpunkt der Betrachtungen auf einer möglichst ausgefeilten Unterstützung der Anwendungsprogrammierung. Was hierunter zu verstehen ist, beschreibt

Abschnitt 4.1, in dem vorgeschlagen wird, die Implementation einer Datenbank in einem abgeschlossenen Programmiersystem vorzunehmen. Eine solche Systemintegration ist bei der Erstellung von Anwendungsprogrammen durchaus vorteilhaft und bringt Erleichterungen für Anwendungsprogrammierer, deren Hauptintention eine problemorientierte Bildinterpretation ist. Besondere Beachtung verdient hierbei die Bereitstellung des konzeptuellen Datenschemas in Form importierbarer Programminformation. Erste Konzeptionen diesbezüglicher Art – jedoch auf eins-normalisierte Relationendarstellungen bezogen – finden sich bereits in [BENN+RADIG 83c] und bilden die Grundlage der folgenden Ausführungen.

Abschnitt 4.2 widmet sich in kurzen Gedankengängen den Möglichkeiten und Auswirkungen von Integritäts-, Konsistenz- und Datenschutzmechanismen bei wissenschaftlichen Anwendungen im Labormaßstab, in den die automatische Analyse von Bildfolgen zur Zeit noch einzuordnen ist.

Abschnitt 4.3 zeigt auf, wie weit der Stand einer Prototypimplementation ist, welche Probleme sich bei den Arbeiten gezeigt haben und welche Arbeiten näherer Zukunft abgeschlossen sein werden. Durch Angabe des praktischen Verarbeitungsweges von der Anfrage zur Ablage eines Relationengebildes sollen zusammenfassend noch einmal Konzepte und Verarbeitungsabläufe dargestellt werden.

4.1 Datenbankintegration in einem Programmiersystem

Die Konzeption von Anwendungsprogrammen verläuft stets unter Zuhilfenahme vom Datenhaltungssystem bereitgestellter Informationsmechanismen. Aktive Datenverzeichnisse unterstützen diese Konzeptphase sinnvoll durch oftmals interaktive Präsentation von Informationen aus dem konzeptuellen Datenschema. In dem kurzen Artikel von H. Kinzinger, [KINZINGER 84], ist ein Beispiel gezeigt über die Einsetzbarkeit erweiterter Metadatensysteme, *Data Dictionary* genannt, im kommerziellen Bereich der Revision in Banken. Metadaten, als Beschreibungen von Datenstrukturen oder Datenzuständen sind sozusagen *Daten von Daten* und erfüllen in aktiven Systemen eine Reihe wichtiger Aufgaben, wie

- *Dokumentation* und daraus resultierender Entwurfshilfe für Datenbankanwendungen,

- *Administration* im Bereich der Zugriffskontrolle oder von grundlegenden Ein-/Ausgabefunktionen,

- *Testhilfe* und *Leistungskontrolle*,

um nur einige zu nennen. Dementsprechend vielfältig sind die Anfragen an einen solchen Überwachungs- und Auskunftsmechanismus. Beschränken wir uns daher im folgenden auf Überlegungen, die Hilfestellung in der Entwurfsphase von Datenbankanwendungen betreffend.

4.1.1   Dokumentation und Informationsübersicht

Ausreichende Kenntnis des konzeptuellen Datenbankschemas, welches in älteren Datenbanksystemen meist in Form separater Listen und in oftmals eigenständiger Datendefinitionssprache, *Data Definition Language*, vorliegt, ist eine Voraussetzung zur Planung neuer Datenbankanwendungen. Die Erzeugung einer solchen *dokumentarischen Urform* geht zumeist von einer Analyse des Informationsbedürfnisses aus, das im Anwendungsbereich der Datenbank vorhanden ist. Daran schließt sich eine oft manuelle Beschreibung der aus dieser Analyse hervorgegangenen Strukturen zur generellen Informationshaltung an. Es entsteht ein konzeptuelles Datenschema, in dem die Strukturprinzipien aller konkreter Datensätze festgehalten sind, die nach diesen Vorschriften aufgebaut werden sollen.

Der Anwendungsprogrammierer verwendet also zwei Formen der Datenbeschreibung für Programm und Datenbank, sofern die Datendefinitionssprache nicht in eine Programmiersprache eingebettet ist – was jedoch häufig ist. Dennoch bleiben Programm und Datenbank streng voneinander getrennt; man kann nicht von einer Integration der Datenbank in eine Programmierumgebung sprechen.

Wissenschaftliche Anwendungen von Datenbanken stellen vielfältige Anforderungen, die Rückwirkungen auf prinzipielle Strukturvorschriften gespeicherter Daten haben können. Zusätzliche Anforderungen resultieren möglicherweise aus Untersuchungsansätzen, die neue Erkenntnisse ergeben, damit Rückwirkungen auf die eigene Ansatzausprägung erbringen und eventuell eine vollständige Umstrukturierung der verwendeten Daten erfordern. Dieses Maß an Flexibilität sollte verfügbar sein, ohne daß Anwender jedesmal eine Neustrukturierung der Daten manuell vornehmen müssen. Zumal ist das im kommerziellen Anwendungsbereich vorhandene Personal zur Durchführung derartiger Änderungen im wissenschaftlichen Bereich selten, was zu einer zusätzlichen Belastung des Wissenschaftlers mit Formalia führen würde. Anzustreben ist daher eine Automatisierung der Schemaerzeugung, wie auch der Schemaführung.

Betrachten wir dazu eine Programmierumgebung, in der Datenbank, Testhilfesystem, Programmeditor und Anwendungsprogramm, Betriebssystem und selbst die Ansteuerung technischer Grundeinheiten eines Rechensystems, etwa Plattenkontrollgeräte, integriert sein können. Eine solche Umgebung wird in modernen Hochsprachen programmiert sein, etwa Ada [ADA 80], [ADA 83], und für Anwendungen in dieser oder einer anderen Programmiersprache zur Verfügung stehen. Dabei ist die Wahl der Sprache Ada nicht zufällig sondern durch Untersuchungen angeregt, die zu komfortablen Programmierwerkzeugen und Programmerzeugungssystemen [STANDISH+TAYLOR 84] oder zu objektorientierten Handhabungssystemen für die Bildverarbeitung führen sollen [DRESCHLER-FISCHER+HAARSLEV 85], [FAASCH+HAARSLEV 85].

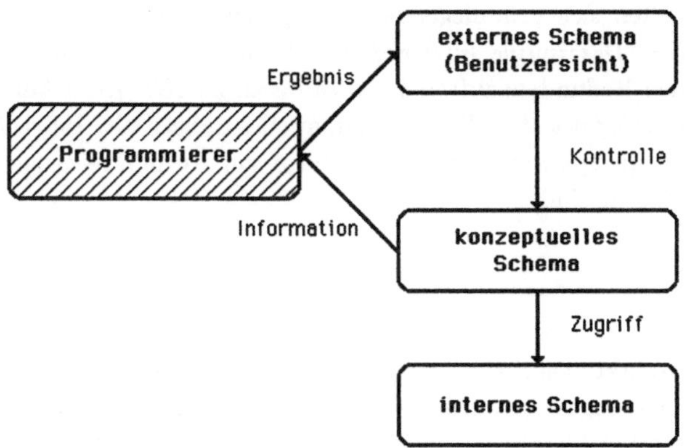

Abbildung 4.1 — Trennung zwischen Programm/Programmierer und Datenbank

4.1.2 Elemente einer Ada-Programmierumgebung

Grundlage der aufgezählten Dienstleistungen einer Ada-Programmierumgebung, *Ada Program Support Environment* APSE genannt [DRUFFEL 82B], ist die sprachunabhängige Beschreibung der Sprache. Hier existiert eine Metadatenebene ähnlich dem konzeptuellen Datenbankschema, aus der Information über Einheiten der Programmierumgebung, also Programme, entnommen werden kann.

Traditionell werden in gewissen Grenzen sprachunabhängige Konstrukte zur Unterstützung dynamischer Testhilfen, Debug-Systeme, eingesetzt. Diese Elemente enthalten Informationen über interne und externe Repräsentation aktuell verwendeter, d.h. im Ablauf befindlicher Sprachteile – was jedoch meist auf die Darstellung von Programmobjekten wie Variable und Konstante beschränkt ist. Bereits die Anzeige typbeschreibender Konstrukte unterbleibt, ebenso wie die Möglichkeit fehlt, den ablaufenden Programmquelltext während der Abarbeitung zu betrachten.

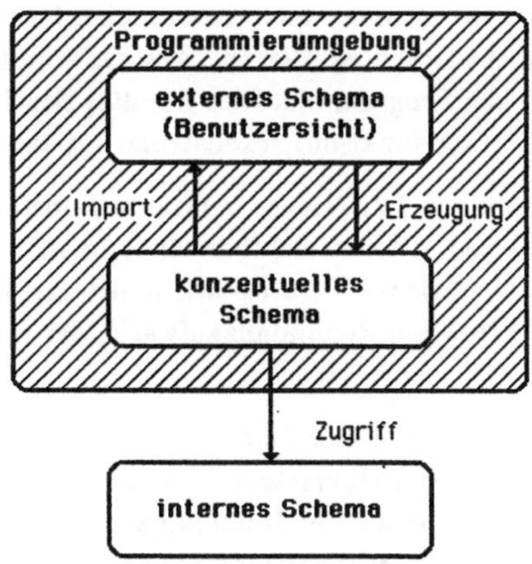

Abbildung 4.2 — Integration von Datenbank und Anwendung in einer Programmierumgebung

Derartige Nachteile wurden erkannt, und diese Erkenntnis ging in die Entwicklung von Ada ein, indem eine parallel entwickelte, intermediäre Beschreibung der Hochsprache entwickelt wurde.

In [GOOS+WULF 81] finden sich grundlegende Überlegungen, Spezifikationen und Beispiele dieser Metasprache DIANA, *Descriptive Intermediate Attributed Notation for Ada programms*. Bei Akzeptanz eines gewissen Redundanzaufwandes wird durch DIANA jedes Ada-Sprachkonstrukt in der individuellen Ausprägung des aktuellen Programmteiles dargestellt. Betrachten wir DIANA etwas ausführlicher, damit die später folgenden Vorschläge zur Automatisierung eines konzeptuellen Datenschemas verständlicher sind.

DIANA

DIANA folgt dem Konstruktionsprinzip attributierter Bäume, wie sie im Übersetzerbau zur syntaktischen Analyse häufig eingesetzt werden. Informationen über das zu beschreibende Programm liegen in einer repräsentationsunabhängigen Form als Knoten und Kanten eines semantischen, zum Teil hierarchisch ausgeprägten Netzes vor (vgl. 1.1.1). Knoten enthalten Charakteristika dargestellter Sprachkonstrukte oder sind generalisierende Sammelknoten, die sich in Unterkonstrukte aufteilen lassen. Kanten bezeichnen dagegen semantische Zusammenhänge eines Sprachkonstruktes, durch Verweise auf zusätzliche oder detailliertere Informationen.

Zu jedem Zeitpunkt der Programmexistenz, unabhängig vom aktuellen *Aggregatzustand*

- ablaufend oder

- nicht ablaufend, aber übersetzt,

sind alle Daten in der Programmbeschreibung verfügbar, die für Aufgaben wie

- Codeerzeugung,

- Rekonstruktion des Programmtextes in lesbarer und wieder übersetzbarer Form,

- Schnittstelleninformation zum Im- und Export von Datenstrukturen und Programmfragmenten, Prozeduren und Funktionen,

benötigt werden. Hierauf baut beispielsweise eine dynamische Testhilfe für Ada-Programme auf, die an der Universität Hamburg entwickelt worden ist. Aus der vom Übersetzer erzeugten DIANA-Programmbeschreibung werden zur Programmlaufzeit Inhalte, Bezeichnungen und Verarbeitungsspuren von Programmobjekten (trace-funktion) rekonstruiert [DANNENBERG 85].

Ein weiteres Konstruktionsprinzip von DIANA ist, relevante Informationen über alle Konstrukte, die vom einem aktuell betrachteten Knoten sichtbar sind, in maximal drei Schachtelungstiefen des weiteren Netzdurchlaufes zu erreichen. Da es sich meist um kurze Wege im Netz handelt, führt dieses Prinzip zu einem erheblichen Redundanzaufwand, der für spezielle Aufgaben durchaus reduziert werden kann.

Wegen des hohen Informationsgehaltes dieser Darstellung und der ständigen Zugreifbarkeit als Teil eines Ada-Programmes nach dessen Übersetzung ist es möglich, aus der DIANA-Darstellung auf automatische Weise die Benutzersicht einer Datenbankanwendung zu extrahieren. Sei ein Datenbankanwendungsprogramm in Ada geschrieben, so beschreiben Ada-Typkonstrukte Relationen. Programmier- und Datendefinitionssprache sind also identisch, was nicht nur wünschenswert sondern notwendig ist, weil Ada eine urheberrechtlich geschützte Sprache ist und Erweiterungen, auch zur Adaption von Datendefinitionssprachen, vom Sprachinitiator nicht zugelassen sind. Desweiteren sind Ada-Konstrukte bereits auf ihre Eignung zur Datendefinition untersucht und zu diesem Zweck vorgeschlagen worden [HALL 83].

Ada als Datendefinitionssprache

Geht man also davon aus, daß eine NF^{2D}-Relation

$$Relation\;((Attribut_1, D^{Attribut_1});\;(Attribut_2, D^{Attribut_2}));$$

als varianter Ada-Datenverbund dargestellt werden kann, dann beschreibt der Name des Verbundtyps den Relationsnamen und Verbundvariablen die Attribute der Relation in der Reihenfolge von Namens- und Typangabe. Schwieriger wird die Darstellung der Diskriminantenmenge D eines NF^{2D}-Attributes, da in Ada nur Diskriminanten zur Erzeugung von Verbundvarianten in gestaffelter Form und nicht wiederholt für einzelne Verbundvariable einer Deklarationsstufe zugelassen sind. Daher muß die Varianz eines Attributes durch vorangehende separate Verbunddeklarationen ausgedrückt und D nicht direkt der Verbundvariablen sondern einem typspezifizierenden Datenverbund zugeordnet werden – eine lediglich die Darstellung betreffende Einschränkung.

Deklariert man Datenbankzugriffe als auszuführende Operation mit oder auf einem spezifizierten Datenbankobjekt, läßt sich eine Anfrage ebenfalls als NF^{2D}-Relation beschreiben, die der allgemeinen Form

$$Zugriff\;(Command;\;(Relation, D^{Relation}));$$

mit

$$D^{Relation} = \left\{ d_1, \ldots, d_N \;\middle|\; \begin{array}{l} d_1 = Relation_1 \\ \ldots = \ldots\;\;\ldots \\ d_N = Relation_N \end{array} \right\}$$

entspräche. Aus einer solchen Zugriffsrelation lassen sich in der DIANA-Darstellung alle zur Benutzersicht gehörigen Relationen durch eine Traversierung des DIANA-Netzes ermitteln. Gibt man der Zugriffsrelation einen fest vereinbarten Namen, stellt sich die Sichtanalyse wie folgt dar:

1. Aufsuchen der Liste aller Typdeklarationen im Ada-Programm: vier bis fünf Schritte im DIANA-Netz.

2. Abarbeiten der Typdeklarationsliste, bis die Zugriffsrelation gefunden wurde: Der Aufwand ist vom Deklarationsort im Programm abhängig.

3. Ist die Relation, bzw. die Verbunddeklaration gefunden, muß der variable Verbundteil, das Attribut $(Relation, D^{Relation})$ aufgesucht werden: zwei Schritte im DIANA-Netz.

4. Jetzt wird die Beschreibung dieses sogenannten *inneren* Verbundteiles gesucht: Sie ist nach drei Schritten erreicht.

5. Letztlich ist nach zwei weiteren Schritten im DIANA-Netz die Typbeschreibung der Attributausprägungen, also der deklarierten Relationen erreicht.

Nun kann eine Analyse der einzelnen Relationen erfolgen, die nicht wesentlich von der beschriebenen Traversierung zur Analyse der Zugriffsrelation abweicht. Alle zur Datenbeschreibung und Typkontrolle notwendigen Informationen sind erreichbar (Programm A.3 enthält das vollständige DIANA-Netz eines Beispielprogramms).

Das konzeptuelle Datenbankschema

Die Speicherung derartiger Informationen war zuvor dem konzeptuellen Datenschema zugesprochen worden. Es liegt also nahe, Relationsbeschreibungen aus der DIANA-Darstellung in das konzeptuelle Datenschema zu übernehmen und das Schema als eine Sammlung von Relationsbeschreibungen

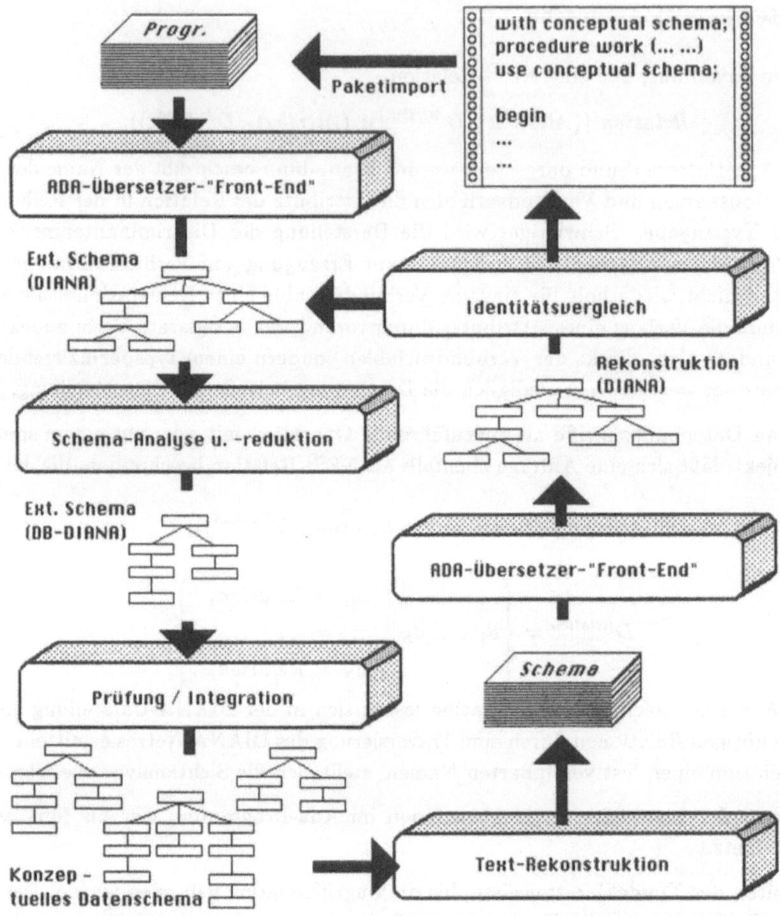

Abbildung 4.3 — Automatisierte Schemaführung im APSE

aus externen Benutzersichten aufzubauen. Die Überlegung wird umso verständlicher, wenn man drei Faktoren berücksichtigt:

1. Es soll eine in sich abgeschlossene Repräsentation der Daten innerhalb der Programmierumgebung angestrebt werden:

   - Das DIANA-Netz kommt einem semantischen Netz gleich,

   - semantische Netze sind in NF^{2D}-Relationen darstellbar,

   - NF^{2D}-Relationen sind als Ada-Typkonstrukte auszudrücken, die wiederum als DIANA-Netz beschrieben werden.

2. Eine einheitliche Repräsentation von Anwendungs-, Beschreibungs- und Informationsstrukturen ist angestrebt:

   - Relationengebilde werden als NF^{2D}-Relationen dargestellt,

   - NF^{2D}-Relationen werden durch DIANA beschrieben und

- DIANA-Darstellungen werden durch NF^{2D}-Relationen als Relationengebilde dargestellt.

3. Das konzeptuelle Datenschema, also die Basisinformation zur Erzeugung neuer Datenbankanwendungen, Anwendungsprogrammierern in effizienter Form verfügbar gehalten werden soll:

  - In einem Anwendungsprogramm werden erstmalig Relationen deklariert und finden Eingang in das konzeptuelle Datenschema.

  - Aus den DIANA- bzw. NF^{2D}-Darstellungen des Schemas wird ein übersetzbares Ada-Deklarationspaket rekonstruiert und vom Ada-Übersetzer verarbeitet.

  - Das übersetzte Paket kann von weiteren Anwendungsprogrammen importiert werden, die Relationen sind ohne neuerliche Deklaration verfügbar (siehe Abbildung 4.3).

Ein Anwendungsbeispiel

Betrachten wir nun ein einfaches Beispiel, welches die Ablage und spätere Anfrage eines Relationengebildes *Linie* zum Inhalt hat, und das vollständig im Anhang als Programm A.2 enthalten ist. Das Relationengebilde habe die Form

$$Linie = [C, \; < \mathcal{LINIE}, \; \mathcal{ORT} >]$$

mit den vereinfachten Relationenschemata

$$\mathcal{LINIE} \;\; ((Ort_1, D^{Ort_1}), (Ort_2, D^{Ort_2}) \; (\mathcal{ORT}, Nullwert));$$
$$\mathcal{ORT} \;\; (X, \, Y : \, Koordinatenwert);$$

Wegen der veränderten Varianzrepräsentation muß die dynamische Ausprägung der Attribute Ort_1 und Ort_2 in der Ada-Darstellung des Programmes der Relation ORT beigefügt werden und ergibt folgende Programmdeklaration:

```
type ORT (D : boolean := true) is record
  case D is
    when true  => X, Y : Koordinatenwert;
    when false => null;
  end case;
end record;


type LINIE is record
  Ort_1, Ort_2 : ORT;
end record;
```

Geben wir der Zugriffsrelation den Namen ZUGRIFF, und erlauben den Zugriff des Programmes auf Linien und Orte, hat die Relation das Schema

$$Zugriff \, (Kommando : \, Datenbankbefehle; \, (Relationen, D^{Relationen}) : \, (\mathcal{ORT}, \mathcal{LINIE}));$$

mit der Programmdeklaration

```
type D_Relationen is (d1, d2);

type ZUGRIFF (Relation : D_Relationen := d1) is record
  Kommando   : Datenbankbefehle;
  case Relation is
    when d1 => point : ORT;
    when d2 => line  : LINIE;
  end case;
end record;
```

Durch den Übersetzer wird nun die intermediäre Programmbeschreibung in der DIANA-Form erzeugt, welche die Relationen ORT, LINIE und ZUGRIFF als Teilbaum von Knoten und Kanten beschreibt. Die im Anhang als Programm A.3 gezeigte Darstellung ist eine automatische Linearisierung des in Hamburg vom Übersetzer erzeugten Netzes bei der die Knoten als Datenverbünde und die Kanten als Marken (label) erscheinen. Jede Marke setzt sich aus der Nummer der Übersetzungseinheit (L...) und der beim Linearisierungsdurchlauf erzeugten Knotennummer (_...^) zusammen

```
LO65_00053: DN_TYPE_ID [LX_SRCPOS 25.6;
                        LX_SYMREP "ORT";
                        SM_TYPE_SPEC LO65_00061^;]
```

Zur Nomenklatur: DN bedeutet *DIANA-Node*, TYPE_ID ist der Name des Knotens, der die Bezeichnung eines Ada-Typs repräsentiert. Die Attribute sind ihrer Bedeutung entsprechend benannt: Bei lexikalischen Angaben mit LX, semantischen Zusammenhängen mit SM und abstrakter Syntax AS; ein dem Namen nachgestelltes S steht für eine Liste. Um Informationen, wie die Position der Deklaration im Programmtext (LX_SRCPOS) oder Angaben über die technische Darstellung zur Codeerzeugung bereinigt, ergibt sich für die Darstellung der Diskriminantenmenge folgendes Bild.

```
LO65_00061: DN_RECORD [SM_DISCRIMINATS LO65_00060^;
                       SM_PACKING FALSE;
                       AS_LIST <LO65_00079^>]
LO65_00060:    DN_VAR_S [AS_LIST <LO65_00059^>]
LO65_00059:       DN_VAR [AS_ID_S LO65_00055^;
                          AS_TYPE_SPEC LO65_00057^;]
LO65_00055:        DN_ID_S [AS_LIST <LO65_00054^>]
LO65_00054:         DN_DSCRMT_ID [LX_SYMREP "D_ORT";
                                  SM_OBJ_TYPE LO65_00057^;]
LO65_00057:         DN_CONSTRAINED [AS_NAME LO65_00056^;
                                    SM_CONSTRAINT VOID;
                                    SM_BASE_TYPE LO02_00010^;
                                    SM_TYPE_STRUCT LO02_00010^;]
LO65_00056:           DN_USED_NAME_ID [SM_DEFN LO02_00009^;]
```

(Verweise auf importierte Typen oder Variable sind an den von LO65_... abweichenden Nummern zu erkennen. LO02_... verweist etwa auf die jeder Kompilation zugrundeliegende Standardumgebung mit vordefinierten Typen, z.B. "Integer".) Jedes Attribut einer Relation wird auf diese Weise sprachunabhängig dargestellt. Für die Nullwertdeklaration ergibt sich zum Beispiel der nachstehende Teilbaum:

```
LO65_00078: DN_VARIANT [AS_CHOICE_S LO65_00075^;
                        AS_RECORD LO65_00077^;]
LO65_00075:   DN_CHOICE_S [AS_LIST <LO65_00074^>]
LO65_00074:     DN_USED_OBJECT_ID [SM_DEFN LO02_00012^;]
LO65_00077:     DN_INNER_RECORD [AS_LIST <LO65_00076^>]
LO65_00076:      DN_NULL_COMP [empty]
```

Derartige Programmteilbeschreibungen lassen sich nun, durch geeignete Anwendung der Integrationsfunktion ν in Relationen umsetzen. Solche Integrationen ergeben beispielsweise für die Nullwertdarstellung eine Relation DN_VARIANT mit dem Relationenschema

```
DN_VARIANT (AS_CHOICE_S: (DN_CHOICE_S (AS_LIST: (DN_USED_OBJECT_ID: SM_DEFN)));
            AS_RECORD: (DN_INNER_RECORD (AS_LIST: (DN_NULL_COMP: empty))));
```

und dem Relationengebilde

```
DN_VARIANT = (C,<DN_CHOICE_S,     DN_USED_OBJECT_ID,
              DN_INNER_RECORD, DN_NULL_COMP>)
```

als Formalismus.

Die Beschreibungsrelationen werden nun in der Datenbank, im konzeptuellen Datenschema gespeichert, die Anwendung erzeugt während des Programmlaufes ein Tupel der Relation *LINIE* und legt es in der Datenbank ab. Nach Beendigung dieses Programmes wird von der Datenbank eine lesbare Rekonstruktion des konzeptuellen Datenschemas angefertigt, die ausgedruckt und dem Ada-Übersetzer zur Verarbeitung gegeben wird. Ein Vergleich der neuerlichen Übersetzung aller Deklarationen mit dem konzeptuellen Schema beweist die Korrektheit der Rekonstruktion und ermöglicht die Freigabe des Deklarationspaketes zum Import durch neue Anwendungsprogramme (siehe das Beispielschema im Anhang als Programm A.4).

Würde das gleiche Programm nun noch einmal oder ein weiteres zur Anfrage des Relationengebildes *Linie* geschrieben werden (vgl. analog Programm A.5 im Anhang), schrumpfte der Deklarationsteil auf wenige Zeilen zusammen:

```
with CONCEPTUAL_SCHEMA;
procedure GET_LINIE is use CONCEPTUAL_SCHEMA;

type ZUGRIFF is record
   Kommando   : Datenbankbefehle;
   Relation   : LINIE;
end record;
```

Prozeduren und Funktionen im konzeptuellen Schema

Ein ein wesentlicher Faktor in der automatischen Szenenanalyse ist regelhaftes Wissen, das die Beschreibung von Vorgängen und deren Zuordnung zu Objekten ausgedrückt. Es ist üblich, dieses Wissen in prozeduraler Form auszudrücken, und sinnvoll, häufig verwendete Mechanismen als importierbare Programmeinheiten in der Programmierumgebung vorzuhalten. Hierbei handelt es sich um Prozeduren und Funktionen, die beispielsweise standardisierte Vergleiche von Bildprimitiven ausführen.

Ein Beispiel für die Speicherung von Prozeduren als textuelle Einheiten ist OMEGA, ein auf dem relationales Datenbanksystem INGRES basierendes Programmentwicklungssystem. Es bietet eine relationale Datensicht auf Konstrukte, wie

- Variable referenzierende Befehle,

- modular verwendete Prozeduren, Ein-, Ausgabebefehle und

- diverse Datenangaben hierzu

[LINTON 84]. Expertensysteme enthalten ebenfalls ablauffähige Programmteile, die nach Regeln zu komplexen Verarbeitungsfolgen kombiniert werden können. In einer Ada-Programmierumgebung ist es möglich, Prozeduren und Funktionen ebenso zu beschreiben, wie Typdeklarationen.

Analog zu variablen Objektausprägungen in Bildern einer Bildfolge treten bei Programmteilen spezielle Ausprägungen bestimmter Sprachbefehlsklassen auf – etwa konditionierte Iterationsbefehle. Der Ada-Übersetzer beschreibt diese Programmteile während der Übersetzung durch ein DIANA-Netz, das als Relationengebilde in NF^{2D}-Form in der Datenbank speicherbar ist. Die Datenbank enthält also Relationen, deren Tupel nicht nur Bildobjekt- sondern auch Prozedur- und Funktionsbeschreibungen sein können. So, wie Relationen von Bildobjektbeschreibungen, erscheinen die Relationen von Programmobjektbeschreibungen auch im konzeptuellen Datenschema – was bedeutet, daß die Programmteile nun im Deklarationspaket des konzeptuellen Datenschemas enthalten und importierbar sind.

Betrachten wir auch hierzu ein Beispiel:

```
        function theta (reference : in Koordinatenwerte;
                        example   : in ORT;
                        threshold : in integer) return acceptance is
        begin
          if (reference + Koordinatenwerte(threshold) > example.X.W) or
             (reference - Koordinatenwerte(threshold) < example.X.W) then
            return accepted;
          else
            return not_accepted;
          end if;
        end theta;
```

ist ein Ausschnitt aus dem Beispielprogramm A.5 im Programmanhang. Die Funktion bewertet Punktähnlichkeiten durch Vergleich der X-Koordinaten mit einem Schwellwert. Es wird ein Toleranzintervall gebildet. Jeder Befehl der Funktion wird im DIANA-Netz repräsentiert. Stellvertretend wird hier nur die konditionierte Verzweigungsoperation dargestellt:

```
        if_statement ::= IF condition THEN
                            sequence_of_statements
                         END IF;
```

Dieses sogenannte *If-statement* wird durch Knoten der Struktur

```
        DN_IF (AS_LIST   : Seq of COND_CLAUSE;
               LX_SRCPOS : source_position);
```

beschrieben. Die Varianz der Bedingungsform, verborgen im Begriff COND_CLAUSE, wird durch einen weiteren DIANA-Knoten dargestellt, und ist im als strukturiertes, dynamisches Attribut darzustellen.

```
        COND_CLAUSE ((AS_EXP_VOID, D) : EXP_VOID;
                     AS_STM_S            : STM_S;
                     LX_SRCPOS           : source_position)
```

Da von der Ada-Syntax für die Ausprägung der Verzweigungsbedingung nahezu keine Einschränkungen vorgesehen sind, kann es sich dabei um jede Art von Ausdruck handeln – vom Konstantenvergleich bis zum Unterprogrammaufruf – und ergibt eine große Diskriminantenmenge:

$$D^{AS\_EXP\_VOID} = \left\{ d_1, \ldots, d_n \middle| \begin{array}{rcl} \delta(d_1) &=& NAME \\ \delta(d_2) &=& aggregate \\ \delta(d_3) &=& allocator \\ \ldots &=& \ldots \\ \delta(d_n) &=& used\_char \end{array} \right\}$$

Sind auf diese Weise alle Befehle, Parameter und lokalen Typdeklarationen in relationale Form gebracht worden, und ist die Funktionsbeschreibung als NF^{2D}-Relation im konzeptuellen Datenschema integriert (siehe Programm A.6 und das daraus zu erzeugende Konzeptuelle Datenschema A.7 im Anhang), kann sie von Programmen ebenso importiert werden, wie etwa Relationen zur Beschreibung von Bildobjekten. Man kann von einer *homogenen Wissensverwaltung* sprechen (vgl. Programm A.8).

Abschließend ist zu sagen, daß durch die Ada-Programmierumgebung eine integrierte Lösung für Bildinterpretationen mit Unterstützung einer Datenbank realisierbar ist. Wie dies im einzelnen in einer Prototypimplementation geschieht, beschreibt der Abschnitt 4.3. Zunächst sollen die zur

Programmablaufphase anstehenden Kontroll- und Dienstleistungsmechanismen besprochen werden.

4.2 Aktive Unterstützung der Programmphase

Zu den allgemeinen Funktionen während der Ablaufphase einer Bildfolgenanalyse gehören Kontrollmechanismen, wie Bereichsüberschreitung in der Definition einer Benutzersicht und Prüfungen der Datenintegrität. Im folgenden betrachten wir diese Aspekte unter der Voraussetzung, daß Anwendungen und Datenbank in einem Ada-Programmiersystem erstellt und ausgeführt werden, und daß die im Abschnitt 4.1 beschriebene Schemaführung in Form importierbarer Deklarationspakete realisiert ist.

4.2.1 Laufzeitprüfungen und Datenintegrität

Alle Funktionen, die von einem DB-System während des Ablaufes einer Anwendung zum Schutz der gespeicherten Daten ausgeführt werden, fallen unter den Begriff Laufzeitprüfungen. Derartige Prüfmethoden gehen zu Lasten des zeitlichen Aufwandes einer Datenbankanfrage, so daß bei komplizierten Abläufen der Umfang von Aktionen exakt definiert und auf ihre Durchführbarkeit untersucht werden muß.

Von besonderem Interesse sind hierbei Konsistenzprüfungen, bei denen die Einheitlichkeit des gesamten Datenbestandes geprüft wird. Lorie et al. verweisen in ihren Untersuchungen stets auf das Problem, relativ geringe Datenmengen während langfristiger Bearbeitungsvorgänge verändern zu müssen, ohne den gesamten Datenbestand verändern zu dürfen [LORIE 81]. Bereits Anfang der 70'er Jahre wurde darauf hingewiesen, daß eine *UPDATE*-Funktion zur Modifikation von Daten nicht die Zerstörung der bislang gültigen Datensätze zur Folge haben dürfe [SCHÜLER 77], sondern die *veralteten* Daten weiterhin zugreifbar sein sollten. Zur Lösung dieser Aufgabe existieren zwei wesentliche Ansätze, die im Bereich der *non-standard-Datenbanken* eingesetzt werden.

- Lorie et al. selbst schlagen zu diesem Zweck *private Datenbankkopien* vor. Lokal zu verändernde Datenmengen aus dem Datenbestand der Basisdatenbank sind für einen bestimmten Zeitraum zu separieren. Nach Beendigung der Modifikationen, d.h. in der Regel nach Beendigung eines Konstruktionsvorganges, müssen die privaten Daten wieder in die Basisdatenbank integriert werden. Eine Lösung, die dem Problem nur temporär gerecht wird, da nach der Integration die *alten* Daten dennoch nicht mehr oder eben nur noch in veränderter Form zugreifbar sind [LORIE+PLOUFFE 82].

- Datenversionen, wie von B. Schüler gefordert, werden für *non-standard-Anwendungen* von [DEPPISCH+ 85A], [LAMERSDORF+ 84] eingesetzt. Das markierte Verwahren *veralteter* Datensätze in sogenannten Versionen bietet dauerhaften Datenzugang bei gleichzeitiger Möglichkeit, Datenhistorien zu erstellen. So kann der konsistente Arbeitsablauf einer Anwendungsfolge überprüft werden.

Betrachten wir wieder ein Beispiel. Unterschiedliche Verarbeitungsansätze seien auf einer Bildfolge zur Erstellung der in Kapitel 1, Seite 8 beschriebenen Darstellungshierarchie eingesetzt. Ausgehend von einer Grobmodellierung des dort betrachteten Fahrzeuges durch die konvexe Hülle [DRESCHLER 81], werde zur Verbesserung der Formrepräsentation durch eine konkave Hülle, [WESTPHAL 84],

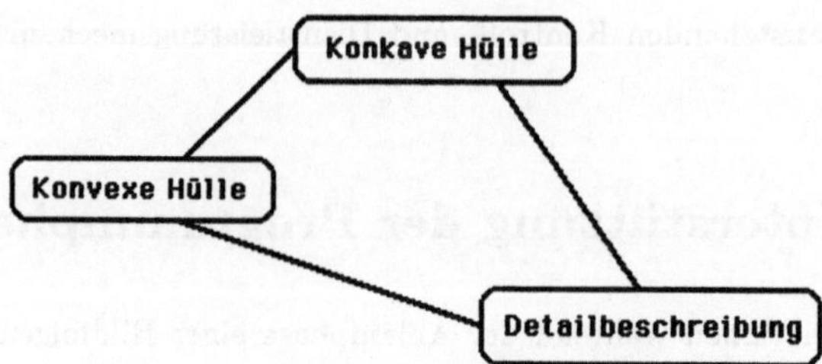

Abbildung 4.4 — Verarbeitungsvorgang zur Verbesserung der Objektrepräsentation

zur Modellierung *innerer* Strukturen, wie Fenster und Türen des Fahrzeuges, ein beliebiger anderer Ansatz zur Verbesserung der allgemeinen Detailbeschreibung eingesetzt.

Abbildung 4.5 — Verbesserungsvorgang bei Verwendung privater Datenbankkopien

Während private Datenbankkopien nach der Integration ihrer Veränderungen eine neue, detaillierte Repräsentation des betrachteten Fahrzeuges anbieten, werden durch Versionen lediglich die Änderungen im Datenbestand hinzugefügt und als neue Version, in Verbindung mit den alten Repräsentationsdaten im Datenbestand gehalten.

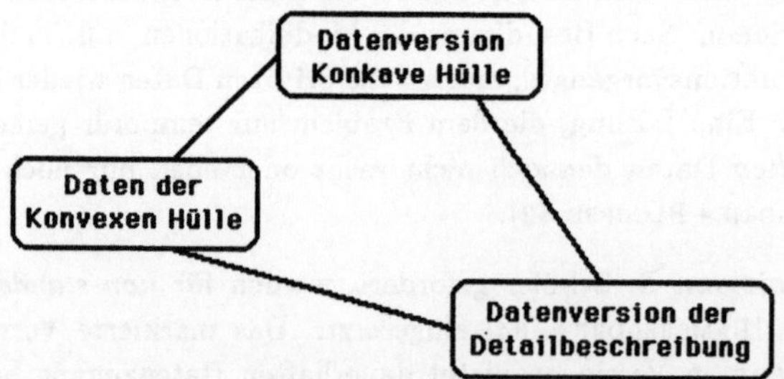

Abbildung 4.6 — Verbesserungsvorgang bei Verwendung von Datenversionen

Die einfache Sequentialisierung der als parallel ablaufend angenommenen Ansätze verdeutlicht den qualitativen Unterschied beider Lösungen.

Private Kopien und die Integration der Repräsentationsdaten aus der Erzeugung einer konkaven

Hülle bilden nun die Ausgangsdaten für den allgemeinen Detaillierungsansatz. Die ursprünglich als Ausgangsdaten vorgesehenen Daten der konvexen Hülle sind nur noch durch Ignorieren der erarbeiteten Verfeinerungen erreichbar – wozu letztlich die Kenntnis der Differenz beider Datensätze notwendig wäre.

Versionen umgingen das Problem, da die alten Daten unverändert erhalten blieben und stets für Anwendungen, die mit einer groben Modellierung ausreichten, zur Verfügung stünden. Problematisch ist jedoch der starke Datenzuwachs bei dieser Methode, dem eventuell mit temporären Gültigkeitsbegrenzungen für bestimmte Datenmengen begegnet werden könnte.

Datenkonsistenz: View-Kontrolle

Der Begriff *Datenkonsistenz* wird häufig mit Integrität des Datenbestandes identifiziert. Im folgenden soll Konsistenz jedoch bedeuten, daß Widerspruchsfreiheit zwischen der Benutzersicht und dem konzeptuellen Datenschema besteht. Normalerweise aufwendige Vergleichsmechanismen, etwa bezüglich der Typverträglichkeit deklarierter Attribute, sind bei einer automatisierten Schemaführung weitaus unproblematischer.

Importierbare Schemainformation zur Bildung der Benutzersicht überträgt durch die Beziehung

$$\textit{externes Schema } (ES) \quad \subseteq \quad \textit{konzeptuelles Schema } (KS)$$

einen Teil der Prüfaufgaben dem Hochsprachenübersetzer, so daß folgende Fallunterscheidung gilt:

1. Deklaration der externen Datensicht ohne Importinformation aus dem KS und ohne Import des Schemapaketes.

```
procedure MAIN_PROGRAM is

type ORT (D_ORT : boolean := true) is record
  case D is
    when true  => X, Y     : INTEGER;
    when false => null;
  end case;
end record;
```

Ohne Bezug zum vordeklarierten Datenbankschema (etwa aus dem Beispiel A.4 aus dem Anhang) ist diese Deklaration statthaft.

2. Relationsdeklaration wie unter 1., jedoch mit dem Programmkopf

```
with DRAGON_CONCEPTUAL_SCHEMA;
procedure MAIN_PROGRAM is use DRAGON_CONCEPTUAL_SCHEMA;
```

Fehlermeldung durch den Übersetzer bei Neudeklaration namensgleicher Typen unterschiedlicher Typausprägung wegen des des strong-data-typing-*Konzeptes und dem Verbot, des sogenannten* overloading *für Datentypen.*

3. Relationsdeklaration mit Schemainformation und eigenen, zusätzlichen Deklarationen

```
with DRAGON_CONCEPTUAL_SCHEMA;
procedure MAIN_PROGRAM is use DRAGON_CONCEPTUAL_SCHEMA;
```

```
type colour_type is (red, green, blue, black, white);

type my_point_relation (D : boolean := true) is record
   case D is
      when true  => x, y    : KOORDINATERWERTE;
                    colour   : colour_type;
      when false => null;
   end case;
end record;
```

Typanalyse der nichtimportierten Teile durch den Übersetzer in gleicher Weise, wie bei importierten Teilen, jedoch zusätzliche Aufnahme der neuen Relation in das KS durch

$$KS' := KS \cup (KS \cap ES)$$

4. Vollständiger Import der verwendeten Relationen ohne änderung aus dem Importpaket, wie in Programmbeispiel A.5 gezeigt.

Durch

$$ES \subseteq KS$$

ist dies die einfachste und unproblematischte Deklarationsmethode.

Die Beschränkung auf Deklarationskonstrukte der verwendeten Hochsprache garantiert also eine Konsistenzprüfung durch den Sprachübersetzer und erscheint in Bezug auf die Praktikabilität in einem Programmiersystem für die Analyse von Bildfolgen als ausreichend.

Datensicherheit: Zugriffskontrollen

Obgleich in einem Datenbankbetrieb lokaler, wissenschaftlicher Ausprägung die Einführung von Zugangskontrollen zu Datensätzen zumindest offen bleiben darf, ist der Aspekt von Lehre und Ausbildung an den bestehenden Datensätzen ohne private Datenkopien ein Argument zur Implementation einfacher, jedoch den Datenbestand schützender Mechanismen.

Versionen sichern Daten vor unbeabsichtigtem Zerstören durch fehlerhafte Untersuchungsansätze, indem die fehlerhafte Version relativ einfach identifiziert und wieder beseitigt werden kann. Weitere Auswirkungen auf den Datenbestand existieren nicht.

Löschen von Daten hingegen ist eine besonders kritische Operation, die – bei konsequenter Einführung des Versionenkonzeptes – generell verboten, oder physikalisch nicht in der gewohnt zerstörenden Weise implementiert ist. Traditionelle Implementationen von Löschoperationen mit datenvernichtender Wirkung wären jedoch durch Schutz- und Sicherungsangaben im Inhaltsverzeichnis, z.B. durch Angaben der

- L(ese)-, S(chreib)-, M(odifikations)- und Z(erstörungs)-Berechtigungen für Benutzergruppen, wie

- S(ystem), E(rzeuger der Daten), M(itbenutzer) und A(usbildung).

Kombination mit Namenseintragungen und angemeldeter Datenbenutzung erlauben damit Zugriffskontrollen in der Art, wie moderne Datenverarbeitungssysteme Zugangskontrollen realisieren.

Parallelverarbeitung

Datenbanken, die über Netzkommunikationspfade angesprochen werden und als zentrale Dienstleistung angeboten werden, bieten den Vorteil paralleler Auftragsverarbeitung. Dieses Konzept ist bei Anwendung des *Back-End-Prinzips* relativ einfach einzuführen, da hier eine komplette Datenvor- und -nachbereitung vorgenommen wird, die dem Datenbankanwender ohnehin *fertige* Daten abnimmt bzw. bereitstellt und keine Leistungen des Anwendungsprogrammes fordert.

Beachtenswerte Punkte sind im Parallelbetrieb

- feste Formate der Schnittstellenprotokolle zur Erhaltung einer größtmöglichen Kompatibilität in der Verwendung verschiedener Kommunikationsmedien – etwa ETHERNET oder DATEX-P – sowie

- eine vollständige Auftragsverwaltung eingehender Datenbankanfragen, deren Ausprägung am Mehrbenutzerbetrieb orientiert sein könnte.

Auftragsverwaltung

Einfachste Form der Auftragsannahme ist die sequentielle Abarbeitung eingehender Aufträge bei gleichzeitigem Warten der Anwendung auf eine Antwort. Hierbei würden allerdings die Vorteile des Parallelbetriebes wieder aufgezehrt.

Eine Verwaltung, die Transaktionen und Transaktionsstatus zur Abfrage bereithält erscheint sinnvoller. Der hohe Such- und Kombinationsaufwand bei Anfragen nach Relationengebilden erfordert die Integration eines quasiparallelen Prozeßkonzeptes, wie es das Ada-*tasking*-Konzept anbietet, oder in einer technisch unterstützten Prozeßhierarchie. Mehrere gleiche Prozesse könnten dann voneinander unabhängige Transaktionen parallel in der Art eines Teilnehmersystems bearbeiten. Regelmäßige Statusmeldungen würden Zustands- und Aufsatzpunkte dokumentieren.

Zusammenfassung

Betrachtet man die wechselnden Anforderungen, die an eine Datenbank durch verschiedene Forschungsansätze gestellt werden, bieten die aufgezeigten Kontrollen während des Laufes von Datenbankanwendungsprogrammen nur ein Minimum an Daten- und Zugriffssicherheit. Durch die Integration der Datenbank in eine umfangreiche Programmierumgebung werden jedoch verschiedene Aufgaben, etwa die Datensichtanalyse, neu auf die Komponenten eines Sprachsystems verteilt.

Die Konzepte moderner Hochsprachen, wie Ada, garantieren innerhalb eines Programmiersystems mit integrierter Datenbank

- Datenintegrität durch strenges Typkonzept,

- Varianz und Effizienz durch Modularität,

- Quasiparallelität durch Prozeßmanagement,

- Portabilität durch weltweite Standardisierung und

- metasprachliche Schnittstelle innerhalb einer Programmierumgebung.

4.3 Stand einer Prototypimplementation

Erste Überlegungen zur Implementation einer Datenbank für die Unterstützung der Bildfolgenanalyse wurden bereits 1980 in einer Studienarbeit dokumentiert, die sich mit der Einsetzbarkeit
relationaler Konzepte zur Repräsentation von Bilddaten beschäftigte [REKERS+SCHRÖDER 80]. Ein
Jahr später konnte die Systemkonzeptionierung im Rahmen eines Projektes der Deutschen Forschungsgemeinschaft (DFG) fortgeführt werden. Im Frühjahr 1983 war ein Datenbankprototyp
fertiggestellt, der in Pascal geschrieben, auf einem Labornetz aus vier Prozeßrechnern des Typs
DIETZ-MINCAL 621x2 [BENN+FAASCH 81] für Benutzer zur Verfügung stand.

Positive Erfahrungen aus dieser ersten Implementation waren:

+ Parallelität zwischen Datenbankanwendung und Datenbank wurde durch das Rechnernetz
  realisiert,

+ Parallelität zwischen einzelnen Datenbankprozessen, etwa Auftrags- und Plattenverwal-
  tung, wurde durch die prozessorinterne Verwaltung quasiparallel ablaufender, technisch
  unterstützter Pascal-Prozesse ermöglicht.

Negative Resultate ergaben sich bei Testanwendungen:

− Der Speicherplatz paralleler Pascal-Prozesse war derart begrenzt, daß nur wenige Anwen-
  dungsdaten im Speicher eines Prozesses gehalten werden konnten, und

− die Virtualisierung des Speicherbereiches wegen technischer Zwänge durch das Betriebssystem nicht realisierbar erschien.

Gleichzeitig kam die Entwicklung der Codeerzeugung für ein von der Universität Karlsruhe über-
nommenes Ada-Übersetzungspaket zügig voran, die in einem parallel zur Entwicklung der Datenbank betriebenen DFG-Projekt betrieben wurde [FAASCH+ 85]. Mit dem fertigen Übersetzer sollte
es möglich sein:

+ Im Laborrechnernetz den Speicherplatz jedes Prozessors ohne Beschränkung durch das Betriebssystem zu nutzen.

+ Eine mikroprozessorgesteuerte Netzkommunikation zu verwenden, die schnelleren Datenaustausch als bisher und eine verbesserte Anpassung an Technik und Programmiersprache
  ermöglicht.

+ Das *Back-End-Prinzip* zu implementieren.

+ Ein komfortables Ada-Programmiersystem zu schaffen, wie es in Abschnitt 4.1 beschrieben
  ist.

Betrachten wir nun die einzelnen Komponenten der Datenbank, die zur Zeit in Ada realisiert sind
oder für den Anwendungseinsatz getestet werden.

·4.3.1 Die DRAGON-Datenbank

Der Drache, Sinnbild für Kraft und Durchsetzungsvermögen in der asiatischen Mythologie, gab der Datenbank einen Namen, der in Kürze alle wichtigen Eigenschaften dieses Dienstleistungspaketes zusammenfaßt:

D atenbank für

R elationengebilde mit

A ggregation und

G eneralisierung von

O bjektbeschreibungen in

N F^{2D}-Relationen.

Mit der Deklaration `with DRAGON; use DRAGON;` am Beginn eines Ada-Anwendungsprogrammes stehen vier Basisoperationen des Datenbankkerns im Programm zur Verfügung.

Der Datenbankkern

Vier Grundoperationen, *get*, *put*, *modify* und *delete*, bietet der Kern der Datenbank an. Jede dieser Funktionen kann durch einen entsprechenden Befehl in der Zugriffsrelation für ein Objekt aus der Wertemenge des Attributes *Relation* aktiviert werden. Der Übermittlungsmodus ist dabei folgender:

1. Im Programm der Anwendung wird ein Tupel der Relation `ZUGRIFF` erzeugt, wobei angegeben werden muß, welche Typausprägung das dynamische Attribut `Relation` erhalten soll.

2. Dem Attribut `Kommando` wird ein Befehl aus der Menge der zugelassenen Datenbankbefehle zugewiesen. Es ist auch möglich, im Programm eine Reihe von Tupeln zu erzeugen, die verschiedene Befehle für die Datenbank durch Vordeklaration erhalten haben und bei denen die Zulässigkeit der Befehlsausprägung bereits durch den Übersetzer geprüft wurde.

3. Dem Attribut `Relation` wird nun ein Tupel einer Relation zugewiesen, die der erzeugten Typausprägung des Attributes entspricht.

4. Das Tupel der Relation `ZUGRIFF` wird an die Datenbank übergeben. Hierbei sind zwei Fälle zu unterscheiden:

   (a) Die Datenbank residiert physikalisch auf einem anderen Prozessor im Netz als das Anwendungsprogramm – was die Regel ist.

   (b) Die Datenbank und das Anwendungsprogramm sind logische Prozesse eines physikalischen Prozessors – etwa bei Testfunktionen.

   Beide Datenübergaben stellen sich dem Anwendungsprogramm identisch dar, da der Unterschied in den zur Übergabe zu verwendenden Sendeprozeduren im Programmrumpf des importierten DRAGON-Paketes liegt und dem Benutzer der Funktionen verborgen bleibt. Diese einheitliche Benutzeroberfläche wird durch das Überladen von Funktionen in Ada ermöglicht.

Die zulässigen Befehlsausprägungen orientieren sich an den Strukturvergleichen, die im Abschnitt 2.3 beschrieben sind und haben Bezeichnungen wie

IM-get zur Anfrage nach einem mit der Spezifikation identischen Relationengebilde, (IM = isomorph),

KM-get zur Anfrage nach einem Tupel mit maximaler Teilidentität zum spezifizierten Relationengebilde, (KM = komorph),

put zur Ablage eines Relationengebildes im Datenbestand oder

modify für die Veränderung einzelner Attribute in Tupeln, was auch als besondere Ausprägung eines inversen komorphen Ablagebefehls angesehen werden kann, indem nicht der Tupelteil maximaler Teilidentität abgelegt wird sondern der verbleibende nichtidentische Teil.

(siehe hierzu die daran angelehnte Deklaration des DRAGON-Paketes im Anhang A.1).

Benutzersicht und konzeptuelles Datenschema

Zum Datenbankkern gehört weiterhin ein Ada-Programmpaket, welches die Analyse der Benutzersicht in genau der Weise vornimmt, wie sie in Abschnitt 4.1 beschrieben ist. Das Paket ermittelt aus den Metadaten der DIANA-Darstellung des Anwendungsprogrammes Art und Umfang der Zugriffsrelation und der übrigen, im Programm deklarierten Relationen. Hierfür existiert ein Prototyp, der gezeigt hat, daß das vorgeschlagene Prinzip der Sichtanalyse realisierbar ist, jedoch nur Zugriffsrelationen einfachen Typs zu erkennen erlaubt:

```
<user-view>        ::= <view-name>,<contents>
<view-name>        ::= ZUGRIFF
<contents>         ::= <static-part>,<variant-part>
<static-part>      ::= <var-declaration>,[<var-declaration>]
<var-declaration>  ::= object-declaration — access-type-defn
<variant-part>     ::= <relation-access>,[<relation-access>]
<relation-access>  ::= access-type-defn (<relation>)
<relation>         ::= <relation-name>,<static-part>
<relation-name>    ::= name
```

(**Fettgedrucktes** bezeichnet Symbole aus der Ada-Sprachdefinition bzw. reservierte Worte der Sprache.) Aus dieser formalen Definition zur Relationssyntax geht hervor, daß der Prototyp nur für eins-normalisierte Relationen zu verwenden war und damit nur den Anforderungen entsprach, die für QSE auf der Ebene intermaschinellen Datenaustausches angegeben waren (vgl. 3.7.1). Zur Zeit wird daran gearbeitet, den Prototypen zu verallgemeinern und die Beschränkungen aufzuheben. Dieses erweiterte Programm befindet sich derzeit in der abschließenden Testphase und wird demnächst in den Kern der Datenbank integriert werden. Hieran schließt sich eine weitere Arbeit an, die sich mit der Rekonstruktion der im Datenverzeichnis enthaltenen Metadaten in lesbare und wieder übersetzbare Form beschäftigen, also das konzeptuelle Datenschema analog zu Abschnitt 4.1.2 für Anwendungsprogramme im Ada-Programmiersystem bereitstellen.

Wie vorgeschlagen, ergibt sich das konzeptuelle Datenbankschema aus der Sammlung von Beschreibungen aller in externen Schemata deklarierten Relationen. Hierfür existiert im eigentlichen Verwaltungskern der Datenbank eine Inhaltsrelation, die alle wichtigen Beschreibungsdaten in Form von Attributen enthält. Das Relationenschema kann in der Form

$$Inhalt \; ((Datenbeschreibung, D^{Datenbeschreibung}); \; Verwaltungsdaten);$$

formalisiert werden, woraus sich das konzeptuelle Schema aus der Projektion

$$\pi[Datenbeschreibung](Inhalt);$$

ergibt.

Substitution von Programmreferenzen

Eine parallel betriebene Arbeit beschäftigt sich mit der Ablage von diesem Analysepaket erzeugter Beschreibungsdaten im Datenverzeichnis der Datenbank. Der Schwerpunkt dieser Arbeit liegt also in der internen Repräsentation stark strukturierter Objektbeschreibungen. Für die Aufgabe ist es notwendig, Programmreferenzen in Datenbankreferenzen umzuformen, wie es in der Mitteilung [BENN+RADIG 83B] beschrieben ist. Betrachten wir daher kurz den theoretischen Hintergrund dazu:

Programmreferenzen in Relationengebilden haben stets nur beschränkte Gültigkeit – sie unterliegen der ihnen durch Anwendungsprogramm und Laufzeitunterstützung des Rechensystems vorgegebenen Lebensdauer Variabler und Typen. Eine Langzeitspeicherung solcher Gebilde ist daher nur nach vorheriger Referenzsubstitution möglich.

Wie bei der Übergabe eines Zugriffstupels ist auch hier zu unterscheiden, ob die referenzsubstituierende Datenbank physikalisch im Prozessor des Anwendungsprogrammes residiert oder auf einem anderen Prozessor des Netzes. Ist das erstere der Fall, könnten Datenbankobjekte beispielsweise in einem gemeinsamen Speicherbereich erzeugt werden, was eine direkte Ersetzung Programmreferenz - Datenbankreferenz ermöglicht. Residieren jedoch Anwendung und Datenbank in unterschiedlichen Prozessoren, oder lassen sich keine gemeinsamen Speicherbereiche realisieren, wird eine mindestens zweistufige Referenzsubstitution erforderlich.

Ein praktikables Konzept derartiger Adreßumsetzungen ist die bereits erwähnte Verwendung von Tupelidentifikatoren (TID) zur Ersetzung der temporären Referenzen. Sie wahren als Identifikationsschlüssel die Eindeutigkeit der Referenz bei gleichzeitig meist einfacher Abbildung der physikalischen Datenlage. Hierdurch sind schnelle Systemzugriffe realisierbar.

Wir definieren die Menge der zugelassenen Speicherreferenzen als

$$REF \;=\; NIL \;\cup\; \{ref \mid ref \in [Adreßbereich]\}$$

und die Menge der zugelassenen systemvergebenen Tupelidentifikatoren als

$$TID \;=\; \{tid \mid tid \in [Schlüsselbereich]\},$$

mit beiden Intervallen als implementationsabhängige Größen.

REF teilen wir in zwei Basismengen für Attribute auf: zum einen in die Menge der Relationstupel referenzierenden Werte D_{RT} und zum anderen in die Menge der nicht Tupel sondern andere Objekte des Anwendungsprogrammes referenzierenden Werte D_R. Hierbei gelten die Beziehungen:

$$D_{RT} \cup D_R = REF \quad \text{und} \quad D_{RT} \cap D_R = NIL.$$

Zur Kennzeichnung der Referenzmengen in den verschiedenen Rechnern wird im folgenden eine hochgestellte Abkürzung der Prozessorbezeichnung verwendet. Die Menge D_{RT}^{AP} bezeichnet so die Menge D_{RT} im Prozessor des Anwendungsprogrammes, die Abkürzung D_{RT}^{DB} die Basismenge im Prozessor der Datenbank.

Nach dieser kurzen Definition betrachten wir einmal die Referenzsubstitution für den Fall, daß Anwendung und Datenbank in verschiedenen Prozessoren residieren, das Back-End-Prinzip also technisch realisiert ist. Diese Substitution kann als Teil des Überganges vom externen zum internen Datenschema angesehen werden.

Werte der Basismenge D_{RT}^{AP}, welche im externen Datenbankschema einen Teil der Semantik eines Relationengebildes enthalten, werden im internen Datenbankschema durch Werte der Basismenge TID dargestellt. Hierfür ist eine Abbildung notwendig, die wegen implementationsabhangiger Basismengen generell nicht klassifizierbar, zum Zeitpunkt der Ausführung jedoch bijektiv ist

$$\psi \; : \; D_{RT}^{AP} \; \mapsto \; TID.$$

Anforderungen von Relationengebilden erfordern die inverse Abbildung ψ^{-1}, indem die Schlüssel wieder auf Speicherreferenzen abgebildet werden.

Werden Relationengebilde bei Anfragen vollständig im Prozessor der Datenbank erzeugt, stammen die ersetzten Datenbankreferenzen in diesem Stadium der Verarbeitung noch nicht aus der Basismenge D_{RT}^{AP}, die ja nur im Speicher des anfordernden Programmes definiert ist, sondern aus der Menge D_{RT}^{DB}. Die Abbildung ψ ist folglich in zwei Teilabbildungen,

$$\psi_R \; : \; D_{RT}^{AP} \; \mapsto \; D_{RT}^{DB} \quad \text{und} \quad \psi_K \; : \; D_{RT}^{DB} \; \mapsto \; TID$$

aufteilbar. Die Abbildung ψ_R geschieht in der Regel während der Übertragung des Relationengebildes aus dem Speicher des Anwendungsprogrammes in den Bereich der Datenbank und wird durch eine interne Relation Ψ_R repräsentiert. ψ_K ist wie ψ_R zum Transaktionszeitpunkt bijektiv und wird durch eine zweite Relation Ψ_K dargestellt. Der natürliche Verbund (natural join) über D_{RT}^{DB} der Relationen Ψ_R und Ψ_K ergibt eine dreistellige Relation Ψ, über deren Tupel die Abbildungen

$$\psi(adr) \; = \; tid \quad \text{und} \quad \psi^{-1}(tid) \; = \; adr \quad \text{mit} \quad adr \in D_{RT}^{AP} \wedge tid \in TID$$

vorgenommen werden.

Ist diese Arbeit abgeschlossen, besteht die Grundlage zum automatischen Aufbau des konzeptuellen Schemas. Gleichzeitig kann diese Referenzumsetzung für die Verarbeitung benutzerdefinierter Relationengebilde bei deren Ablage im Datenbestand oder bei Anfragen nach Gebilden verwendet werden, da nach 4.1.2 für beide Aufgaben die gleiche Datendarstellung benutzt wird.

4.3.2 Spezifikation einer Anfrage

Wie kann ein Anwendungsprogramm ein ganzes Relationengebilde an die Datenbank übergeben und wie verhält es sich mit der Gebildespezifikation, zum Beispiel bei einer komorphen Anfrage. Auch hier sind wieder zwei Unterscheidungen zu treffen:

1. Das Relationengebilde ist zum Zeitpunkt der Programmerstellung bereits bekannt. Das wird bei Testanwendungen oder bei Arbeiten der Fall sein, die auf bereits erfolgen Bildverarbeitungsprozessen aufbauen und über erzeugte Beschreibungsstrukturen informiert sind, diese eventuell auch aus dem konzeptuellen Datenschema importiert haben (vgl. 3.7.1).

2. Das Relationengebilde ist zum Zeitpunkt der Programmerstellung in seiner Ausprägung unbekannt, wohl aber sind die einzelnen Komponenten bekannt. Dieser Fall tritt ein, wenn Bild- und Bildobjektbeschreibungen direkt aus den digitisierten Fernsehbildern einer Bildfolge durch Bildprimitive erzeugt werden sollen. Einfache Bildsymbole, wie $\mathcal{LINIE}$ und $\mathcal{ORT}$,

sind hierbei häufig die bekannten Gebildekomponenten und können aus dem konzeptuellen Datenschema importiert sein (vgl. 3.7.1).

Beide Vorgänge orientieren sich in ihrer praktischen Durchführung an den theoretischen Beschreibungen der angegebenen Abschnitte. Ist die Relation bekannt und liegt sie in Ada deklariert in NF^{2D}-Form vor, sind auch der Datenbank Aufbau und Ausprägung durch das Datenverzeichnis bekannt. Enthält das Attribut *Relation* des Zugriffstupels Verweise auf andere Relationentupel, setzt die Referenzverfolgung zur Analyse der Gebildestruktur ein, beide Mechanismen können natürlich auch gemeinsam auftreten. Durch die feste Zuordnung von Referenzen zu Datentypen in Ada und der Beschreibung von Relationen als Datentypen im konzeptuellen Schema kann die Datenbank bei der Referenzverfolgung erkennen, um welche Tupel es sich im angefragten Gebilde handelt.

Werte in anderen als referenzierenden Attributen werden als Beispielwerte im Sinne des Anfragebefehls aufgefaßt. Wie allerdings den Strukturvergleichen technisch Toleranzfunktionen zugeordnet werden, wenn es nicht so wie im Beispielprogramm A.8 geschieht, ist eine offene Frage.

Anfragespezifikation durch Beispielwerte

Hiermit beschäftigt sich wiederum eine parallel zu laufenden Implementierungen durchgeführte Untersuchung, die in einer Studienarbeit dokumentiert, welche Methoden geeignet sind, das Prinzip der Beispielwerte in frei kombinierbaren Tupelgebilden unterstützen [KESSLER 84]. Die anstehende Implementation realisiert Teile des Datenbankkerns, die einem Anwendungsprogramm ermöglichen, angefragte Relationengebilde durch Beispielwerte zu spezifizieren, indem die Identifizierung von Attributwerten mit schnellen Zugriffsmitteln der Datenverwaltung, mit Indizes, ermöglicht wird. Das Programm realisiert ein Streuspeicherverfahren (*Hash-Verfahren*).

Wichtig für die Implementation eines Indizierungsmechanismus' ist zu wissen, daß ein anfragendes Programm die Freiheit hat, beliebig Beispielwerte in Attributen einzusetzen. Das bedeutet, der Datenbank ist es nicht möglich, vor der Anfrage eine Indextabelle für bestimmte Attribute aufzubauen. Bei der ersten Anfrage dieser Art durch ein Anwendungsprogramm geht die Arbeitsweise zu Lasten der Befehlsausführungszeit, bei wiederholten Anfragen in der gleichen Art, mit denen zu rechnen ist, verbessert sich dann das Antwortverhalten der Datenbank.

Dieses Ada-Paket befindet sich zur Zeit in der Implementation und wird gemeinsam mit einer Erweiterung der Datenverwaltung um generische Ada-Einheiten in Kürze zur Verfügung stehen.

Netzwerkbetrieb

Das bestehende Laborrechnernetz war in seinem Ursprung auf die Unterstützung von Programmen ausgelegt, die in einem Pascal-Dialekt geschrieben wurden. Das Netz, ursprünglich als Rechnerkette (pipeline) ausgelegt, konnte durch die zentrale Steuerung aller Netzaktivitäten in einem Modul der Pascal-Laufzeitunterstützung jedoch auch in anderen Konfigurationen, etwa als Rechnerstern benutzt werden. Zeitliche und organisatorische Probleme der Kombination mehrerer aktiver Rechnerelemente, wie für das Back-End-Prinzip und eine Ada-Aufgabenverwaltung (tasking-Konzept) notwendig, ließ eine Neukonzeption der Rechnervernetzung sinnvoll erscheinen.

Diese Vernetzung basiert auf den Ein-/Ausgabeprinzipien des jedem aktiven Rechner des Netzes unterliegenden Betriebssystems. Sie ist mikroprozessorgesteuert und auf der Benutzerebene als ein Ada-Paket in Programme importierbar. Für die vordeklarierten Ada-Typkonstrukte, etwa

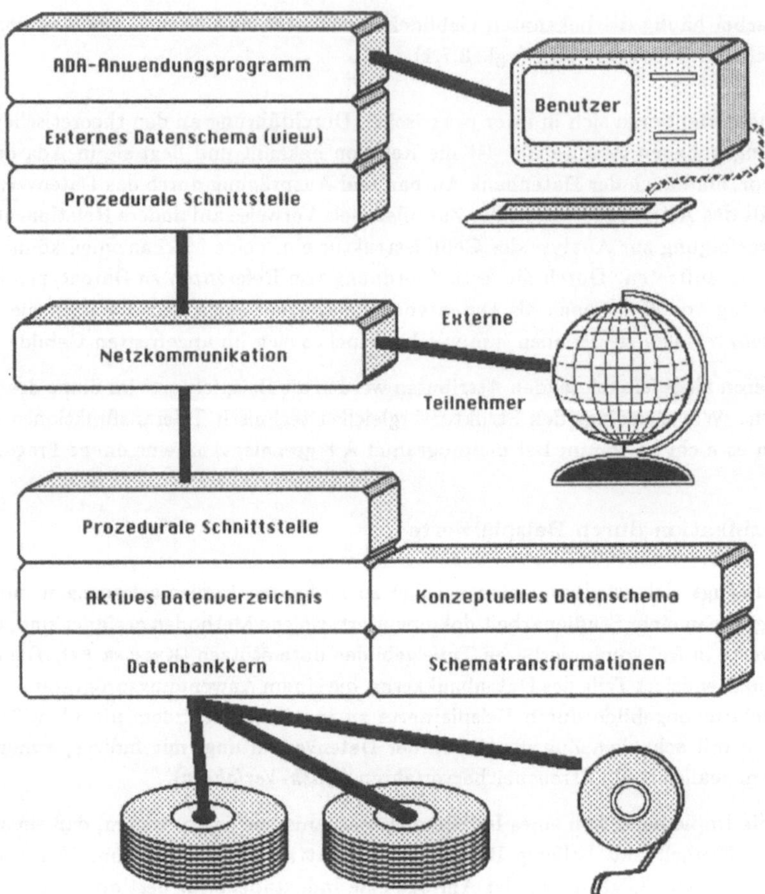

Abbildung 4.7 — Systemübersicht der Protytypimplementation

integer oder boolean, werden Sende- und Empfangsroutinen mit den zugehörigen Prüfmechanismen angeboten. Ebenfalls als ein Ada-Paket importierbar ist eine Kommunikationsschnittstelle auf der Basis von ETHERNET, die das Labornetz mit drei weiteren Rechnern der Fachgruppe, einer VAX 11/750 und zwei VAX 11/725, und dem Zentralrechner des Fachbereiches, einer VAX 11/780, verbindet.

Parallel zu den genannten vergebenen Arbeiten wird untersucht, ob eine Vereinheitlichung beider Netzarten für die Datenbankanwendungen in der Art möglich ist, daß Anwendung und Datenbank auf beliebigen Rechnern beider Netze residieren und stets einen normierten Datenzugriff in Anspruch nehmen können. Diese Arbeit wird durch einen mittlerweile vorhandenen VAX-Ada-Übersetzer unterstützt.

Aktuelle Arbeiten am Datenbankkern beschäftigen sich mit der Umstellung des bislang in Ada-HH geschriebenen Datenbankkerns in VAX-Ada, wobei die Vorzüge des generischen und des Auftragsprinzips in Ada ausgenutzt werden sollen. Beide Konzepte waren in Ada-HH nicht realisiert worden.

4.3.3 Zusammenfassung

Fassen wir auch in diesem Kapitel noch einmal zusammen, was die einzelnen Schwerpunkte der
Abschnitte waren und was die Ergebnisse der Untersuchungen erbracht haben:

- Es wurde die Integration einer Datenbank für NF^{2D}-Relationen in eine komfortable Ada-
  Programmierumgebung vorgeschlagen und gezeigt, daß in so einem System der automatisierte
  Kreislauf metasprachlich beschriebener Daten eine automatische Erstellung und Führung des
  konzeptuellen Datenbankschemas ermöglicht.

- Kontroll- und Schutzmechanismen wurden untersucht und in Relation zu einer Anwendung
  im Labormaßstab beschrieben.

- Der Stand einer Prototypimplementation für eine Datenbank mit NF^{2D}-Relationen wurde
  beschrieben und aufgezeigt, welche Ergänzungen derzeit implementiert werden.

Epilog

Image Database ist ein Artikel von G. Nagy überschrieben, in dem versucht wird, einen knappen Überblick über bislang geleistete Arbeit auf dem Gebiet der Verknüpfung von Bildverarbeitung und Datenbanken zu geben [NAGY 85]. Zwei Behauptungen hieraus erscheinen bemerkenswert:

- *... much of the work appearing under the heading "image database" describes either* image nondatabase systems *(ie. software designed to manipulate sizeable collections of image data without recourse to most important database concepts) or*

- nonimage database systems *(where the database management system containes image descriptors or attributes rather than the images themselves).*

Zwar beschreibt die vorliegende Arbeit keine Bilddatenbank im eigentlichen Sinne, doch enthält sie Konzepte, aus deren Realisierung Bilddatenbanken entstehen. Daher ist es angebracht, abschließend zu überlegen, welche Konzepte zu welchem Zweck vorgestellt wurden und zu welcher Art von Bilddatenbanken diese Konzepte führen. Welche Konzepte wurden vorgestellt?

1. Methoden zur Wissensrepräsentation und Datenmodelle für Datenbanken sind im ersten Kapitel vorgestellt und beurteilt worden. Die Betrachtung hat gezeigt, wie aus Fernsehbildfolgen unserer natürlichen Umwelt gewonnenes, symbolisch beschriebenes Wissen repräsentiert werden kann und welche Möglichkeiten bestehen, solche Wissensbeschreibungen zu formalisieren, um sie in einem Datenbanksystem standardisiert verwalten und verarbeiten zu können. Es ergaben sich folgende Einsichten:

    - Relationengebilde sind geeignete mathematische Formalismen, um statische und regelhafte Wissensinhalte zu beschreiben. Sie stellen damit eine gute Basis zur Datenstandardisierung dar.

    - Das relationale Datenmodell ist ein universales Medium zur Beschreibung komplexer Datenbeziehungen, ohne in der äußeren Erscheinungsform modellabhängige Strukturierungsvorschriften von Modellverwendern zu verlangen.

    - Methoden semantischer Datenmodellierung ermöglichen eine Anpassung der Formalismen des relationalen Datenmodells an abstahierende, assoziative Beschreibungsformen der Wissensrepräsentation.

2. Die Umformung durch Relationengebilde beschriebener Bildsymbole in Konstruktionen erweiterter relationaler Datenmodelle wurde im zweiten Kapitel begründet und gezeigt. Es war abzuwägen, verschiedene Modellerweiterungen für verschiedene Stufen der Bildverarbeitung zu verwenden, um zu einer Repräsentation der Daten im Datenmodell zu kommen, die eine objektorientierte Datensicht fördert. Gleichzeitig dazu sollten Morphismen, strukturvergleichende Abbildungen von Bildsymbolen, in eine Form gebracht werden, die es erlaubt, solche Mechanismen als Datenbankanfragen auszudrücken. Folgendes wurde erreicht:

    - Relationengebilde sind als heterogene Tupelkomplexe auf der Ebene automatischer, nicht interaktiver Bildauswertung zu erzeugen. Sie eignen sich zum intermaschinellen Datenaustausch.

- Die Integrationsfunktion des nicht-normalisierten, relationalen Modells (NF^2-Modell) erzeugt durch molekulare Aggregation eine objektorientierte Datensicht. Sie abstrahiert von der Objektbeschreibung und ermöglicht, Bildsymbole bzw. dadurch beschriebene Bildobjekte als Datenbankobjekte zu betrachten. Der Begriff *Objekttupel* wird eingeführt.

- Morphismen sind durch die erweiterte relationale Algebra des nicht-normalisierten Datenmodells darstellbar. Die Abbildung von Beschreibungsstrukturen erweist sich nun als Abbildung von Tupel- und Attributstrukturen.

- Weitere Mechanismen zur Anpassung des nicht-normalisierten Modells an die Darstellung von Realweltbeschreibungen sind notwendig: Toleranzen bei Struktur- und Attributwertvergleichen.

3. Die geforderten Anpassungen des relationalen Modells an Forderungen der Wissensrepräsentation von Realweltobjekten sollten durch Erweiterung des nicht-normalisierten Modells um den Mechanismus der Generalisierung erreicht werden. Gleichbeschreibende Bildsymbole unterschiedlicher Struktur sollten in Relationen zusammenzufassen sein. Anfragen nach Bildsymbolen, deren Struktur unvollständig spezifiziert ist oder die nur zum Teil mit Symbolen im Datenbestand übereinstimmen mußten ebenfalls darstellbar sein. Hierzu wurde eine eigene Erweiterung des relationalen Datenmodells vorgestellt, die über folgende Eigenschaften verfügt:

- Attribute dürfen Attributwerte unterschiedlicher Basismengen, also verschiedenen Typs enthalten. Diskriminanten bezeichnen Typausprägungen von Attributen, indem jede Diskriminante eines Attributes genau einem Wertebereich zugeordnet ist.

- Das Modell behält alle Eigenschaften des NF^2-Modells als eigene Eigenschaften bei, und trägt wegen der dynamischen Attributausprägung den Namen: Dynamisches, nicht-normalisiertes Modell (NF^{2D}-Modell).

- Das NF^{2D}-Modell erhält ebenfalls alle Eigenschaften des eins-normalisierten Modells (1NF-Modell), indem gezeigt wird:

$$1 - NF \subset NF^2 \subset NF^{2D}.$$

Die Anwendbarkeit des NF^{2D}-Modells für die Darstellung von Nullwerten strukturierter Attribute ohne implementationsabhängige Verfahren sowie zur Repräsentation symbolischer Bildinhaltsbeschreibungen in Form flexibel einer Anwendung angepaßter Datenbankobjekte wurde belegt:

- Strukturierte Attribute, die *Nullwerte* enthalten sollen, erhalten ihre Ausprägung durch eine zweielementige Diskriminantenmenge, deren Elemente im geeignetsten Fall die booleschen Wahrheitswerte sind, deren negierendes Element der Nullwertdarstellung zugeordnet ist. Die Forderung nach Strukturtoleranz kann mathematisch korrekt erfüllt werden. Vergleichsoperationen können die Nullwertdarstellung auswerten.

- *Generalisierung* ist ein mathematisch beschreibbarer Teil des NF^{2D}-Modells: Gleichbeschreibende Bildsymbole unterschiedlicher Struktur sind in Tupeln mit dynamischer Attributausprägung in *Klassenrelationen* zusammenzufassen. Dies war wegen der Identität von Beschreibungsstruktur und Attributstruktur im NF^2-Modell nicht möglich. In Klassenrelationen können Prototypen enthalten sein, die prägnante Charakteristika der jeweiligen Objektklasse beschreiben.

- *Aggregation* von Objekttupeln durch Verwenden der Integrationsfunktion ν des NF^2-Modells erzeugt Datenbankobjekte, deren Attribute Beziehungen zwischen Bildobjekten in Einzelbildern darstellen. Der Begriff *Bildtupel* wird eingeführt. Es ist in der Datenrepräsentation eine Ebene erreicht, die der generalisierten Beschreibungsebene von Einzelbildern assoziativer Wissensrepräsentation entspricht.

- *Aggregation generalisierter Objekttupel*, die Beschreibung stereotyper Objektbeziehungen als Beschreibung von Situationen in Bildfolgen mit Objektprototypen zeigt generische Schemata der Wissensrepräsentation als Datenbankobjekte. Der Begriff *Schematupel* wird eingeführt. Generalisierung von Schematupeln erzeugt Schemarelationen mit rekursiven Attributausprägungen als eine Sammlung stereotyper Objektbeziehungen aus Bildfolgen verschiedener Art.

- Es werden Vorschläge gemacht, wie NF^{2D}-Relationen angefragt werden können. Konkrete Überlegungen existieren hierfür nur auf der Ebene des intermaschinellen Datenaustausches für automatisch erzeugte Bildbeschreibungsdaten und für die Ebene verfeinernder Bildinterpretationsansätze in separater Form. Hinweise auf interaktives Arbeiten mit einer NF^{2D}-Datenbank bezüglich graphischer Anfrageunterstützung oder graphischer Aufbereitung von Datenbankobjekten geben Denkanstöße für zukünftige Arbeiten.

4. Eine Datenbank mit NF^{2D}-Relationen soll zur Unterstützung der Bildfolgeninterpretation im Labormaßstab in eine komfortable Programmierumgebung integriert sein. Metadaten beschreiben Relationen und Anfragen und bilden eine einheitliche Basis für alle Werkzeuge des Programmiersystems. Prüf- und Kontrollmechanismen müssen auf ihre Eignung untersucht werden, in der von traditionellen Anwendungen einer Datenbank stark abweichenden Umgebung der Bildfolgenanalyse ohne Behinderung der Anwendungsprogramme eingesetzt werden zu können. Ist eine solche Datenbank realisierbar und wie ist der Stand einer Prototypimplementation? Im letzten Kapitel sind auf diese Fragen folgende Antworten gegeben:

   - Eine Ada-Programmierumgebung eignet sich besonders zur Integration einer Datenbank mit NF^{2D}-Relationen. Metadaten erzeugt der Ada-Übersetzer in der Zwischensprache DIANA, die als semantisches Netz konzipiert ist. Ada wird als Datendefinitionssprache eingesetzt.

   - Die automatische Interpretation von DIANA-Beschreibungen und die Repräsentation semantischer Netze als Relationengebilde, die wiederum als NF^{2D}-Relationen darstellbar sind, ermöglichen eine automatische Führung des konzeptuellen Schemas der Datenbank. Durch die sprachliche Einheitlichkeit der Programmierumgebung kann das konzeptuelle Schema in eine lesbare und wieder übersetzbare Form gebracht werden. Anwendungsprogramme können Schemainformation importieren.

   - DIANA-Beschreibungen von Funktionen und Prozeduren aus Anwendungsprogrammen sind gleichfalls in NF^{2D}-Form zu übertragen. Nach geeigneter Verarbeitung der Beschreibung können auch Prozeduren und Funktionen aus dem konzeptuellen Schema importiert werden.

   - Schutz- und Kontrollmechanismen sind in begrenztem Maße einsetzbar, doch muß im allgemeinen bei Anwendungen im Labormaßstab, die größtenteils als Einbenutzersysteme implementiert sind, von *gutmütigen* Anwendungsprogrammen ausgegangen werden.

   - Ein Prototyp ist in der Realisierung. Aktuelle Arbeiten daran sind aufgezeigt worden, das Arbeiten mit der Datenbank exemplarisch beschrieben.

Greifen wir an dieser Stelle noch einmal die Gedanken von G. Nagy auf, und fragen uns, wohin diese Konzepte führen:

- Zu *Undatenbanken?* Sicher nicht, denn das vorgestellte Konzept der NF^{2D}-Relationen ist mathematisch im Regelwerk relationaler Datenbanken verankert. Auch wenn die Konzepte moderner Programmierhochsprachen in Bestehendes einfließen und Grenzen zu verwischen suchen; gerade hierin liegt der Vorteil: Kein Bruch mit der Basis aber ein Gewinn an Flexibilität!

- Zu *Beschreibungsdatenbanken?* Ganz sicher: ja! Bilder als Grau- oder Farbwertmatrizen zu speichern ist im Einzelfalle sicher notwendig. Zur Bildfolgenanalyse auf symbolischer Beschreibungsebene ist es lediglich nötig, eine ikonische Darstellung für Kontroll- und Interaktionszwecke bereitzuhalten. In diesem Falle reichen Verweise auf die Originalbilder vollständig aus.

Ganz allgemein ist zu hoffen, daß diese Arbeit ein wenig Hilfestellung gibt, Äußerungen entgegenzutreten, wie *the image processing community has much to learn about disciplined software development and data control from the commercial data processing world*, welche ebenfalls dem oben zitierten Artikel entstammt.

Literaturverzeichnis

[ADA 80] United States Department of Defense: *Reference Manual for the Ada Programming Language*, 7/80, auch erschienen als Lecture Notes in Computer Science 106, Springer-Verlag, Berlin Heidelberg New York Tokyo, , 1981

[ADA 83] American National Standards Institute: *Military Standard Ada Programming Language*, ANSI/MIL-STD-1815A, 1/83

[ADIBA+NGUYEN 84] M. Adiba, G.T. Nguyen: *Information Processing for CAD/VLSI on a Generalized Data Management System*, Proc. 10th Conf. on Very Large Data Bases, Singapur, 8/84, pp. 371–374

[AKERSTEN 80] I.S. Akersten: *PIXLIB on PDP 11/34: Systems Documentation*, FOA Rapport C30191-E1, Linkoeping, 4/80

[BALLARD+BROWN 82] D.H. Ballard, Ch.M. Brown: *Computer Vision*, Prentice-Hall Inc., 1982

[BARTENSTEIN+MADERLECHNER 84] O. Bartenstein, G. Maderlechner: *Die Methode der diskriminierenden Graphen zur fehlertoleranten Mustererkennung*, 6. DAGM/ÖAGM Symposium, Graz, 10/84, W. Kropatsch (Hrsg.), "Mustererkennung 1984", Informatik-Fachberichte 87, Springer-Verlag, Berlin Heidelberg New York Tokyo, , 1984, pp. 222–228

[BATORY+BUCHMANN 84] D.S. Batory, A.P. Buchmann: *Molecular Objects, Abstract Data Types, and Data Models: A Framework*, Proc. 10th Conf. on Very Large Data Bases, Singapur, 8/84, pp. 172–184

[BENN 85] W. Benn: *Toleranter Vergleich von Strukturen mit erweiterten, nicht-normalisierten Relationen*, 7. DAGM-Symposium, Erlangen, 9/85, H. Niemann (Hrsg.), "Mustererkennung 1985", Informatik-Fachberichte 107, Springer-Verlag, Berlin Heidelberg New York Tokyo, , 1985, pp. 92–96

[BENN+FAASCH 81] W. Benn, H. Faasch: *Ausweitung einer PASCAL-Implementation auf ein Labornetzwerk von MINCALx2*, Universität Hamburg, Fachbereich Informatik, Diplomarbeit, 3/81

[BENN+RADIG 83A] W. Benn, B. Radig: *Integration eines Datenbanksystems in ein Rechnernetz zur Bildfolgenauswertung*, 5. DAGM-Symposium, Karlsruhe, 10/83, H. Kazmierczak (Hrsg.), "Mustererkennung 1983", VDE-Fachberichte 35, pp. 209–214

[BENN+RADIG 83B] W. Benn, B. Radig: *Retrieval of Relational Structures for Image Sequence Analysis*, Universität Hamburg, Fachbereich Informatik, IfI-HH-M-115, 11/83

[BENN+RADIG 83C] W. Benn, B. Radig: *Entwurf einer relationalen Datenbank zur Unterstützung der Analyse von Bildfolgen*, Universität Hamburg, Fachbereich Informatik, IfI-HH-M-116, 12/83

[BENN+RADIG 84A] W. Benn, B. Radig: *Retrieval of Relational Structures for Image Sequence Analysis*, Proc. 10th Conf. on Very Large Data Bases, Singapur, 8/84, pp. 533–536

[BENN+RADIG 84B] W. Benn, B. Radig: *Symbolische Bildbeschreibungen mit nichtnormalisierten Relationen*, 6. DAGM/ÖAGM Symposium, Graz, 10/84, W. Kropatsch (Hrsg.), "Mustererkennung 1984", Informatik-Fachberichte 87, Springer-Verlag, Berlin Heidelberg New York Tokyo, , 1984, pp. 92–99

[BENN+RADIG 85] W. Benn, B. Radig: *Erweiterte Anfragen nach Relationengebilden in Form nichtnormalisierter Relationen*, A. Blaser, P. Pistor (Hrsg.), Datenbank-Systeme für Büro, Technik und Wissenschaft, Proc. GI-Fachtagung, Karlsruhe, 3/85, Informatik-Fachberichte 94, Springer-Verlag, Berlin Heidelberg New York Tokyo, , 1985, pp. 487–491

[BEVER+ 82] M. Bever, M. Dausmann, S. Drossopoulou, W. Kirchgaessner, P.C. Lockemann, G. Persch, G. Winterstein: *The Integration of Existing Database Systems in an ADA Environment*, AdaTEC Tutorial and Conference on Ada, Arlington, Virginia, 10/82, pp. 162–170

[BILLINGSLEY 80] F.C. Billingsley: *Data Base Systems for Remote Sensing*, A. Blaser (Ed.), Database Techniques for Pictorial Applications, Florence, Italy, 6/79, Lecture Notes in Computer Science 81, Springer-Verlag, Berlin Heidelberg New York Tokyo, 1980, pp. 299–318

[BLASER+ 81] A. Blaser, H. Eberle, R. Erbe, H. Lehmann, G. Mueller, U. Schauer, H. Schmutz: *Integrated Data Analysis and Management System Feature Description*, IBM Germany, TR 81.07.005, 7/81

[BO 80] K. Bo: *Data Base Design*, J. Encarnacao (Ed.), Computer Aided Design Modelling, System Engineering, CAD-Systems, CREST Advanced Course, Darmstadt, 9/80, Lecture Notes in Computer Science 89, Springer-Verlag, Berlin Heidelberg New York Tokyo, 1980, pp. 227–261

[BONO 85] P.R. Bono: *A Survey of Graphics Standards and Their Role in Information Intercange*, IEEE Computer, 10/85, pp. 63–75

[BRIGGS+ 81] F.A. Briggs, K. Hwang, K.S. Fu, B.W. Wah: *PUMPS Architecture for Pattern Analysis and Image Database Management*, Proc. IEEE Workshop on Computer Architecture for Pattern Analysis and Image Database Management, Hot Springs, 11/81, pp. 178–187

[BRODIE+SCHMIDT 82] M.L. Brodie, J.W. Schmidt: *Final Report of the ANSI/x3/SPARC DBS-SG Relational Database Task Group*, ACM-SIGMOD Record, Vol. 12, No. 4, 7/82

[BUCHMANN+DE CELIS 85] A. Buchmann, C. Perez de Celis: *An Architecture and Data Model for CAD Databases*, Proc. 11th Conf. on Very Large Data Bases, Stockholm, 8/85, pp. 105–114

[BUNKE 85] H. Bunke: *Modellgesteuerte Bildanalyse*, Leitfäden der angewandten Informatik, B.G. Teubner, Stuttgart, 1985

[BURGUENO 80] J.F. Corona Burgueno: *A Geographical Data Base*, A. Blaser (Ed.), Database Techniques for Pictorial Applications, Florence, Italy, 6/79, Lecture Notes in Computer Science 81, Springer-Verlag, Berlin Heidelberg New York Tokyo, 1980, pp. 347–363

[CHAN+ 83] A. Chan, U. Dayal, S. Fox, N. Goodman, D.R. Ries, D. Skeen: *Overview of an Ada Compatible Distributed Database Manager*, D.J. DeWitt, G. Gardarin (Eds.), SIGMOD '83, Proceedings of Anual Meeting, Database Week, San Jose, 5/83, ACM-SIGMOD Record, Vol. 13, No. 4, 5/83, pp. 228–237

[CHANG 81] N.S. Chang: *Image Analysis and Image Database Management*, Computer Science Nr.9, UMI Research Press, Ann Arbor, Michigan, 1981

[CHANG+ 77] Chang, Donato, B.H. McCormick, J.L. Reuss, Rochetti: *A Relational Data-Base System for Pictures*, Proc. IEEE Workshop on Picture Data and Database Management, 4/77, pp. 142–149

[CHANG+FU 80A] N.S. Chang, K.S. Fu: *A Relational Database System for Images*, S.K. Chang, K.S. Fu (Eds.), Pictorial Information Systems, Lecture Notes in Computer Science 80, Springer-Verlag, Berlin Heidelberg New York Tokyo, 1980, pp. 288 ff

[CHANG+FU 80B] N.S. Chang, K.S. Fu: *A Query Language for Relational Image Database Systems*, Proc. IEEE Workshop on Picture Data and Database Management, 8/80, pp. 67–73

[CHANG+FU 80C] N.S. Chang, K.S. Fu: *Query-By-Pictorial-Example*, IEEE Transactions on Software Engineering, 11/80, pp. 519–524

[CHANG+FU 81A] N.S. Chang, K.S. Fu: *An Integrated Image Analysis and Image Database Management System*, Proc. COMPCON Fall 81, Washington D.C., 9/81

[CHANG+FU 81B] N.S. Chang, K.S. Fu: *Picture Query Languages for Pictorial Data-Base Systems*, IEEE Computer, 11/81, pp. 23–33

[CHANG+KUNII 81] S.K. Chang, T.L. Kunii: *Pictorial Database Systems*, IEEE Computer, 11/81, pp. 13–21

[CHEN 76] P.P. Chen: *The Entity Relationship Model: Toward a Unified View of Data*, ACM-TODS, Vol. 1, No. 1, 3/76, pp. 9–37

[CHOCK+ 81] M.I. Chock, A.F. Cardenas, A. Klinger: *Manipulating Data Structures in Pictorial Information Systems*, IEEE Computer, 11/81, pp. 43–50

[CHOCK 82] M.I. Chock: *A Data Base Management System for Image Processing*, University of California, Los Angeles, Dissertation, 1982

[CODASYL 71] Data Base Task Group of CODASYL Programming Language Committee: *Report*, 4/71, zu beziehen durch ACM, BCS und IAG

[CODD 70] E.F. Codd: *A Relational Model of Data for Large Shared Data Banks*, Communications of the ACM, Vol. 13, 6/70, pp. 377–387

[CODD 79] E.F. Codd: *Extending the Database Relational Model to Capture More Meaning*, ACM-TODS, Vol. 4, No. 4, 12/79

[DANNENBERG 85] R. Dannenberg: *Einbettung eines Testhilfesystems in eine Ada-Umgebung*, Universität Hamburg, Fachbereich Informatik, Diplomarbeit, 1985

[DATE 81] C.J. Date: *An Introduction to Database Systems*, Addison-Wesley Publ. Comp., Third Edition, 1981

[DATE 82] C.J. Date: *A Formal Definition of the Relational Model*, ACM-SIGMOD Record, Vol. 13, No. 1, 9/82, pp. 18–29

[DATE 83] C.J. Date: *An Introduction to Database Systems Vol. II*, Addison-Wesley Publishing Comp., 1983

[DEPPISCH+ 85A] U. Deppisch, V. Obermeit, H.B. Paul, H.J. Schek, M. Scholl, G. Weikum: *Ein Subsystem zur stabilen Speicherung versionenbehafteter, hierarchisch strukturierter Tupel*, A. Blaser, P. Pistor (Hrsg.), Datenbank-Systeme für Büro, Technik und Wissenschaft, Proc. GI-Fachtagung, Karlsruhe, 3/85, Informatik-Fachberichte 94, Springer-Verlag, Berlin Heidelberg New York Tokyo, , 1985, pp. 421–440

[DEPPISCH+ 85B] U. Deppisch, J. Grünauer, G. Walch: *Speicherungsstrukturen und Addressierungstechniken für komplexe Objekte des NF^2-Relationenmodells*, A. Blaser, P. Pistor (Hrsg.), Datenbank-Systeme für Büro, Technik und Wissenschaft, Proc. GI-Fachtagung, Karlsruhe, 3/85, Informatik-Fachberichte 94, Springer-Verlag, Berlin Heidelberg New York Tokyo, , 1985, pp. 441–459

[DRESCHLER 81] L. Dreschler: *Ermittlung markanter Punkte auf den Bildern bewegter Objekte und Berechnung einer 3D-Beschreibung auf dieser Grundlage*, Universität Hamburg, Fachbereich Informatik, Dissertation, 1981 und IfI-HH-B-83/81

[DRESCHLER-FISCHER+HAARSLEV 85] L.S. Dreschler-Fischer, V. Haarslev: *Konzeption für ein Bildverarbeitungssystem zur Lösung des Korrespondenzproblems bei Stereo-Bildfolgen im Rahmen einer komfortablen ADA-Programmierumgebung*, Robotersysteme No. 1, 1985, Springer-Verlag, Berlin Heidelberg New York Tokyo, 1985

[DRUFFEL 82A] L.E. Druffel: *The Potential Effect of Ada on Software Engineering in the 1980's*, ACM Software Engineering Notes, Vol. 7, No.3, 7/82, pp. 5–11

[DRUFFEL 82B] L.E. Druffel: *The Need for a Programming Discipline to Support the APSE: Where Does the APSE Path Lead?*, ACM Software Engineering Notes, Vol. 7, No.3, 7/82, pp. 12–13

[EGELI+ 85] E. Egeli, F. Klein, G. Maderlechner: *Modellgestützte Symbolinstantiierung aus relational verknüpften Bildprimitiven*, 7. DAGM-Symposium, Erlangen, 9/85, H. Niemann (Hrsg.), "Mustererkennung 1985", Informatik-Fachberichte 107, Springer-Verlag, Berlin Heidelberg New York Tokyo, , 1985, pp. 267–271

[ENCARNACAO+NEUMANN 80] J. Encarnacao, T. Neumann: *A Survey of DB Requirements for Graphical Applications in Engineering*, A. Blaser (Ed.), Database Techniques for Pictorial Applications, Florence, Italy, 6/79, Lecture Notes in Computer Science 81, Springer-Verlag, Berlin Heidelberg New York Tokyo, 1980, pp. 285–297

[FAASCH+ 85] H. Faasch, V. Haarslev, H.-H. Nagel: *Erfahrungen mit dem Ada-HH Übersetzer*, Universität Hamburg, Fachbereich Informatik, Ada-HH Compiler Projekt, Abschlußbericht zum DFG-Forschungsvorhaben, 5/85

[FAASCH 86] H. Faasch: *Systemgestaltung einer Experimentalumgebung für die Bildverarbeitung in Ada*, Universität Hamburg, Fachbereich Informatik, Dissertation (in Vorbereitung)

[FAASCH+HAARSLEV 85] H. Faasch, V. Haarslev: *Konzeption einer neuen Ada-Programmier-Umgebung für die Bildfolgenauswertung*, 7. DAGM-Symposium, Erlangen, 9/85, H. Niemann (Hrsg.), "Mustererkennung 1985", Informatik-Fachberichte 107, Springer-Verlag, Berlin Heidelberg New York Tokyo, , 1985, pp. 191–195

[FENG 81] T.Y. Feng: *A Very Large Data Base Computer*, Computer Architecture for Pattern Analysis and Image Database Management, pp. 12–24

[FOGG 84] D. Fogg: *Lessons from a "Living in a Database" Graphical Query Interface*, B. Yormark (Ed.), SIGMOD '84, Proceedings of Annual Meeting, Boston MA, 6/84, ACM-SIGMOD Record, Vol. 14, No. 2, 6/84, pp. 100–106

[FRIEDELL+ 80] M. Friedell, R. Carling, D. Kramlich, Ch.F. Herot: *The Management of Very Large Two-Dimensional Raster Graphics Environments*, Proc. IEEE Workshop on Picture Data and Database Management, 8/80, pp. 139–144

[GABLER+ 84] R. Gabler, W, Kestner, B. Nicolin: *Erkennung von Strukturen in Luftbildern von Siedlungsgebieten*, 6. DAGM/ÖAGM Symposium, Graz, 10/84, W. Kropatsch (Hrsg.), "Mustererkennung 1984", Informatik-Fachberichte 87, Springer-Verlag, Berlin Heidelberg New York Tokyo, , 1984, pp. 99-105

[GABLER 85] R. Gabler: *Modellgesteuerte Hypothesengenerierung zur Ergebnisakkumulation bei der Bildanalyse*, 7. DAGM-Symposium, Erlangen, 9/85, H. Niemann (Hrsg.), "Mustererkennung 1985", Informatik-Fachberichte 107, Springer-Verlag, Berlin Heidelberg New York Tokyo, , 1985, pp. 244-250

[GOOS+WULF 81] G. Goos, W.A. Wulf (Ed.): *DIANA Reference Manual*, Universität Karlsruhe, Institut für Informatik II, Bericht 1/81, 3/81

[HAARSLEV 86] V. Haarslev: *Interaktion in Systemen zur Bildfolgenauswertung basierend auf einem objektorientierten Ansatz*, Universität Hamburg, Fachbereich Informatik, Dissertation, 7/86

[HÄRDER+REUTER 85] T. Härder, A. Reuter: *Architektur von Datenbanksystemen für Non-Standard-Anwendungen*, A. Blaser, P. Pistor (Hrsg.), Datenbank-Systeme für Büro, Technik und Wissenschaft, Proc. GI-Fachtagung, Karlsruhe, 3/85, Informatik-Fachberichte 94, Springer-Verlag, Berlin Heidelberg New York Tokyo, , 1985, pp. 253-286

[HALL 83] P.A.V. Hall: *Adding Database Management to Ada*, ACM-SIGMOD Record, Vol. 13, No. 3, 4/83, pp. 13–17

[HASKIN+LORIE 81] R.L. Haskin, R.A. Lorie: *On Extending the Functions of a Relational Database System*, IBM Research Laboratory, RJ 3182, San Jose, California, 11/81

[HEILER+ROSENTHAL 85] S. Heiler, A. Rosenthal: *G-Whiz, A Visual Interface for the Functional Model with Recursion*, Proc. 11th Conf. on Very Large Data Bases, Stockholm, 8/85, pp. 209–218

[HURSON 81] A. Hurson: *An Associative Backend Machine for Data Base Management*, Proc. IEEE Workshop on Computer Architecture for Pattern Analysis and Image Database Management, Hot Springs, 11/81, pp. 225–230

[IMIELINSKI+LIPSKI 81] T. Imielinski, W. Lipski: *On Representing Incomplete Information in a Relational Database*, Proc. 7th Conf. on Very Large Data Bases, Cannes, France, 9/81, pp. 388–397

[IMIELINSKI+LIPSKI 83] T. Imielinski, W. Lipski: *Incomplete Information and Dependencies in Relational Databases*, B. Yormark (Ed.), SIGMOD '84, Proceedings of Annual Meeting, Boston MA, 6/84, ACM-SIGMOD Record, Vol. 14, No. 2, 6/84, pp. 178–184

[JOHNSON+ 83] H.R. Johnson, J.E. Schweitzer, E.R. Warkentine: *A DBMS Facility for Handling Structured Engineering Entities*, Proc. ACM Engineering Design Application, 1983, pp. 3–12

[KESSLER 84] U. Kessler: *Entwurf einer Suchstrategie und Sekundärorganisation zur Anfrage nach bildbeschreibenden Strukturen in einer Datenbank*, Universität Hamburg, Fachbereich Informatik, Studienarbeit, 1984

[KIM,PAYTON+ 84] J.H. Kim, D.W. Payton, K.E.Olin: *An Expert System for Objekt Recognition in Natural Scenes*, Proc. of "The First Conf. on Artificial Intelligence Applications", Denver, 12/84, pp. 170–175

[KIM,LORIE+ 84] W. Kim, R. Lorie, D. McNabb, W. Plouffe: *A Transaction Mechanism for Engineering Design Databases*, Proc. 10th Conf. on Very Large Data Bases, Singapur, 8/84, pp. 355–362

[KINZINGER 84] H. Kinzinger: *Revisionsunterstützung durch ein erweitertes Data Dictionary System*, Universität Kaiserslautern, Fachbereich Informatik

[KROPATSCH 85] W. Kropatsch: *Kritische Fragen an die Zauberformel "Expert Vision Systeme"*, 7. DAGM-Symposium, Erlangen, 9/85, H. Niemann (Hrsg.), "Mustererkennung 1985", Informatik-Fachberichte 107, Springer-Verlag, Berlin Heidelberg New York Tokyo, , 1985, pp. 159

[KUNER+ 85] P. Kuner, J. Kreich, G. Maderlechner: *Fehlertolerante Mustererkennung in Linienbildern durch Teilgraphenisomorphie und diskriminierende Graphen*, 7. DAGM-Symposium, Erlangen, 9/85, H. Niemann (Hrsg.), "Mustererkennung 1985", Informatik-Fachberichte 107, Springer-Verlag, Berlin Heidelberg New York Tokyo, , 1985, pp. 37–41

[KUNII+ 74] T.L. Kunii, Weyl, Tenenbaum: *A Relational Database Scheme for Describing Computer Pictures with Colour and Texture*, Proc. 2^{nd}Intern. Joint Conf. on Pattern Recognition, Lyngby-Copenhagen, 8/74, pp. 310–316

[LAMERSDORF+ 84] W. Lamersdorf, G. Mueller, J.W. Schmidt: *Language Support for Office Modelling*, Proc. 10th Conf. on Very Large Data Bases, Singapur, 8/84, pp. 280–288

[LINTON 84] M.A. Linton: *Implementing Relational Views of Programs*, P. Henderson (Ed.), Proc. of the ACM SIGSOFT/SIGPLAN Software Engineering Symposium on Practical Software Development Environments, Pittsburgh, Pensylvania, 4/84, ACM-SIGPLAN Notices, Vol. 19, No. 5, 5/85 und ACM Software Engineering Notes, Vol. 9, No.3, 5/84, pp. 132–140

[LORIE 81] R.A. Lorie: *Issues in Database for Design Applications*, IBM Research Laboratory, RJ 3176, San Jose, California, 10/81

[LORIE+PLOUFFE 82] R. Lorie, W. Plouffe: *Complex Objects and their Use in Design Transactions*, IBM Research Laboratory, RJ 3706, San Jose, California, 12/82

[LORIE+PLOUFFE 83] R. Lorie, W. Plouffe: *Relational Databases for Engineering Data*, IBM Research Laboratory, RJ 3847, San Jose, California, 4/83

[LORIE+ 85] R. Lorie, D. McNabb, W. Plouffe, K. Dittrich: *A Database System for Engineering Design*, A. Blaser, P. Pistor (Hrsg.), Datenbank-Systeme für Büro, Technik und Wissenschaft, Proc. GI-Fachtagung, Karlsruhe, 3/85, Informatik-Fachberichte 94, Springer-Verlag, Berlin Heidelberg New York Tokyo, , 1985, pp. 356–361

[MAC GREGOR 85] R. Mac Gregor: *Ariel – A Semantic Front-End to Relational DBMSs*, Proc. 11th Conf. on Very Large Data Bases, Stockholm, 8/85, pp. 305–315

[MEIER+LORIE 83] A. Meier, R. Lorie: *Implicit Hierarchical Joins for Complex Objects*, IBM Research Laboratory, RJ 3775, San Jose, California, 2/83

[MINSKY 75] M. Minsky: *A Framework for Representing Knowledge*, P.H. Winston (Ed.), "The Psychology of Computer Vision", McGraw-Hill, New York, 1975

[MUDLER 84] J. Mudler: *Verbesserung der automatischen Spracherkennung durch die erwartungs-orientierte Analyse*, 6. DAGM/ÖAGM Symposium, Graz, 10/84, W. Kropatsch (Hrsg.), "Mustererkennung 1984", Informatik-Fachberichte 87, Springer-Verlag, Berlin Heidelberg New York Tokyo, , 1984, pp. 16–22

[MÜHLE+RADIG 81] K. Mühle, B. Radig: *Entwurf eines Datenbanksystems zur Unterstützung der Analyse von Bildfolgen*, 4. DAGM-Symposium, Hamburg, 10/81, B. Radig (Hrsg.), "Modelle und Strukturen", Informatik-Fachberichte 49, Springer-Verlag, Berlin Heidelberg New York Tokyo, , 1981, pp. 144–150

[NAGEL 85] H.-H. Nagel: *Analyse und Interpretation von Bildfolgen I und II*, Informatik-Spektrum, Bd. 8, Nr. 4, 8/85, pp. 178–200 und Informatik-Spektrum, Bd. 8, Nr. 6, 12/85, pp. 312–327

[NAGY 85] G. Nagy: *Image Database*, Image and Vision Computing, Vol. 3, No. 3, 8/85, pp. 111–117

[NEES 85] G. Nees: *Expertensysteme für die Mustererkennung - Stand und Aussichten*, 7. DAGM-Symposium, Erlangen, 9/85, H. Niemann (Hrsg.), "Mustererkennung 1985", Informatik-Fachberichte 107, Springer-Verlag, Berlin Heidelberg New York Tokyo, , 1985, pp. 138–158

[NIEMANN 81] H. Niemann: *Automatische Erkennung zusammenhängend gesprochener Sprache*, 4. DAGM-Symposium, Hamburg, 10/81, B. Radig (Hrsg.), "Modelle und Strukturen", Informatik-Fachberichte 49, Springer-Verlag, Berlin Heidelberg New York Tokyo, , 1981, pp. 2–25

[NIESTRASZ+TSICHRITZIS 85] O. Niestrasz, D. Tsichritzis: *An Object-Oriented Environment for OIS Applications*, Proc. 11th Conf. on Very Large Data Bases, Stockholm, 8/85, pp. 335–345

[ORTNER 85] E. Ortner: *Semantische Modellierung – Datenbankentwurf auf der Ebene der Benutzer*, Informatik-Spektrum, Bd. 8, Nr. 1, 2/85, pp. 20–28

[PIROTTE 82] A. Pirotte: *A Precise Definition of Basic Relational Notions and of the Relational Algebra*, ACM-SIGMOD Record, Vol. 13, No. 1, 9/82, pp. 30–45

[PÖLZLEITNER+KROPATSCH 84] W. Pölzleitner, W. Kropatsch: *Überprüfung von Holzstrukturen in Echtzeit durch modellgestützte Datenreduktion*, 6. DAGM/ÖAGM Symposium, Graz, 10/84, W. Kropatsch (Hrsg.), "Mustererkennung 1984", Informatik-Fachberichte 87, Springer-Verlag, Berlin Heidelberg New York Tokyo, , 1984, pp. 198–204

[RADIG 82] B. Radig: *Symbolische Beschreibung von Bildfolgen I: Relationengebilde und Morphismen*, Universität Hamburg, Fachbereich Informatik, IfI-HH-B-90, 1982

[RADIG 84] B. Radig: *Image Sequence Analysis Using Relational Structures*, Pattern Recognition Vol. 17, No. 1, pp. 161–167

[RADIG+SCHLIEDER 84] B. Radig, Ch. Schlieder: *Symbolische Symmetrieanalyse*, 6. DAGM/-ÖAGM Symposium, Graz, 10/84, W. Kropatsch (Hrsg.), "Mustererkennung 1984", Informatik-Fachberichte 87, Springer-Verlag, Berlin Heidelberg New York Tokyo, , 1984, pp. 283–289

[REKERS+SCHRÖDER 80] G. Rekers, S. Schroeder: *Untersuchungen zum Einsatz von Datenbankkonzepten bei der Auswertung von Bildfolgen*, Universität Hamburg, Fachbereich Informatik, Studienarbeit, 5/80

[ROWE 85] L.A. Rowe: *"Fill-in-the-Form" Programming*, Proc. 11th Conf. on Very Large Data Bases, Stockholm, 8/85, pp. 394–404

[SCHEK+PISTOR 82] H.J. Schek, P. Pistor: *Data Structures for an Integrated Data Base Management and Information Retrieval System*, Proc. 8th Conf. on Very Large Data Bases, Mexico City, Mexico, 9/82, pp. 197–207

[SCHEK+SCHOLL 83] H.J. Schek, M.H. Scholl: *Die NF^2-Relationenalgebra zur einheitlichen Manipulation externer, konzeptueller und interner Datenstrukturen*, J.W. Schmidt (Hrsg.), Sprachen für Datenbanken, Fachgesprach auf der 13. GI-Jahrestagung, Hamburg, 10/83, Informatik-Fachberichte 72, Springer-Verlag, Berlin Heidelberg New York Tokyo, , 1983, pp. 113–133

[SCHEK+SCHOLL 84] H.J. Schek, M.H. Scholl: *An Algebra for the Relational Model with Relation-Valued Attributes*, Technische Hochschule Darmstadt, Fachbereich Informatik, Technical Report DVSI-1984-T1, 1984

[SCHERL 85] W. Scherl: *Datenstruktur und statistische Modelle zur Dokumentenanalyse*, 7. DAGM-Symposium, Erlangen, 9/85, H. Niemann (Hrsg.), "Mustererkennung 1985", Informatik-Fachberichte 107, Springer-Verlag, Berlin Heidelberg New York Tokyo, , 1985, pp. 262–266

[SCHLAGETER+STUCKY 83] G. Schlageter, W. Stucky: *Datenbanksysteme: Konzepte und Modelle*, Teubner Studienbücher Informatik, Bd. 37, Stuttgart, 1983

[SCHMIDT+MALL 80] J.W. Schmidt, M. Mall: *PASCAL/R Report*, Universität Hamburg, Fachbereich Informatik, IfI-HH-B-66, 1/80

[SHOUXUAN 81] Z. Shouxuan: *An Approach to Image Database Organization*, Proc. IEEE Workshop on Computer Architecture for Pattern Analysis and Image Database Management, Hot Springs, 11/81, pp. 242–249

[SMITH+SMITH 77] J.M. Smith, D.C.P. Smith: *Database Abstractions: Aggregation and Generalization*, ACM-TODS, Vol. 2, No. 2, 6/77, pp. 105–133

[SCHÜLER 77] B.M. Schüler: *Update Reconsidered*, Proc. of the IFIP Working Conference on Modelling in Data Base Management Systems, G.M. Nijssen (Ed.), "Arcitecture and Models in Data Base Management Systems", North-Holland Publishing Comp., 1977, pp. 149–164

[STANDISH+TAYLOR 84] T.A. Standish, R.N. Taylor: *Arcturus: a Prototype Advanced Ada Programming Environment*, P. Henderson (Ed.), Proc. of the ACM SIGSOFT/SIGPLAN Software Engineering Symposium on Practical Software Development Environments, Pittsburgh, Pensylvania, 4/84, ACM-SIGPLAN Notices, Vol. 19, No. 5, 5/85 und ACM Software Engineering Notes, Vol. 9, No.3, 5/84, pp. 57–64

[TROPF+ 84] H. Tropf, I. Walter, H.P. Kammerer: *Erweiterte Übergangsnetze (Augmented Transition Networks) als prozedurale Modelle im Bereich der Bildanalyse*, 6. DAGM/ÖAGM Symposium, Graz, 10/84, W. Kropatsch (Hrsg.), "Mustererkennung 1984", Informatik-Fachberichte 87, Springer-Verlag, Berlin Heidelberg New York Tokyo, , 1984, pp. 290–296

[TSUR+ZANIOLO 84] S. Tsur, C. Zaniolo: *An Implementation of GEM-Supporting a Semantic Data Model on a Relational Back-End*, B. Yormark (Ed.), SIGMOD '84, Proceedings of Annual Meeting, Boston MA, 6/84, ACM-SIGMOD Record, Vol. 14, No. 2, 6/84, pp. 286–295

[WESTPHAL 84] H. Westphal: *Dreidimensionale Modellierung bewegter Objekte und Ausnutzung von Helligkeitsveränderungen zur Formbestimmung*, Universität Hamburg, Fachbereich Informatik, Dissertation, 1984

[WINSTON 84] P.H. Winston: *Artificial Intelligence*, Addison-Wesley Publishing Comp., 1984

[WÖHL 84] K. Wöhl: *Automatic Classification of Office Documents by Coupling Relational Databases and PROLOG Expert Systems*, Proc. 10th Conf. on Very Large Data Bases, Singapur, 8/84, pp. 529–532

[WOLFE 80] R.N. Wolfe: *3D Geometric Databases for Mechanical Engineering*, A. Blaser (Ed.), Database Techniques for Pictorial Applications, Florence, Italy, 6/79, Lecture Notes in Computer Science 81, Springer-Verlag, Berlin Heidelberg New York Tokyo, 1980, pp.253–261

[YAMAGUCHI+KUNII 81] K. Yamaguchi, T.L. Kunii: *Logical Framework of a Picture Database Computer*, Proc. IEEE Workshop on Computer Architecture for Pattern Analysis and Image Database Management, Hot Springs, 11/81, pp. 284–292

[YAMAMURA+ 81] M. Yamamura, N. Kamibayashi, T. Ichikawa: *Organization of an Image Database Manipulation System*, Proc. IEEE Workshop on Computer Architecture for Pattern Analysis and Image Database Management, Hot Springs, 11/81, pp. 236–241

[ZANIOLO 83] C. Zaniolo: *The Database Language GEM*, B. Yormark (Ed.), SIGMOD '84, Proceedings of Annual Meeting, Boston MA, 6/84, ACM-SIGMOD Record, Vol. 14, No. 2, 6/84, pp. 207–218

[ZANIOLO 85] C. Zaniolo: *The Representation and Deductive Retrieval of Complex Objects*, Proc. 11th Conf. on Very Large Data Bases, Stockholm, 8/85, pp. 458–469

[ZEHNDER 81] C.A. Zehnder: *Informationssysteme und Datenbanken*, Verlag der Fachvereine Zürich, 8/81

[ZLOOF 74] M.M. Zloof: *Query-By-Example*, IBM Research Center, RC 4917, Yorktown Heights, New York, 7/74

[ZOBRIST+NAGY 81] A.N. Zobrist, G. Nagy: *Pictorial Information Processing of LANDSAT Data for Geographic Analysis*, IEEE Computer, 11/81, pp. 34–41

Anhang A

Ada-Programmbeispiele

In diesem Anhang finden sich die vollständigen Programme, deren Auszüge in den vorangegangenen Kapiteln zur Beispiel- oder Prinziperläuterung verwendet wurden. Sofern Teile von DIANA-Darstellungen eingesetzt werden mußten, finden sich die vollständigen DIANA-Ausdrucke in (wegen des erheblichen Umfanges) stark verkleinerter Form.

Programmübersicht

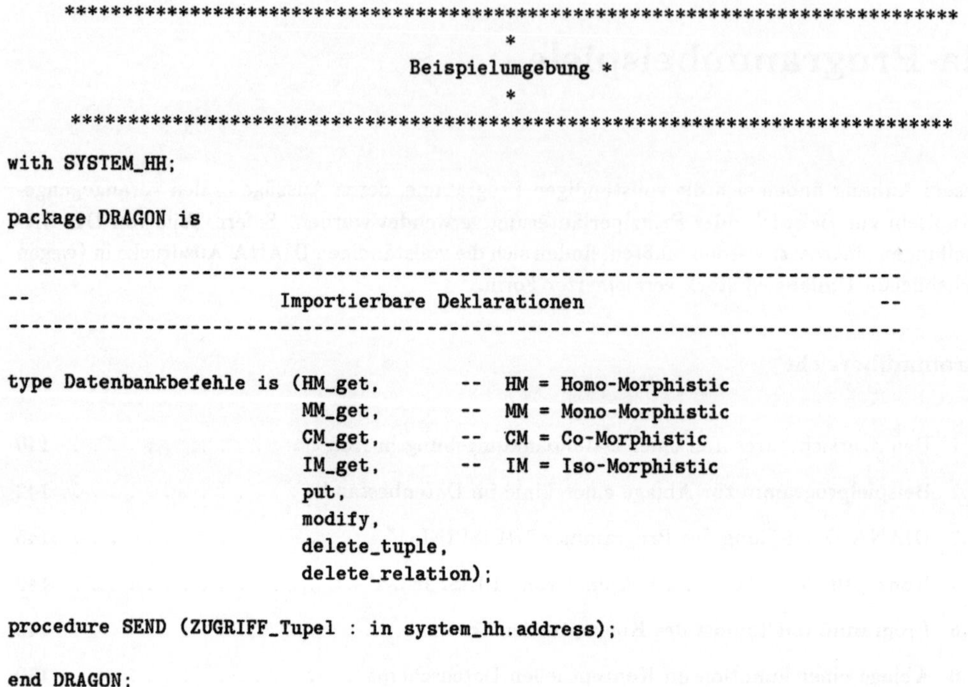

```
*************************************************************************
                                    *
                         Beispielumgebung *
                                    *
*************************************************************************

with SYSTEM_HH;

package DRAGON is

-------------------------------------------------------------------------
--                    Importierbare Deklarationen                     --
-------------------------------------------------------------------------


type Datenbankbefehle is (HM_get,        --  HM = Homo-Morphistic
                          MM_get,        --  MM = Mono-Morphistic
                          CM_get,        --  CM = Co-Morphistic
                          IM_get,        --  IM = Iso-Morphistic
                          put,
                          modify,
                          delete_tuple,
                          delete_relation);

procedure SEND (ZUGRIFF_Tupel : in system_hh.address);

end DRAGON;
```

Programm A.1 — Benutzersichtbarer Teil einer Datenbankumgebung in Ada

Dieses vordeklarierte Paket enthält alle wichtigen Befehle und Prozeduren, die ein Anwendungsprogramm benötigt, um mit der Datenbank zu kommunizieren. Die Ausprägung der Prozedur zum
Senden eines Tupels der Zugriffsrelation ist im Paketrumpf vor dem importierenden Programm
verborgen. Der Paketrumpf ist hier nicht wiedergegeben.

```
*****************************************************************************
                                    *
                            Beispielprogramm 1 *
                                    *
*****************************************************************************


with DRAGON;

procedure BEISPIEL_1 is use DRAGON;

-------------------------------------------------------------------------------
--                              Deklarationen                               --
-------------------------------------------------------------------------------


type Nummern           is new integer;

type Koordinaten is new integer range 1..512;

type Koordinatenwerte (D_WERT : boolean := true) is record
  case D_WERT is
    when true  => W : Koordinaten;
    when false => null;
  end case;
end record;

type ORT (D_ORT : boolean := true) is record
  case D_ORT is
    when true  => X, Y : Koordinatenwerte;
    when false => null;
  end case;
end record;

type LINIE is record
  Ort_1, Ort_2 : ORT;
end record;

-------------------------------------------------------------------------------
--            Deklaration der Benutzersicht und Zugriffsrelation            --
-------------------------------------------------------------------------------


type D_Relationen is (d1, d2);

type ZUGRIFF (Relation : D_Relationen := d1) is record
  Kommando : Datenbankbefehle;
  case Relation is
    when d1 => point : ORT;
    when d2 => line  : LINIE;
  end case;
end record;

ZUGRIFF_Tupel : ZUGRIFF;
```

```
function ERZEUGE_EINE_LINIE return LINIE is
Gerade : LINIE;
begin
  return Gerade;  -- Eine beliebige Funktion zur Erzeugung einer Linie
end ERZEUGE_EINE_LINIE;


---------------------------------------------------------------------
--                      Das Hauptprogramm                          --
---------------------------------------------------------------------


begin
  ZUGRIFF_Tupel := (Relation  => d2,
                    Kommando  => put,
                    line      => ERZEUGE_EINE_LINIE());
  SEND (ZUGRIFF_Tupel'address);
end BEISPIEL_1;
```

Programm A.2 — Beispielprogramm zur Ablage einer Linie im Datenbestand

Das Beispielprogramm importiert mit dem with-Befehl alle im Paket DRAGON vordeklarierten Typen und Prozeduren. Die Funktion ERZEUGE_EINE_LINIE hat hier keinen Ablaufteil und steht stellvertretend für jede beliebige Anwendungsroutine, die aus einem digitisierten Fernsehbild oder daraus elaborierter Daten Bildsymbole erzeugt, die im Aufbau dem Datentyp LINIE entsprechen, der eine Relation *Linie* repräsentiert, deren Tupel Bildsymbole vom Typ *LINIE* sind.

```
********************************************************************
                                  *
              Beispielprogramm 1 DIANA-Darstellung *
                                  *
********************************************************************


L065_00178: DN_COMP_UNIT [AS_CONTEXT L065_00002^; AS_UNIT_BODY L065_00177^; CG_SEGMENT_KEY 65 2]
L065_00002:   DN_CONTEXT [AS_LIST <L065_00004^>]
L065_00004:     DN_WITH [LX_SRCPOS 3.6; AS_LIST <L065_00003^>]
L065_00003:       DN_USED_NAME_ID [SM_DEFN L052_00003^;]

                        Wurzel der Übersetzungseinheit mit Importinformationen

L065_00177:DN_SUBPROGRAM_BODY [AS_DESIGNATOR L065_00005^; AS_BLOCK_STUB L065_00176^;]
L065_00005:   DN_PROC_ID [LX_SRCPOS 5.11; LX_SYNREP "BEISPIEL_1"; SM_SPEC L064_00005^;
                 SM_BODY L065_00176^; SM_DYNAMIC_LINK VOID;]
L065_00176:   DN_BLOCK [LX_SRCPOS 5.1; AS_ITEM_S L065_00008^; AS_STM_S L065_00173^;
                 AS_ALTERNATIVE_S L065_00174^; LX_SRC_END 71.3;]
L065_00008:     DN_ITEM_S [AS_LIST <L065_00010^ L065_00016^ L065_00025^ L065_00052^ L065_00080^
                 L065_00090^ L065_00096^ L065_00132^ L065_00137^ L065_00155^>]
L065_00010:     DN_USE [LX_SRCPOS 5.27; AS_LIST <L065_00009^>]
L065_00009:       DN_USED_NAME_ID [SM_DEFN L052_00003^;]

                        Programmspezifikation

L065_00016:DN_TYPE [AS_ID L065_00011^; AS_TYPE_SPEC L065_00015^; AS_VAR_S L065_00012^;]
L065_00011:   DN_TYPE_ID [LX_SRCPOS 11.6; LX_SYNREP "NUMMERN"; SM_TYPE_SPEC L065_00015^;]
L065_00015:   DN_DERIVED [AS_CONSTRAINED L065_00014^; CG_BYTE_SIZE 4;]
L065_00014:     DN_CONSTRAINED [AS_NAME L065_00013^; SM_CONSTRAINT L002_00027^;
                 SM_BASE_TYPE L002_00026^; SM_TYPE_STRUCT L002_00026^; CG_BYTE_SIZE 4;]
L065_00013:       DN_USED_NAME_ID [SM_DEFN L002_00025^;]
L065_00012:   DN_VAR_S [AS_LIST <>]

                        Deklaration des Typs "Nummern"

L065_00025:DN_TYPE [AS_ID L065_00017^; AS_TYPE_SPEC L065_00024^; AS_VAR_S L065_00018^;]
L065_00017:   DN_TYPE_ID [LX_SRCPOS 12.6; LX_SYNREP "KOORDINATEN"; SM_TYPE_SPEC L065_00024^;]
L065_00024:   DN_DERIVED [AS_CONSTRAINED L065_00023^; CG_BYTE_SIZE 2;]
L065_00023:     DN_CONSTRAINED [AS_NAME L065_00019^; SM_CONSTRAINT L065_00022^;
                 SM_BASE_TYPE L002_00026^; SM_TYPE_STRUCT L002_00026^; CG_BYTE_SIZE 4;]
L065_00019:       DN_USED_NAME_ID [SM_DEFN L002_00025^;]
L065_00022:       DN_RANGE [AS_EXP1 L065_00020^; AS_EXP2 L065_00021^; SM_BASE_TYPE L002_00026^;]
L065_00020:         DN_NUMERIC_LITERAL [SM_EXP_TYPE L065_00024^; SM_VALUE INTEGER_VALUE 1;]
L065_00021:         DN_NUMERIC_LITERAL [SM_EXP_TYPE L065_00024^; SM_VALUE INTEGER_VALUE 512;]
L065_00018:   DN_VAR_S [AS_LIST <>]

                        Deklaration des Typs "Koordinaten"

L065_00052:DN_TYPE [AS_ID L065_00026^; AS_TYPE_SPEC L065_00034^; AS_VAR_S L065_00033^;]
L065_00026:   DN_TYPE_ID [LX_SRCPOS 14.6; LX_SYNREP "KOORDINATENWERTE"; SM_TYPE_SPEC L065_00034^;]
L065_00034:   DN_RECORD [SM_DISCRIMINATS L065_00033^; SM_PACKING FALSE; CG_BYTE_SIZE 3;
                 AS_LIST <L065_00051^>]
L065_00033:     DN_VAR_S [AS_LIST <L065_00032^>]
L065_00032:     DN_VAR [AS_ID_S L065_00028^; AS_TYPE_SPEC L065_00030^;]
L065_00028:       DN_ID_S [AS_LIST <L065_00027^>]
L065_00027:         DN_DSCRMT_ID [LX_SRCPOS 14.24; LX_SYNREP "D_WERT";
                     SM_OBJ_TYPE L065_00030^; CD_POSITION 0;]
L065_00030:         DN_CONSTRAINED [AS_NAME L065_00029^; SM_CONSTRAINT VOID;
                       SM_BASE_TYPE L002_00010^; SM_TYPE_STRUCT L002_00010^;
                       CG_BYTE_SIZE 1;]
L065_00029:           DN_USED_NAME_ID [SM_DEFN L002_00009^;]
L065_00051:     DN_VARIANT_PART [AS_NAME L065_00035^; AS_VARIANT_S L065_00036^;]
L065_00035:       DN_USED_NAME_ID [SM_DEFN L065_00027^;]
L065_00036:       DN_VARIANT_S [AS_LIST <L065_00045^ L065_00050^>]
L065_00045:         DN_VARIANT [AS_CHOICE_S L065_00038^; AS_RECORD L065_00044^;]
L065_00038:           DN_CHOICE_S [AS_LIST <L065_00037^>]
L065_00037:             DN_USED_OBJECT_ID [SM_DEFN L002_00013^;]
L065_00044:           DN_INNER_RECORD [AS_LIST <L065_00043^>]
L065_00043:             DN_VAR [AS_ID_S L065_00040^; AS_TYPE_SPEC L065_00042^;]
L065_00040:               DN_ID_S [AS_LIST <L065_00039^>]
L065_00039:                 DN_COMP_ID [LX_SRCPOS 16.19; LX_SYNREP "W"; SM_OBJ_TYPE L065_00042^;
                           CD_POSITION 1;]
L065_00042:                 DN_CONSTRAINED [AS_NAME L065_00041^; SM_CONSTRAINT L065_00022^;
                             SM_BASE_TYPE L065_00024^; SM_TYPE_STRUCT L002_00026^;
                             CG_BYTE_SIZE 2;]
L065_00041:                   DN_USED_NAME_ID [SM_DEFN L065_00017^;]
L065_00050:         DN_VARIANT [AS_CHOICE_S L065_00047^; AS_RECORD L065_00049^;]
L065_00047:           DN_CHOICE_S [AS_LIST <L065_00046^>]
L065_00046:             DN_USED_OBJECT_ID [SM_DEFN L002_00012^;]
L065_00049:           DN_INNER_RECORD [AS_LIST <L065_00048^>]
L065_00048:             DN_NULL_COMP [empty]

                        Deklaration von "Koordinatenwerte"
```

```
L065_00080:DN_TYPE [AS_ID L065_00053^; AS_TYPE_SPEC L065_00061^; AS_VAR_S L065_00060^;]
L065_00053:  DN_TYPE_ID [LX_SRCPOS 25.6; LX_SYMREP "ORT"; SM_TYPE_SPEC L065_00061^;]
L065_00061:   DN_RECORD [SM_DISCRIMINATS L065_00060^; SM_PACKING FALSE; CG_BYTE_SIZE 7;
                    AS_LIST <L065_00079^>]
L065_00060:     DN_VAR_S [AS_LIST <L065_00059^>]
L065_00059:      DN_VAR [AS_ID_S L065_00055^; AS_TYPE_SPEC L065_00057^;]
L065_00055:       DN_ID_S [AS_LIST <L065_00054^>]
L065_00054:        DN_DSCRMT_ID [LX_SRCPOS 25.11; LX_SYMREP "D_ORT"; SM_OBJ_TYPE L065_00057^;
                       CD_POSITION 0;]
L065_00057:        DN_CONSTRAINED [AS_NAME L065_00056^; SM_CONSTRAINT VOID;
                       SM_BASE_TYPE L002_00010^; SM_TYPE_STRUCT L002_00010^;
                       CG_BYTE_SIZE 1;]
L065_00056:         DN_USED_NAME_ID [SM_DEFN L002_00009^;]
L065_00079:     DN_VARIANT_PART [AS_NAME L065_00062^; AS_VARIANT_S L065_00063^;]
L065_00062:      DN_USED_NAME_ID [SM_DEFN L065_00054^;]
L065_00063:      DN_VARIANT_S [AS_LIST <L065_00073^ L065_00078^>]
L065_00073:       DN_VARIANT [AS_CHOICE_S L065_00065^; AS_RECORD L065_00072^;]
L065_00065:        DN_CHOICE_S [AS_LIST <L065_00064^>]
L065_00064:         DN_USED_OBJECT_ID [SM_DEFN L002_00013^;]
L065_00072:        DN_INNER_RECORD [AS_LIST <L065_00071^>]
L065_00071:         DN_VAR [AS_ID_S L065_00067^; AS_TYPE_SPEC L065_00070^;]
L065_00067:          DN_ID_S [AS_LIST <L065_00066^ L065_00068^>]
L065_00066:           DN_COMP_ID [LX_SRCPOS 27.19; LX_SYMREP "X"; SM_OBJ_TYPE L065_00070^;
                          CD_POSITION 1;]
L065_00070:           DN_CONSTRAINED [AS_NAME L065_00069^; SM_CONSTRAINT VOID;
                          SM_BASE_TYPE L065_00034^; SM_TYPE_STRUCT L065_00034^;
                          CG_BYTE_SIZE 3;]
L065_00069:            DN_USED_NAME_ID [SM_DEFN L065_00026^;]
L065_00068:           DN_COMP_ID [LX_SRCPOS 27.22; LX_SYMREP "Y"; SM_OBJ_TYPE L065_00070^;
                          CD_POSITION 4;]
L065_00078:       DN_VARIANT [AS_CHOICE_S L065_00075^; AS_RECORD L065_00077^;]
L065_00075:        DN_CHOICE_S [AS_LIST <L065_00074^>]
L065_00074:         DN_USED_OBJECT_ID [SM_DEFN L002_00012^;]
L065_00077:        DN_INNER_RECORD [AS_LIST <L065_00076^>]
L065_00076:         DN_NULL_COMP [empty]
```

Deklaration der Relation "ORT"

```
L065_00090:DN_TYPE [AS_ID L065_00081^; AS_TYPE_SPEC L065_00083^; AS_VAR_S L065_00082^;]
L065_00081:  DN_TYPE_ID [LX_SRCPOS 36.6; LX_SYMREP "LINIE"; SM_TYPE_SPEC L065_00083^;]
L065_00083:   DN_RECORD [SM_DISCRIMINATS L065_00082^; SM_PACKING FALSE; CG_BYTE_SIZE 14;
                    AS_LIST <L065_00089^>]
L065_00082:     DN_VAR_S [AS_LIST <>]
L065_00089:     DN_VAR [AS_ID_S L065_00085^; AS_TYPE_SPEC L065_00088^;]
L065_00085:      DN_ID_S [AS_LIST <L065_00084^ L065_00086^>]
L065_00084:       DN_COMP_ID [LX_SRCPOS 37.3; LX_SYMREP "ORT_1"; SM_OBJ_TYPE L065_00088^;
                      CD_POSITION 0;]
L065_00088:       DN_CONSTRAINED [AS_NAME L065_00087^; SM_CONSTRAINT VOID; SM_BASE_TYPE L065_00061^;
                      SM_TYPE_STRUCT L065_00061^; CG_BYTE_SIZE 7;]
L065_00087:        DN_USED_NAME_ID [SM_DEFN L065_00053^;]
L065_00086:       DN_COMP_ID [LX_SRCPOS 37.10; LX_SYMREP "ORT_2"; SM_OBJ_TYPE L065_00088^;
                      CD_POSITION 7;]
```

Deklaration der Relation "LINIE"

```
L065_00096:DN_TYPE [AS_ID L065_00091^; AS_TYPE_SPEC L065_00094^; AS_VAR_S L065_00092^;]
L065_00091:  DN_TYPE_ID [LX_SRCPOS 44.6; LX_SYMREP "D_RELATIONEN"; SM_TYPE_SPEC L065_00094^;]
L065_00094:   DN_ENUM_LITERAL_S [CG_RANGE_CONST 2; AS_LIST <L065_00093^ L065_00095^>]
L065_00093:    DN_ENUM_ID [LX_SRCPOS 44.23; LX_SYMREP "D1"; SM_OBJ_TYPE L065_00094^;
                   SM_POS 0 SM_REP 0]
L065_00095:    DN_ENUM_ID [LX_SRCPOS 44.27; LX_SYMREP "D2"; SM_OBJ_TYPE L065_00094^;
                   SM_POS 1 SM_REP 1]
L065_00092:  DN_VAR_S [AS_LIST <>]
```

Deklaration des Diskriminantenmenge für das Attribut *Relation* der Relation ZUGRIFF

```
L065_00132:DN_TYPE [AS_ID L065_00097^; AS_TYPE_SPEC L065_00105^; AS_VAR_S L065_00104^;]
L065_00097:  DN_TYPE_ID [LX_SRCPOS 46.6; LX_SYMREP "ZUGRIFF"; SM_TYPE_SPEC L065_00105^;]
L065_00105:   DN_RECORD [SM_DISCRIMINATS L065_00104^; SM_PACKING FALSE; CG_BYTE_SIZE 16;
                    AS_LIST <L065_00110^ L065_00131^>]
L065_00104:     DN_VAR_S [AS_LIST <L065_00103^>]
L065_00103:      DN_VAR [AS_ID_S L065_00099^; AS_TYPE_SPEC L065_00101^;]
L065_00099:       DN_ID_S [AS_LIST <L065_00098^>]
L065_00098:        DN_DSCRMT_ID [LX_SRCPOS 46.15; LX_SYMREP "RELATION"; SM_OBJ_TYPE L065_00101^;
                       CD_POSITION 0;]
L065_00101:        DN_CONSTRAINED [AS_NAME L065_00100^; SM_CONSTRAINT VOID;
                       SM_BASE_TYPE L065_00094^;  SM_TYPE_STRUCT L065_00094^;
                       CG_BYTE_SIZE 1;]
L065_00100:         DN_USED_NAME_ID [SM_DEFN L065_00091^;]
L065_00110:     DN_VAR [AS_ID_S L065_00107^; AS_TYPE_SPEC L065_00109^;]
L065_00107:      DN_ID_S [AS_LIST <L065_00106^>]
L065_00106:       DN_COMP_ID [LX_SRCPOS 47.3; LX_SYMREP "KOMMANDO"; SM_OBJ_TYPE L065_00109^;
                      CD_POSITION 1;]
L065_00109:       DN_CONSTRAINED [AS_NAME L065_00108^; SM_CONSTRAINT VOID;
                      SM_BASE_TYPE L052_00008^; SM_TYPE_STRUCT L052_00008^;
                      CG_BYTE_SIZE 1;]
L065_00108:        DN_USED_NAME_ID [SM_DEFN L052_00005^;]
L065_00131:     DN_VARIANT_PART [AS_NAME L065_00111^; AS_VARIANT_S L065_00112^;]
L065_00111:      DN_USED_NAME_ID [SM_DEFN L065_00098^;]
L065_00112:      DN_VARIANT_S [AS_LIST <L065_00121^ L065_00130^>]
L065_00121:       DN_VARIANT [AS_CHOICE_S L065_00114^; AS_RECORD L065_00120^;]
L065_00114:        DN_CHOICE_S [AS_LIST <L065_00113^>]
L065_00113:         DN_USED_OBJECT_ID [SM_DEFN L065_00093^;]
L065_00120:        DN_INNER_RECORD [AS_LIST <L065_00119^>]
```

```
L065_00119:             DN_VAR [AS_ID_S L065_00116^; AS_TYPE_SPEC L065_00118^;]
L065_00116:             DN_ID_S [AS_LIST <L065_00115^>]
L065_00115:             DN_COMP_ID [LX_SRCPOS 49.16; LX_SYMREP "POINT"; SM_OBJ_TYPE L065_00118^;
                            CD_POSITION 2;]
L065_00118:             DN_CONSTRAINED [AS_NAME L065_00117^; SM_CONSTRAINT VOID;
                                        SM_BASE_TYPE L065_00061^; SM_TYPE_STRUCT L065_00061^;
                                        CG_BYTE_SIZE 7;]
L065_00117:             DN_USED_NAME_ID [SM_DEFN L065_00053^;]
L065_00130:         DN_VARIANT [AS_CHOICE_S L065_00123^; AS_RECORD L065_00129^;]
L065_00123:         DN_CHOICE_S [AS_LIST <L065_00122^>]
L065_00122:         DN_USED_OBJECT_ID [SM_DEFN L065_00095^;]
L065_00129:         DN_INNER_RECORD [AS_LIST <L065_00128^>]
L065_00128:         DN_VAR [AS_ID_S L065_00125^; AS_TYPE_SPEC L065_00127^;]
L065_00125:         DN_ID_S [AS_LIST <L065_00124^>]
L065_00124:             DN_COMP_ID [LX_SRCPOS 50.16; LX_SYMREP "LINE"; SM_OBJ_TYPE L065_00127^;
                            CD_POSITION 2;]
L065_00127:             DN_CONSTRAINED [AS_NAME L065_00126^; SM_CONSTRAINT VOID;
                                        SM_BASE_TYPE L065_00083^; SM_TYPE_STRUCT L065_00083^;
                                        CG_BYTE_SIZE 14;]
L065_00126:             DN_USED_NAME_ID [SM_DEFN L065_00081^;]
```

Deklaration der Relation ZUGRIFF

```
L065_00137:DN_VAR [AS_ID_S L065_00134^; AS_TYPE_SPEC L065_00136^;]
L065_00134:  DN_ID_S [AS_LIST <L065_00133^>]
L065_00133:     DN_VAR_ID [LX_SRCPOS 54.1; LX_SYMREP "ZUGRIFF_TUPEL"; SM_OBJ_TYPE L065_00136^;
                    CG_CBJECT_ADDRESS DN_STACK ORIGIN 16#10# NESTING_LEVEL 1;]
L065_00136:     DN_CONSTRAINED [AS_NAME L065_00135^; SM_CONSTRAINT VOID; SM_BASE_TYPE L065_00105^;
                    SM_TYPE_STRUCT L065_00105^; CG_BYTE_SIZE 16;]
L065_00135:     DN_USED_NAME_ID [SM_DEFN L065_00097^;]
```

Variablendeklaration für ein Tupel der Relation ZUGRIFF

```
L065_00155:DN_SUBPROGRAM_BODY [AS_DESIGNATOR L065_00138^; AS_BLOCK_STUB L065_00154^;]
L065_00138:  DN_FUNCTION_ID [LX_SRCPOS 60.10; LX_SYMREP "ERZEUGE_EINE_LINIE"; SM_SPEC L065_00142^;
                    SM_BODY L065_00154^; SM_DYNAMIC_LINK L065_00005^;]
L065_00142:     DN_FUNCTION [AS_PARAM_S L065_00139^; AS_CONSTRAINT_VOID L065_00141^; CG_SEGMENT_KEY 65 2
                    CG_NESTING_LEVEL 2]
L065_00139:     DN_PARAM_S [AS_LIST <>]
L065_00141:     DN_CONSTRAINED [AS_NAME L065_00140^; SM_CONSTRAINT VOID; SM_BASE_TYPE L065_00083^;
                    SM_TYPE_STRUCT L065_00083^; CG_BYTE_SIZE 14;]
L065_00140:     DN_USED_NAME_ID [SM_DEFN L065_00081^;]
L065_00154:  DN_BLOCK [LX_SRCPOS 60.1; AS_ITEM_S L065_00143^; AS_STM_S L065_00151^;
                    AS_ALTERNATIVE_S L065_00152^; LX_SRC_END 63.3;]
L065_00143:  DN_ITEM_S [AS_LIST <L065_00148^>]
L065_00148:     DN_VAR [AS_ID_S L065_00145^; AS_TYPE_SPEC L065_00147^;]
L065_00145:     DN_ID_S [AS_LIST <L065_00144^>]
L065_00144:     DN_VAR_ID [LX_SRCPOS 61.1; LX_SYMREP "LINE"; SM_OBJ_TYPE L065_00147^;
                    CG_CBJECT_ADDRESS DN_STACK ORIGIN 16#10# NESTING_LEVEL 2;]
L065_00147:     DN_CONSTRAINED [AS_NAME L065_00146^; SM_CONSTRAINT VOID; SM_BASE_TYPE L065_00083^;
                    SM_TYPE_STRUCT L065_00083^; CG_BYTE_SIZE 14;]
L065_00146:     DN_USED_NAME_ID [SM_DEFN L065_00081^;]
L065_00151:  DN_STM_S [AS_LIST <L065_00150^>]
L065_00150:  DN_RETURN [LX_SRCPOS 63.3;]
L065_00152:  DN_ALTERNATIVE_S [AS_LIST <>]
L065_00173:STM_S [AS_LIST <L065_00172^>]
L065_00172:DN_ASSIGN [LX_SRCPOS 71.3;]
L065_00174:ALTERNATIVE_S [AS_LIST <>]
```

Ablaufteil des Programmbeispieles

Programm A.3 — DIANA-Darstellung des Programmes "BEISPIEL-1"

```
****************************************************************************
                                    *
                            Beispielschema *
                                    *
****************************************************************************

with DRAGON

package DRAGON_Konzeptuelles_Schema is use DRAGON;

type Koordinaten is new integer range 1..512;

type Koordinatenwerte (D_WERT : boolean := true) is record
  case D_WERT is
    when true  => W : Koordinaten;
    when false => null;
  end case;
end record;

type ORT (D_ORT : boolean := true) is record
  case D_ORT is
    when true  => X, Y : Koordinatenwerte;
    when false => null;
  end case;
end record;

type LINIE is record
  Ort_1, Ort_2 : ORT;
end record;

end DRAGON_Konzeptuelles_Schema;
```

Programm A.4 — Konzeptuelles Schema nach Ablauf von ”BEISPIEL-1”

```
  ********************************************************************
                                  *
                         Beispielprogramm 2 *
                                  *
  ********************************************************************



with DRAGON, DRAGON_Konzeptuelles_Schema;

procedure BEISPIEL_2 is use DRAGON, DRAGON_Konzeptuelles_Schema;



-------------------------------------------------------------------
--           Deklaration der Benutzersicht und Zugriffsrelation         --
-------------------------------------------------------------------

type ZUGRIFF is record
  Kommando : Datenbankbefehle;
  line     : LINIE;
end record;

ZUGRIFF_Tupel  : ZUGRIFF;




-------------------------------------------------------------------
--                 Eine einfache Kompatibilit"atsfunktion               --
-------------------------------------------------------------------

type Akzeptanz is (akzeptiert, nicht_akzeptiert);

function theta (Referenz    : in Koordinaten;
                Beispiel    : in ORT;
                Schwellwert : in integer) return Akzeptanz is

begin
  if (Referenz + Koordinaten(Schwellwert) > Beispiel.X.W) or
     (Referenz - Koordinaten(Schwellwert) < Beispiel.X.W) then
    return akzeptiert;
  else
    return nicht_akzeptiert;
  end if;
end theta;
```

```
--------------------------------------------------------------------
--                      Das Hauptprogramm                          --
--------------------------------------------------------------------


begin
 while theta (Koordinaten(210), ZUGRIFF_Tupel.line.Ort_1, 5) /= akzeptiert loop
  ZUGRIFF_Tupel := (IM_get,
                     LINIE'(Ort_1  => (D_ORT => true,
                                       X     => (D_WERT => false),
                                       Y     => (D_WERT => true,  W  => 20)),
                            Ort_2  => (D_ORT => true,
                                       X     => (D_WERT => true,  W  => 220),
                                       Y     => (D_WERT => true,  W  => 20))));
  SEND (ZUGRIFF-Tupel'address);
 end loop;
end BEISPIEL_2;
```

Programm A.5 — Programm mit Import des Konzeptuellen Schemas

Dieses kleine Beispielprogramm liest $\mathcal{LINIE}$-Tupel aus dem Datenbestand und prüft, ob bestimmte Koordinatenwerte innerhalb eines Toleranzbereiches, der durch das Intervall $[X-Schwellwert, X+Schwellwert]$ gebildet wird. Beachtenswert ist die Verwendung eines Nullwertes zur Spezifikation der X-Koordinate.

```
  ********************************************************************
                                  *
                         Beispielprogramm 3 *
                                  *
  ********************************************************************


with DIANA,              DRAGON,
     DIANA_attributes, DRAGON_Konzeptuelles_Schema,
     DIANA_functions;


procedure BEISPIEL_3 is use DIANA,              DRAGON,
                            DIANA_attributes, DRAGON_Konzeptuelles_Schema,
                            DIANA_functions;

------------------------------------------------------------------------
--                Deklaration der Zugriffsrelation                    --
------------------------------------------------------------------------


type ZUGRIFF is record
  Kommando      : Datenbankbefehle;
  Programmteil : dx_tree_relation; -- aus dem Paket DIANA_functions importiert
end record;

ZUGRIFF_Tupel : ZUGRIFF;

------------------------------------------------------------------------
--                Eine Kompatibilit"atsfunktion                       --
------------------------------------------------------------------------


function theta_select (Referenz    : in ORT;
                       Schwellwert : in integer) return ORT is

type ZUGRIFF is record
  Kommando : Datenbankbefehle;
  Punkt    : ORT;
end record;

Relationsende_erreicht : exception;

Beispiel      : ORT     := new ORT (Beispiel);
ZUGRIFF_Tupel : ZUGRIFF := ZUGRIFF (Kommando  => IM_get,
                                    Punkt     => Beispiel);
begin
  loop
    SEND (ZUGRIFF_Tupel'address);
  exit when (Referenz.X.W - Koordinaten(Schwellwert) > Beispiel.X.W) or
            (Referenz.X.W + Koordinaten(Schwellwert) < Beispiel.X.W);
    Beispiel.all  := Referenz;
  end loop;
  return Beispiel.all;
exception
  when Relationsende_erreicht => return ORT'(D_ORT => false);
end theta_select;
```

```
--------------------------------------------------------------------
--                      Das Hauptprogramm                          --
--------------------------------------------------------------------

begin
  ZUGRIFF_Tupel := (Kommando      => put,
                    Programmteil => find_dx_tree_tuple ("theta_select"));
  SEND (ZUGRIFF_tupel'address);
end BEISPIEL_3;
```

Programm A.6 — Ablage einer Funktion im Konzeptuellen Datenschema

Der Aufruf der Funktion `find_dx_tree_tuple` erzeugt eine DIANA-Beschreibung der Funktion `theta_select`, die hier aus Platzgründen nicht wiedergegeben ist; die Ausprägung der Beschreibung ist für eine Anwendung ohnehin bedeutungslos. Wichtig ist lediglich die Verfügbarkeit der Funktion über das konzeptuelle Datenschema. Wird die Funktionsrelation grob in zwei Attribute geteilt, eines den Funktionsrumpf, das andere die Funktionsdeklaration beschreibend angelegt, kann die Deklarationsbeschreibung durch eine Projektion gezielt herausgegriffen und im konzeptuellen Datenschema eingefügt werden – das nachfolgende Schemapaket zeigt diese Erweiterung.

```
***********************************************************************
                                    *
                           Beispielschema *
                                    *
***********************************************************************

with DRAGON

package DRAGON_Konzeptuelles_Schema is use DRAGON;

type Koordinaten is new integer range 1..512;

type Koordinatenwerte (D_WERT : boolean := true) is record
  case D_WERT is
    when true  => W : Koordinaten;
    when false => null;
  end case;
end record;

type ORT (D_ORT : boolean := true) is record
  case D_ORT is
    when true  => X, Y : Koordinatenwerte;
    when false => null;
  end case;
end record;

type LINIE is record
  Ort_1, Ort_2 : ORT;
end record;

function theta_select (Referenz    : in ORT;
                       Schwellwert : in integer) return ORT;

end DRAGON_Konzeptuelles_Schema;
```

Programm A.7 — Schema nach Ablauf von Beispielprogramm 3

Dieses Paket, im Ada-Programmiersystem übersetzt und für Anwendungsprogramme verfügbar,
ermöglicht den Import von Relationen und Funktionen aus der Datenbank.

```
****************************************************************************
                                     *
                           Beispielprogramm 4 *
                                     *
****************************************************************************

with DRAGON,
     DRAGON_Konzeptuelles_Schema;

procedure BEISPIEL_4 is use DRAGON,
                            DRAGON_Konzeptuelles_Schema;

-------------------------------------------------------------------------------
--                       Deklaration der Benutzersicht                       --
-------------------------------------------------------------------------------

type ZUGRIFF is record
  Kommando : Datenbankbefehle;
  Gerade   : LINIE;
end record;

ZUGRIFF_Tupel : ZUGRIFF;

-------------------------------------------------------------------------------
--                         Das Hauptprogramm                                 --
-------------------------------------------------------------------------------

begin
  ZUGRIFF_Tupel := (IM_get,
                    new LINIE (Ort_1  => theta_select
                                          (Referenz => (D_ORT => true,
                                              X => (D_WERT => true, W => 210),
                                              Y => (D_WERT => true, W => 20)),
                                           Schwellwert => 5),

                               Ort_2  => (D_ORT => true,
                                           X => (D_WERT => true, W => 220),
                                           Y => (D_WERT => true, W => 20)))));
  SEND (ZUGRIFF_Tupel'address);
end BEISPIEL_4;
```

Programm A.8 — Programm mit Import des vollständigen konzeptuellen Schemas

Danksagungen in Dissertationen teilen häufig das gleiche Los mit den letzten Seiten eines Kri-
minalromanes. Vielfach werden sie zuerst und dann meist stellvertretend für das ganze Werk
gelesen.

Eigene Erfahrung

Ich danke Prof. Dr. Bernd Radig für die Betreuung dieser Arbeit, für sein persönliches Engagement
im Kampf mit der Bürokratie, ohne das meine Arbeit wohl nicht fertig geworden wäre, und für die
offenen Disskussionen, wenn es um persönliche Dinge ging. Dr. Hans-Joachim Mück, dem Leiter
des Rechenzentrums im Fachbereich Informatik, danke ich ebenfalls dafür, sich maßgeblich am
besagten Kampf zu meinen Gunsten beteiligt zu haben. Bei Prof. Dr. H.-J. Schek bedanke ich
mich für die Anregungen und Ratschläge bei der redaktionellen Endfassung dieser Arbeit.

Ich danke Ingeborg Heer-Mück und Hartmuth Krüger, die im Labor der Fachgruppe Kognitive
Systeme stets mit helfender Hand dafür gesorgt haben, daß jeder Ausbruch von Verzweiflung
über *unerklärliche technische Störungen* der Rechenanlagen im Keim erstickt wurde. Weiterhin
danke ich allen Kollegen der Fachgruppe Kognitive Systeme, die ganz besonders in der letzten Zeit
ertragen haben, daß meine Arbeit immer mehr des knappen Plattenplatzes auf allen drei Rechnern
belegte. Besonderer Dank gilt Christian Sielaff, der trotz eigener Bemühungen um eine gute
Arbeit die Zeit fand, den Text auf mangelnde Verständlichkeit, Schachtelsätze und Schreibfehler
zu durchsuchen. Frau Ursula Bauer danke ich für die Entlastung in den alltäglichen Kleinigkeiten,
die man oft kaum bemerkt, die insgesamt aber viel Zeit kosten.

Den Mitarbeitern des Rechenzentrums im Fachbereich Informatik gilt mein Dank: den Opera-
teuren, als Kollegen aus meiner Zeit als Studentenoperateur, die mir unbürokratisch manchen
Wunsch erfüllten, Anja Vonsien, die mich bei der Aufbereitung der Abbildungen unterstützt hat
und Gerd Friesland-Köpke, der mir freundlich zur Seite stand, wenn es um T$_{\!E\!}$X-nische Probleme
der Formatierung ging.

Auch Prof. Dr. H.-H. Nagel, dem Mitinitiator des Projektes *Bildfolgenbanken*, und der Deutschen
Forschungsgemeinschaft danke ich, denn aus den vier Jahren wissenschaftlicher Mitarbeitertätigkeit
in dem Projekt erwuchs die Idee zu dieser Arbeit.

Zuletzt, aber gewiß nicht minder als den Vorgenannten, danke ich meiner Frau Nicoline, die in den
Jahres meines Studiums unseren Lebensunterhalt sicherte und mir die Freiheit ließ, ohne Not vom
Lehrerstudium zur Informatik zu wechseln, also ein paar Jahre länger zu studieren. Sie hat mir
stets Mut gemacht, diese Arbeit zu schreiben, und verdient meinen Dank am allermeisten.